TROJA

Homers

Ilias

neu erzählt

DAVID BOYLE, VIV CROOT

TROJA

Homers *Ilias* neu erzählt

Herausgegeben und
mit einer Einleitung von
MICHAEL J. ANDERSON

Aus dem Englischen von
BIRGIT LAMERZ-BECKSCHÄFER

PRIMUS
VERLAG

Die englische Originalausgabe erschien 2004
unter dem Titel *Troy. Homer's Iliad Retold.*

Die Deutsche Bibliothek verzeichnet diese
Publikation in der Deutschen Nationalbibliografie;
detaillierte bibliografische Daten sind im Internet
über http://dnb.ddb.de abrufbar.

Gedruckt auf säurefreiem und alterungsbeständigem
Papier
Zeichnungen: Sarah Young
Einbandgestaltung: Jutta Schneider, Frankfurt,
unter Verwendung einer Zeichnung von Sarah Young
Redaktion: Carsten Drecoll, Freiburg
Gestaltung und Satz der deutschen Ausgabe:
Johannes Steil, Karlsruhe

Printed in China

www.primusverlag.de

ISBN 3-89678-268-1

INHALT

EINLEITUNG

Michael J. Anderson

Achill ist ein Halbgott, der Sohn von König Peleus und der unsterblichen Thetis. Er ist der kampfstärkste griechische Krieger, verbringt jedoch den größten Teil des Epos abseits der Schlacht schmollend in seinem Zelt: Aus Wut auf Agamemnon weigert er sich, zu kämpfen.

Homers *Ilias* und *Odyssee* zählen zu den frühesten Meisterwerken der abendländischen Literatur. Der Tragödiendichter Aischylos drückte seine Wertschätzung für Homers Epen aus, indem er seine eigenen Werke als „Brosamen von Homers Tisch" bezeichnete. In Platons *Politeia* bemängelt Sokrates zwar Homers ungehörige Darstellung der Götter und Helden, leugnet jedoch nicht die überwältigende Schönheit seiner Dichtkunst. Die griechischen Autoren verehrten Homer sogar so sehr, dass sie ihn schlicht als „den Dichter" bezeichneten. Bis heute wird er als Begründer einer literarischen Tradition angesehen. Dass Vergil die *Ilias* und *Odyssee* als Vorbilder für seine *Aeneis* wählte, zeigt ihre Beliebtheit bei antiken Lesern. Dante hatte Homer zwar nicht auf Griechisch gelesen, zählte ihn aber zu den fünf klassischen Dichtern, denen der Pilger im Limbo begegnet. Miltons *Paradise Lost* lehnt sich an homerische Verse und biblische Texte an. In jüngerer Zeit schrieb James Joyce mit *Ulysses* eine „domestizierte" Version der *Odyssee*, indem er einen Tag im Leben des Leopold Bloom zu einer Irrfahrt nach homerischem Vorbild stilisierte. Der karibische Dichter Derek Walcott macht in seinem sprachmächtigen *Omeros* Achill und Hektor zu Fischern auf Saint Lucia. Trotz des erheblichen politischen und kulturellen Wandels seit der Entstehung der homerischen Epen im späten 8. Jahrhundert v. Chr. sind die Verse auch heute noch bewegender Ausdruck menschlicher Erfahrungen. Wegen ihres listigen Helden, der Mischung von Erotik und Abenteuer sowie ihres Happy Ends war die *Odyssee* zeitweise beliebter als die *Ilias*, die eher ein düsteres Bild des menschlichen Lebens zeichnet. In der *Ilias* geht es um tragisches Leid. Diese Geschichte nun erzählen die Autoren dieses Buches in zeitgemäßer Form. Die Sprache ist auf eine moderne Leserschaft zugeschnitten und wird vielfach durch Zitate aus der klassischen *Ilias*-Übersetzung von Johann Heinrich Voß von 1793 ergänzt, die den dichterischen Glanz des griechischen Originals nachempfindet.

Zeus ist König der Götter und Herrscher über den Olymp. Seine Eingriffe in den Trojanischen Krieg machen einen erheblichen Teil der dramatischen Handlung der *Ilias* aus. Er ist hier abgebildet zwischen den Hauptfiguren des Epos, den Atriden Agamemnon (links) und Menelaos (rechts). Menelaos' Ehefrau Helena (ganz rechts) ist Tochter des Zeus und der offizielle Auslöser des Krieges; ihre Mutter ist Leda (ganz links), Königin von Sparta und Frau des Tyndareus.

Schon in den ersten Zeilen der *Ilias* erscheint bei der Anrufung der Muse das Hauptthema des Epos:

Singe den Zorn, o Göttin, des Peleiaden Achill,
Ihn, der entbrannt den Achaiern unnennbaren Jammer erregte
Und viel tapfere Seelen der Heldensöhne zum Aïs
Sendete (…)
[1:1–4]

Der Zorn (griechisch *menis*) ist hier kein Wutausbruch, sondern schwelender Groll über ein Unrecht. Im ersten Gesang des Epos muss Agamemnon, der Oberbefehlshaber der Griechen vor Troja, seine neue Beute, die Sklavin Chryseis, an ihren Vater herausgeben, um Apollon zu besänftigen, denn Chryses ist dessen Priester. Verärgert über diesen Verlust und die damit verbundene Schmach, fordert Agamemnon von Achill, einem der besten Krieger des Heeres, dessen Sklavin Briseis. Achill ist darüber so erbost, dass nur Athene ihn davon abhalten kann, mit gezücktem Schwert auf Agamemnon loszugehen. Er zieht sich aus dem Kampf zurück, sicher, dass sein Fehlen den Griechen schadet und Agamemnon sein Tun bitter bereuen wird.

Diese Auseinandersetzung zeigt die überragenden, zugleich aber sehr auf sich selbst bezogenen homerischen Helden. Sie bilden eine privilegierte Elite und sind trotz ihrer göttlichen Abkunft sterblich. Im Kampf setzen sie ihr Leben aufs Spiel, um sozialen Status zu erlangen (griechisch *time*). Äußerlich sichtbarer Ausdruck der Ehre eines Helden ist seine Kriegsbeute: feindliche Rüstungen und andere kostbare Dinge, aber auch Gefangene. Beim Streit um die Sklavin Briseis wetteifern Achill und Agamemnon um Ehre. Der weise alte Nestor, ein erfahrener Politiker, erkennt das wahre Wesen des Streits, kann jedoch keine Versöhnung herbeiführen. Während Achill der größte Kämpfer der Griechen ist, hält Agamemnon politisch und militärisch die Macht in

Händen. Als Agamemnon seine Sklavin Chryseis, den sichtbaren Beweis seiner Ehre und seines Status, hergeben muss, stellt dies seine politische Autorität in Frage; ebenso beeinträchtigt der Verlust von Briseis Achills Ansehen. Der Anspruch auf Ehre lässt beide ihre Verantwortung gegenüber der Gemeinschaft der Krieger vergessen.

Achills Standpunkt erscheint im Epos zunächst in einem günstigeren Licht als der Agamemnons. Als Athene in den Streit eingreift, erweist sie Achill die Ehre, nur ihm zu erscheinen, nicht aber seinem Gegner. Sie verspricht ihm reiche Entschädigung für die erlittene Schmach. Nachdem Achill sich in sein Lager zurückgezogen hat, bekommen wir die verletzliche, menschliche Seite des großen Kriegers zu Gesicht: Weinend sitzt er am Ufer und sucht Trost bei seiner Mutter, der Meeresnymphe Thetis. Diese nimmt Göttervater Zeus das Versprechen ab, die Ehre ihres Sohnes zu retten. Der trügerische Traum, den Zeus Agamemnon sendet, und dessen missglückter Versuch, die entmutigten Truppen zu den Waffen zu rufen (2. Gesang), kennzeichnen Agamemnon dagegen kaum als fähigen Heerführer. Zudem ergeht es seinem Heer ohne Achill im Kampf schlecht. Einer nach dem anderen werden die wichtigsten Krieger verwundet, während die Trojaner dem griechischen Lager immer näher rücken. Am meisten leidet jedoch Achill selbst unter den Folgen des Streits, denn durch sein zwanghaftes Beharren auf Ehre verliert er seinen engsten Freund Patroklos. Während Achill voller Groll auf Agamemnon und taub für das Flehen der Unterhändler untätig im Lager sitzt (9. Gesang), ist der mitfühlende Patroklos von der Not seiner Waffenbrüder zu Tränen gerührt. Wenn Achill aus Zorn Agamemnons Kampf nicht weiter unterstützen will, so Patroklos, dann könne er wenigstens seinem Freund gestatten, dem griechischen Heer beim Zurückdrängen der Trojaner zu helfen. Mit Achills Zustimmung zieht Patroklos also in die Schlacht und kann zunächst in einem spektakulären Handstreich Sarpedon töten. Kurz darauf wird er jedoch selbst von Hektor getötet (16. Gesang).

Der Tod seines engsten Freundes verändert Achills Einstellung zum Krieg und seiner eigenen Rolle als Kämpfer. Die überwältigende Trauer reißt ihn aus seiner selbstsüchtigen Sorge um seine Ehre und zwingt ihn, auf den Tod seines Kameraden zu reagieren. Er erkennt, dass er selbst Patroklos hätte beistehen und ihn vor Unheil bewahren müssen, und beschließt, in den Kampf zurückzukehren und seinen Freund zu rächen. Sein Streit mit Agamemnon wird angesichts des erlittenen Verlustes unwichtig. Aber auch jetzt ändert sich nichts an Achills eigensinnigem, zwanghaftem Wesen, das mit seinem Zorn beinahe die Vernichtung des griechischen Heeres herbeigeführt hätte. Noch immer ist er besessen von blinder Leidenschaft, und ebenso vehement wie sein Wunsch, Agamemnon zu demütigen, ist nun sein neues Verlangen, Hektor zu strafen. Achill kehrt auf das Schlachtfeld zurück und wütet wie ein Berserker unter den Trojanern, bis der Fluss Xanthos von Blut und Leichen überquillt (21. Gesang). Nachdem schließlich alle übrigen Trojaner in die sichere Stadt geflohen sind, tritt er gegen Hektor an, tötet ihn und verhöhnt den Sterbenden mit der Erinnerung an Patroklos' Tod und der Drohung, seine Leiche Hunden und Vögeln zum Fraß vorzuwerfen (22. Gesang):

> *Törichter! Jenem entfernt war ein weit machtvollerer Rächer*
> *Bei den gebogenen Schiffen, ich selbst, zurück ihm geblieben,*
> *Der dir die Knie gelöst! Dich zerren nun Hund' und Gevögel,*
> *Schmählich entstellt, ihn aber bestatten mit Ruhm die Achaier.*
> [22:333–336]

Doch selbst Hektors Tod reicht Achill nicht, er schändet den Leichnam: Er bindet ihn an seinen Streitwagen und schleift ihn über die Ebene. Auch nach Patroklos' Begräbnis zieht er die Leiche seines Feindes mehrmals um das Grab des toten Freundes, ohne sich einzugestehen, dass die schimpflichste Strafe den bitteren Verlust nicht wieder gutmacht. Achill ist insofern ein zutiefst gestörter Held, der von hehren Gefühlen zu schrecklichen Taten getrieben wird. Er ist gleichermaßen erfüllt von glühender Liebe und tiefem Hass.

In den letzten zwei Gesängen überwindet Achill allmählich die lähmende Trauer und Wut. Er gibt die beiden noch in seinem Lager befindlichen Leichname – den seines engsten Freundes und seines meistgehassten Feindes – zur Bestattung frei. Sein Abschied von Patroklos erfolgt umso rascher, als ihm dessen Geist erscheint und ihn zum Begräbnis drängt, damit er endlich in die Unterwelt gelangen kann. Auch während der Totenfeier, bei der zwölf trojanische Gefangene grausam geopfert werden, ist Achills Wut noch deutlich spürbar, doch verlaufen die Wettspiele zu Ehren von Patroklos' Andenken anschließend in einer friedlicheren Atmosphäre. Achill gibt den griechischen Helden damit Gelegenheit, abseits der blutigen Schlacht Ehre zu erringen. Zwar nimmt er selbst nicht teil, doch bezeugt schon sein Vorsitz seine herausragende Stellung im Heer. Die Herausgabe von Hektors Leichnam im letzten Gesang verläuft ähnlich, wenn auch weitaus komplexer. Wiederum erhält Achill Anweisungen, diesmal von seiner Mutter Thetis, die ihm mitteilt, die Götter seien über die Schändung von Hektors Leichnam erzürnt. Später macht sich der alte Priamos auf den beschwerlichen, gefährlichen Weg zu Achills Lager, um reiches Lösegeld für die Leiche seines Sohnes anzubieten. Die demütige Bitte des Königs von Troja bedeutet für Achill

Athene, die Göttin des Krieges und der Weisheit, spielt in der *Ilias* eine wichtige Rolle. Obwohl sie von den Trojanern verehrt und angebetet wird, stellt sie sich auf die Seite der Griechen. Auf dem Schlachtfeld ist sie häufig zu sehen. Sie inspiriert dort die einfachen Soldaten mit ihren Furcht erregenden Schlachtrufen; sie hilft einzelnen Kriegern mit Rat und Tat, lenkt Pfeile und Speere oder wehrt sie ab. Manchmal steht sie direkt neben einem Helden auf dessen Streitwagen.

Hektor, der Held von Troja, ist Paris' Bruder. Paris hatte Menelaos' Frau Helena entführt und damit die Rache der Griechen auf Troja gezogen. Während des größten Teils der *Ilias* unterstützt Zeus Hektor und missbraucht ihn für seine Absicht, Achills Ehre wieder herzustellen. Hektor verteidigt Troja bis in den Tod, doch opfert er sich selbst und seine Familie vergebens, denn Troja wird nach dem Willen der Götter zerstört.

erneut hohe Ehre und die Anerkennung seiner Macht und Autorität. Bewegt von der Erinnerung an seinen eigenen alten Vater hat er Mitleid mit dem Feind und gewährt ihm die Bitte. Er tröstet Priamos sogar mit Überlegungen zur Tragik des menschlichen Lebens und einer großherzigen Einladung, das Fasten zu beenden und mit ihm zu speisen. Dadurch unterstreicht er, dass er selbst die Trauerzeit für Patroklos beendet und in die Gemeinschaft der Lebenden zurückkehrt. Dies lässt sich zwar kaum als eine völlige Verwandlung Achills in einen mitfühlenden Helden deuten, denn hinter der gefassten Haltung ist seine Rachsucht noch spürbar, doch immerhin hat sein eigenes Leid ihm die Tragik des menschlichen Lebens und die Unausweichlichkeit des Todes vor Augen geführt und ihn in die Lage versetzt, das Leiden anderer zu erkennen und mitzufühlen.

Aristoteles lobt in seiner *Poetik* die einheitliche Darstellung der *Ilias* (1451a28). Anstatt den ganzen Trojanischen Krieg oder das Leben Achills von der Wiege bis zum Grab nachzuzeichnen, verfasste Homer eine in sich geschlossene Geschichte über einen Teil des Krieges, nämlich die Ereignisse unmittelbar vor und nach Patroklos' Tod. Innerhalb dieser Handlung bezieht sich der Dichter aber immer wieder auf die Sagen, die sich traditionell um den Trojanischen Krieg ranken, etwa das Urteil des Paris als dessen ursprünglichen Auslöser oder die letztendliche Eroberung und Zerstörung Trojas. All diese Ereignisse wurden, wie aus Inhaltsangaben eines späteren Gelehrten, Proklos, bekannt ist, in einem Epenzyklus behandelt. Diese Epen wiesen sogar ältere Versionen der Sagenstoffe auf, die Homer bereits als bekannt voraussetzte. Die Hinweise auf Ereignisse vor und nach der *Ilias* bereichern die eigentliche Erzählung von Achills Zorn. Sie geben dem Epos einen erzählerischen Rahmen und verleihen manchen Szenen das Pathos unabänderlicher Vergangenheit und unentrinnbarer Zukunft. Vor allem der 3. Gesang blickt zurück: Der Zweikampf zwischen Paris und Menelaos, der angesichts des bereits neun Jahre dauernden Krieges erstaunlich spät erfolgt, erinnert daran, dass Paris' Entführung der Frau des Menelaos ja den Krieg erst auslöste. Während Helena von den Mauern Trojas aus auf das Schlachtfeld schaut, denkt sie reuevoll an glückliche Zeiten in Sparta und verflucht sich selbst dafür, dass sie ihre Heimat und ihren Mann verließ. Doch das Vergangene lässt sich nun nicht mehr ändern, und so kehrt das Epos von den Verfehlungen Helenas und Paris' rasch zu den verheerenden Folgen zurück, die ihr damaliges Handeln nun für andere hat. Paris' romantisches Abenteuer bedroht jetzt seine ganze Familie und Heimatstadt. Den höchsten Preis für die Dreistigkeit seines Bruders muss der pflichtbewusste Hektor zahlen: Als er vor den Stadttoren auf Achill wartet, überlegt er kurz, ob man Helena nicht doch herausgeben und Trojas Reichtum mit den Angreifern teilen solle. Er weiß jedoch, dass es für eine Versöhnung zu spät ist (22. Gesang). Achill mag zwar ursprünglich nach Troja gekommen sein, um bei der Rückführung Helenas zu helfen, doch hat der Krieg seit Patroklos' Tod für ihn eine viel persönlichere Bedeutung angenommen. Der Zorn Achills kann ebenso wenig rückgängig gemacht werden wie der Lauf der Zeit.

Die düstere Zukunft ist in weiten Teilen des Epos spürbar. Die *Ilias* endet zwar mit Hektors Begräbnis, verweist jedoch auf die für beide Seiten zu erwartenden Katastrophen. Der Überlieferung nach stirbt Achill im Kampf um Troja durch einen Pfeil, den Paris abschießt und Apollon lenkt. Der bevorstehende Tod Achills wird immer wieder erwähnt. Von seiner Mutter weiß Achill, dass er in Troja sterben wird, sollte er dort kämpfen (9. Gesang), doch nimmt er dieses Schicksal bereitwillig an und greift nach Patroklos' Tod wieder zu den Waffen. Verzweifelt bemüht, den Tod ihres Sohnes zu verhindern, hält Thetis ihn, solange es geht, von der Schlacht fern und besorgt ihm schließlich eine von Hephaistos persönlich geschmiedete Rüstung (18. Gesang). Die Welt, die Hephaistos auf Achills Schild abbildet, umfasst das ganze menschliche Handeln, darunter eine Stadt im Krieg und eine Stadt im Frieden, doch ist Achill als Träger des allumfassenden Schilds bestenfalls die Hälfte des dargestellten Lebens zugestanden. Als Achill seinen Streitwagen besteigt, um gegen die Trojaner zu stürmen, beginnt eines seiner unsterblichen Pferde zu sprechen und erinnert ihn daran, dass ihm ebenso wie Patroklos ein gewaltsamer Tod vorherbestimmt ist (19. Gesang). Der sterbende Hektor prophezeit ihm, dass Paris und Apollon ihn töten werden (22. Gesang). Grausig vorweggenommen wird Achills Ende jedoch schon durch Patroklos' Tod, denn auch er fällt durch Apollons Eingreifen, während er Achills Rüstung trägt (16. Gesang). Trotz seiner göttlichen Mutter und seiner glänzenden Kriegskunst ist Achill Mitleid erregend in seiner Sterblichkeit, denn er ist mit dem schmerzlichen, unwiderruflichen Verlust des Patroklos konfrontiert und wird wiederholt gewarnt, dass sein eigener Tod kurz bevorsteht. Im Gegenzug erwirbt er Ehre für sich selbst und seinen Freund sowie ewigen Ruhm in der Dichtung (griechisch *kleos*). Unsterblichkeit jedoch ist diesen Helden nicht vergönnt.

Ein Großteil der *Ilias* besteht aus drastischen Schilderungen tötender und sterbender Männer. Manchmal triefen die Seiten geradezu von Blut. Die Brutalität, der grausige Jubel und das anrührende Elend des Krieges sind auf eine Weise dargestellt, die zu allen Zeiten und in allen Kulturen gleich ist: Die Waffen mögen sich zwar verändert haben, doch auch heute sterben Soldaten mit demselben Pathos und unter denselben Qualen.

Stets präsent ist auch die kommende Zerstörung Trojas. Dem trojanischen Sagenkreis zufolge setzte sich der Krieg nach Hektors Tod noch eine Weile fort. Andere Krieger nahmen seinen Platz ein, und weitere Verbündete kamen zur Verteidigung der Stadt, darunter vor allem die Amazonenkönigin Penthesileia und der äthiopische Fürst Memnon. Die *Ilias* allerdings sieht Hektor als letzte Hoffnung für Troja an, und mit seinem Tod ist die Bezwingung der Stadt unausweichlich. Achill verfolgt Hektor dreimal rings um die Stadtmauern und besiegelt damit die symbolische Bindung zwischen Stadt und Verteidiger, dessen anschließende Niederlage ein schlechtes Omen für die ganze Bevölkerung darstellt. Als die Menschen in Troja von Hektors Tod erfahren, wehklagen sie laut, „als wenn die ganze Ilios hochgetürmt in Glut hinsänke vom Gipfel" (22:410–411). Hektor selbst ahnt bei seinem letzten zärtlichen Beisammensein mit seiner Frau Andromache deren bitteres Schicksal als Sklavin der siegreichen Griechen (6. Gesang). Bei der Beweinung ihres toten Gatten sieht Andromache ihrerseits im letzten Gesang voraus, wie die Stadt zerstört und ihr Sohn von der Stadtmauer geschleudert wird, damit die Abstammungslinie König Priamos' endgültig abbricht. Mit den ständigen Verweisen auf Ereignisse, die nach der eigentlichen Handlung erfolgen, wird die *Ilias* ihrem Titel als „Geschichte Ilions" (der Stadt Troja) durchaus gerecht.

Die Götter, die vom Olymp aus den Krieg beobachten und zuweilen selbst eingreifen, flößen eher Angst und Respekt als Liebe oder Bewunderung ein. Manchmal ist ihre Weisheit größer als die der Sterblichen. So vermittelt Athene völlig gelassen im Streit zwischen Achill und Agamemnon, um zwischen den beiden Heerführern Frieden zu wahren (1. Gesang). Wenn Zeus Thetis' Bitte nachgibt, die Ehre Achills wiederherzustellen, dann weiß er im Voraus, welchen Preis Achill dafür bezahlen wird. Meist jedoch stellt Homer die Götter als übersteigerte Ausgaben der ichbezogenen Helden dar, als Unsterbliche, die sich durch überragende Kraft, Macht und Schönheit ebenso auszeichnen wie durch Ehrsucht. Apollon schlägt das ganze griechische Heer mit einer Seuche, weil Agamemnon seinen Priester entehrt (1. Gesang). Heras Hass auf Troja ist so glühend, dass sie Zeus ihre drei liebsten Städte opfern würde, wenn er ihr dafür Trojas Zerstörung verspräche (4. Gesang). Sie und Athene hassen Troja nicht etwa, weil die Trojaner unmoralisch oder frevlerisch wären, sondern weil Paris sie einst beleidigte, indem er den Apfel der Zwietracht Aphrodite gab (24:27–30). Bei Reibereien untereinander erweisen sich die Götter als ausgesprochen ungehobelt: Hera nörgelt ständig, weil ihr Gatte die Trojaner unterstützt, und ist sich einmal auch nicht zu schade, ihn zu verführen, um ihn von der Schlacht abzulenken (14. Gesang). Der aufbrausende Göttervater Zeus selbst droht seiner Familie wiederholt Gewalt an, um sie im Zaum zu halten. Gestattet er ihnen, aufeinander loszugehen, kommt es zu regelrecht komischen Handgreiflichkeiten: Athene verprügelt Aphrodite und wirft sie und Ares zu Boden, während Hera Artemis den eigenen Bogen um die Ohren haut (21. Gesang). Bestürzender als diese Rangeleien ist jedoch ihr oft hinterhältiges Eingreifen in menschliche Belange, wenn sie für ihre Lieblinge Partei ergreifen. Bevor Patroklos von Euphorbos und Hektor verwundet und getötet wird, beraubt Apollon ihn seiner Rüstung (16. Gesang). Athene erscheint Hektor in Gestalt seines Bruders und verleitet ihn dazu, auf das Schlachtfeld zurückzukehren und sich dem aussichtslosen Zweikampf mit Achill zu stellen (22. Gesang). Dann gibt sie Achill seinen Speer zurück, mit dem er Hektor verfehlt hat, doch tut keiner der Götter Hektor denselben Gefallen. So sehr diese Eingriffe auch unserem Verständnis von Fairness widersprechen, so bringt allein die Präsenz eines Gottes dem bevorzugten Helden Ehre ein und schmälert seine Leistung nicht, sondern hebt sie hervor. Die göttliche Intervention unterstreicht die Höhepunkte der Handlung, etwa Patroklos' und Hektors Tod, und betont die Bedeutung und Unausweichlichkeit des Untergangs eines Helden. Die Götter sind höchst widersprüchliche Charaktere, und nur selten können wir uns mit ihnen wirklich identifizieren, auch wenn wir zeitweise über ihre Possen lachen. Wie ernst wir sie nehmen, hängt vom Kontext und Ton der Erzählung ab.

Wie beim *Nibelungenlied* und dem altfranzösischen *Chanson de Roland* kennt man auch den Verfasser der *Ilias* nicht genau. Ob der blinde Sänger Homer tatsächlich gelebt hat, ist ungewiss, und dass gleich mehrere Städte sich als seinen Geburtsort rühmen, unterstreicht den Mangel an biografischen Fakten und die weite Popularität der homerischen Epen. Auch Sprache und Inhalt der Epen lassen nicht viele Rückschlüsse auf ihre Entstehung zu. *Ilias* und *Odyssee* sind beide in einer Kunstsprache verfasst, einem poetischen Gemisch aus unterschiedlichen Dialekten, das hier und da mit rein dichterischen Wortformen angereichert ist. Die Grundlage bildet zwar das gesprochene Altgriechisch, doch wurde die homerische Sprache niemals als Alltagsidiom verwendet, sondern von den Barden speziell für den mündlichen Vortrag entwickelt. Das epische Versmaß ist der Hexameter. Jeder Vers besteht aus sechs gleich langen Versfüßen in einer Kombination von Daktylen (eine lange Silbe gefolgt von zwei kurzen) und Spondeen (zwei lange Silben). Mit diesem Versmaß arbeitet auch die Übersetzung von Voß, der damit eine bahnbrechende Sprachschöpfung für das Deutsche geschaffen hat. Die Sprache der homerischen Epen ist nicht die Erfindung eines Einzelnen, sondern muss das Ergebnis einer Entwicklung über Generationen hinweg sein. Es handelt sich nicht um Werke eines Dichters, sondern einer dichterischen Tradition. Entsprechend findet sich die gleiche Sprache mit ungefähr gleicher Diktion und Dia-

Als Patroklos getötet wird, kennt Achills Trauer keine Grenzen. Zu Ehren seines liebsten Freundes veranstaltet er prachtvolle Wettkämpfe. Ein ganzer Gesang der *Ilias* ist der Schilderung dieser Bestattung mit ihren rituellen Handlungen gewidmet. Patroklos' Leiche wird auf einem gewaltigen Scheiterhaufen verbrannt. Achill opfert dabei Pferde, Hunde und zwölf trojanische Kriegsgefangene.

lektmischung auch in den Werken Hesiods und mehreren Hymnen an olympische Götter. Diese Sprache veränderte sich analog zur Entwicklung der gesprochenen Sprache: Jedes Mal, wenn im Laufe der Zeit dort ein Wandel eintrat, vollzog ihn auch die Sprache der Dichtung. Da jedoch nicht alle neuen gesprochenen Formen mit den überlieferten metrischen Schemata vereinbar waren, wurden manchmal veraltete Formen beibehalten. So finden sich in demselben Werk alte und neue Formen nebeneinander. Die in den Epen verwendete Sprache beruht möglicherweise auf der Verschmelzung traditioneller poetischer Ausdrucksformen, die zunächst unabhängig voneinander in Regionen entstanden, wo man diese Dialekte sprach. Bereits im 8. und 7. Jahrhundert v. Chr. dürfte das Publikum diese Sprache als eindeutig künstlich, teilweise sogar archaisch empfunden haben.

Zudem kann sich die dichterische Sprache nicht in Schriftform herausgebildet haben. Neben der Mischung der Dialekte und Wortformen legt auch der ausgesprochen formelhafte Charakter der Komposition eine mündliche Überlieferung nahe. Das gilt zum Beispiel für viele vertraute Attribute: Achill wird wiederholt als „Pelide", „gottgleich" oder „fußschnell" bezeichnet, die Schiffe sind üblicherweise „schwärzlich" oder „rüstig". Der Dichter benutzt für jeden bekannteren Begriff einige wenige Substantiv-Attribut-Gruppen mit unterschiedlichem Versmaß. Pro Substantiv sind so viele Beinamen verfügbar, dass sie sich für eine Vielzahl von metrischen Vorgaben eignen, ohne dass dem Dichter die Auswahl schwer fiele. Es ist deshalb anzunehmen, dass diese Kombinationen der Sprache eine würdevolle, feierliche Note verleihen sollten, zugleich aber Werkzeuge des mündlichen Vortrags waren. Sie dienten dem Barden als Bausteine, die bequem in das Versmaß eingepasst werden konnten und so die Improvisation erleichterten. Neben den Substantiv-Attribut-Kombinationen enthält das Epos zahlreiche weitere formelhafte Elemente, etwa die stereotypen Schilderungen von Waffen oder Opfern. Mit Hilfe dieser formelhaften Wendungen konnte ein fantasiebegabter, virtuoser Barde ein komplexes Epos mühelos improvisieren, ohne schriftliche Aufzeichnungen zu Hilfe zu nehmen oder auswendig

zu lernen. Angesichts der Neigung der Barden zu Veränderungen und Ausschmückungen dürfte jede Aufführung einzigartig gewesen sein. Wenn die Odyssee also vom blinden Sänger Demodokos erzählt, er habe auf Verlangen die Geschichte des Trojanischen Krieges vorgetragen, so ist dies durchaus denkbar. Ob ein so langes, komplexes Epos wie die *Ilias* allerdings ausschließlich in mündlicher Form existiert haben kann und wann es erstmals rezitiert oder aufgezeichnet wurde, gehört zu den strittigsten Fragen der Altphilologie. Wie viele Barden und wie viele Generationen formten die Erzählung von Achills Zorn, bis sie die uns heute bekannte Form hatte? Diktierte ein genialer Barde sie um 700 v. Chr., während Schreiber sie aufzeichneten? Lernte ein einzelner hochbegabter Sänger namens Homer schreiben, um sein Meisterwerk auszuschmücken und für die Nachwelt festzuhalten?

Die Ägis des Zeus ist eine Grauen erregende Waffe, die im Laufe der *Ilias* mehrfach zum Einsatz kommt, sei es durch Athene, Apollon oder Zeus selbst. Der Schild blendet mit seinem ungeheuren Glanz; schüttelt sein Träger ihn, erschallt ohrenbetäubender Lärm. Angesichts der Ägis verlieren die Feinde jeglichen Kampfesmut. Manchmal trägt Athene die Ägis als Brustharnisch. Der Schild ist Symbol des lauten, chaotischen Schlachtgewühls.

Ebenso faszinierend ist die Frage nach den Ursprüngen der Mythen, auf die sich die homerischen Epen beziehen. Als Archäologen Ende des 19. und Anfang des 20. Jahrhunderts in Troja, Mykene und Knossos Reste großartiger Städte ausgruben, weckte dies Hoffnungen bei denjenigen, die diese Sagen auf historische Ereignisse stutzen wollten. Archäologische Funde zeigen, dass im zweiten Jahrtausend vor Christus in Griechenland komplexe Kulturen mit monumentaler Architektur und hervorragendem Kunstschaffen existierten, darunter vor allem die minoische Kultur auf Kreta und die mykenische auf dem Festland. Die Entschlüsselung der Linear-B-Schrift lieferte zudem den Beweis, dass man in Mykene eine Form des Griechischen sprach. Zwar haben Spuren dieser bronzezeitlichen Kulturen die düsteren Zeiten des wirtschaftlichen Niedergangs um 1000 v. Chr. überdauert, doch sind die Bronzezeit und das klassische Hellas oft nur locker verknüpft. Manche in der *Ilias* beschriebenen auffälligen Waffen wie Ajax' „türmender Schild" (7. Gesang) und Odysseus' Helm aus Eberzähnen (10. Gesang) erinnern an entsprechende bronzezeitliche Funde, doch sind viele Details im Epos enger mit der Lebenswelt des 8. und 7. Jahrhunderts verbunden. Der Name Hektor taucht in Tontafeln mit Linear-B-Schrift auf, jedoch nicht als trojanischer Fürst, sondern offenbar als einfacher Grieche. Angesichts der großen Flexibilität mythischer Traditionen und der bekannten Tendenz klassischer Dichter zur Ausschmückung und Romantisierung gängiger Sagen hüten sich Wissenschaftler, die *Ilias* als historische Quelle zu werten. Zweifellos gab es Allianzen zwischen den mykenischen Städten, und bronzezeitliche Armeen belagerten und plünderten Städte. In strategischer Lage nahe am Tor zum Hellespont mag Troja sogar Opfer griechischer Überfälle gewesen sein, doch dass Griechen und Trojaner Krieg führten, weil ein trojanischer Königssohn namens Paris die Gattin eines spartanischen Königs namens Menelaos entführte, ist schlichtweg nicht nachweisbar. Auch wenn später griechische

Historiker Mythen als Teil einer historischen Überlieferung angesehen haben, gehen heutige Wissenschaftler nicht mehr davon aus, dass Mythen auf historische Ereignisse zurückgehen, sondern dass sie lediglich Reminiszenzen an die Kultur der späten Bronzezeit und der nachfolgenden „dark ages" aufweisen. Ebenso wie andere griechische Sagen hat auch die Erzählung von Achill einen Vorläufer in der Mythologie des Vorderen Orients. Eine erstaunliche Parallele zu Achills untröstlicher Trauer über den Tod seines engsten Freundes Patroklos findet sich im Sagenkreis um den mesopotamischen Helden Gilgamesch und seinen Gefährten Enkidu. Zwar gilt die *Ilias* gemeinhin als Ausgangspunkt der abendländischen Dichtung, doch schöpft sie selbst aus noch älteren poetischen Quellen.

Lesern, die mehr über griechische Mythologie erfahren möchten, sei Gustav Schwab, *Sagen des klassischen Altertums*, empfohlen. Zu Troja und Homer gibt es u. a. eine Einführung von Joachim Latacz. Neben der in diesem Buch verwendeten Übersetzung von Johann Heinrich Voß (1793) ist vor allem die von Wolfgang Schadewaldt (1975) zu nennen.

Zeus als Wagenlenker. Als Gott kann Zeus zwar jede gewünschte Gestalt annehmen, doch benutzt er in der *Ilias* oft wie ein sterblicher Krieger seinen goldenen Streitwagen.

Beide Seiten boten mächtige Allianzen mit zahlreichen Verbündeten auf. Die aufgeführten Personen sind adelige Anführer, die mit ihrem Stamm in den Krieg ziehen. Manche tragen den Titel *basileus*, der üblicherweise mit *König* (K. v. = König von) übersetzt wird. Die gestrichelte Linie zeigt die Blickrichtung der Götter vom Olymp direkt auf Troja.

WHO'S WHO

Griechen, Trojaner und Götter

Menelaos, der betrogene Ehemann der Helena. Als er seine Frau nicht im Guten zurückbekommt, führt sein Bruder Agamemnon die griechischen Streitkräfte nach Troja, um die Ehre des Atreus und seiner Söhne wieder herzustellen.

GRIECHEN

Achill Sohn des Peleus (weshalb ihn das Epos oft als „Peliden" bezeichnet) und der Nereide Thetis. Er führt die Kriegerelite der Myrmidonen an und ist Liebling der Göttinnen Hera und Athene. Sein engster Freund ist Patroklos.

Agamemnon Oberbefehlshaber der Griechen und König von Mykene. Er wird im Epos auch als „Atride" (Sohn des Atreus) bezeichnet.

Ajax Sohn des Telamon (großer Ajax); griechischer Krieger aus Salamis, wird an Mut und Stärke nur von Achill übertroffen.

Ajax Sohn des Oileus (kleiner Ajax); griechischer Krieger aus Lokris. Er war ein ausgezeichneter Speerwerfer.

Antilochus Krieger, Sohn des Nestor

Automedon Wagenlenker des Achill

Briseis Gefangene des Achill; Agamemnon nimmt sie ihm weg, was schwerwiegende Folgen hat.

Chryseis Tochter des Apollon-Priesters Chryses. Sie wird von Achill geraubt und Agamemnon geschenkt, woraufhin Apollon das griechische Heer mit einer Seuche straft.

Diomedes Sohn des Tydeus (deshalb im Epos auch „Tydide"). Er ist König von Argos und einer der tapfersten Griechen nach Achill.

Euryalos Einer der drei Befehlshaber der 80 Schiffe, die von der Peloponnes aus nach Troja in See stechen

Eurybates Agamemnons Herold

Eurypylos Befehlshaber von 40 Schiffen aus Ormenion

Idomeneus König von Kreta, einer der tapfersten griechischen Krieger

Kalchas Wichtigster Seher der griechischen Streitmacht

Klytaimnestra Helenas Halbschwester, Ehefrau des Agamemnon. In dessen Abwesenheit hat sie ein Verhältnis mit seinem Vetter.

Machaon Sohn des Asklepios, Heiler und Wundarzt, der am Kampf teilnimmt und selbst verwundet wird

Meges Einer von Helenas Freiern, führt schließlich die Krieger aus Dulichion und von den Echinaden gegen Troja

Menelaos König von Sparta, rothaariger jüngerer Bruder Agamemnons. Im Epos auch als „Atride" (Sohn des Atreus) bezeichnet
Meriones Gemeinsam mit Idomeneus Heerführer der Kreter
Nestor Der redegewandte weise alte König von Pylos; Berater Agamemnons
Neoptolemos Sohn des Achill, wurde von Odysseus in die Schlacht geführt, weil ihm eine entscheidende Rolle bei der Einnahme Trojas prophezeit war. Er tötet Priamos und schleudert Astyanax von der Stadtmauer hinab.
Odysseus Listiger König von Ithaka, geschickter Unterhändler
Patroklos Griechischer Krieger, enger Vertrauter des Achill
Peleus Vater Achills und König der Myrmidonen
Teukros Bester Bogenschütze der griechischen Streitkräfte; Sohn des Telamon und Halbbruder des Ajax

TROJANER

Äneas Sohn des Anchises und der Aphrodite, Heerführer der Dardanier; auf trojanischer Seite war ihm nur Hektor überlegen.
Anchises Vater des Äneas
Andromache Ehefrau Hektors, Tochter des Königs von Theben
Antenor Greiser trojanischer Führer
Astyanax Hektors kleiner Sohn
Deiphobos Sohn des Priamos, heiratet Helena nach Paris' Tod
Dolon Trojanischer Spion
Glaukos Enkel des Bellerophon; lykischer Fürst und Verbündeter des Priamos
Hekabe Priamos' zweite Frau und Mutter von Hektor, Paris, Deiphobos, Kassandra u.a.; später Sklavin des Odysseus
Hektor Sohn des Priamos; Held und Oberbefehlshaber der trojanischen Streitkräfte
Helena Tochter des Zeus und schönste Frau der Welt. Ehefrau des Menelaos, bis Paris sie entführte und damit den Anstoß zur Belagerung Trojas gab
Helenos Wie seine Schwester Kassandra mit prophetischen Fähigkeiten begabt; er sagt den Fall Trojas voraus.
Kassandra Tochter des Priamos, von Apollon geliebt, der sie mit prophetischen Gaben ausstattet, jedoch als Strafe dazu verdammt, dass niemand ihr glaubt
Paris Sohn des Priamos, auch Alexander genannt. Athene und Hera hassen ihn, weil er im Schönheitswettstreit der Göttinnen Aphrodite vorzog. Sein Raub der Helena löst den Trojanischen Krieg aus.
Polydamas Bruder des Euphorbos, Waffenbruder Hektors
Polydoros Sohn des Priamos
Priamos Greiser König von Troja, Vater von 50 Söhnen, darunter Hektor und Paris
Sarpedon Lykier, Zeus-Sohn

Paris, Sohn des Priamos: Der gut aussehende Prinz entführt Helena aus Sparta nach Troja und heiratet sie. Seine Schwester Kassandra prophezeit, dass er Schuld am Untergang seiner eigenen Stadt sein wird.

Aphrodite ist die Göttin der leidenschaftlichen Liebe. Homer beschreibt sie als lächelnde, leichtsinnige Göttin. Als Paris ihr den goldenen Apfel reicht – der sie als die schönste Göttin auszeichnet –, gibt sie ihm zur Belohnung Helena, die schönste Frau der Welt, obwohl diese bereits verheiratet ist. In der *Ilias* beschützt Aphrodite ihren hübschen Prinzen, indem sie ihn aus der Schlacht entrückt, wofür sein Bruder Hektor ihn verachtet.

DIE GÖTTER

Die Götter der Ilias sind bei der Handlung des Epos stets präsent. Sie ergreifen für ihre Favoriten Partei und nehmen oft eine andere Gestalt an, um direkt in das Geschehen vor den Toren Trojas einzugreifen. Fast alle Beteiligten glauben, dass ihre Handlungen vorherbestimmt sind oder von den Göttern gelenkt werden. Die Hauptgötter der Ilias sind:

Aphrodite Göttin der Schönheit und der Liebe, Tochter des Zeus. Lange vor den Ereignissen der Ilias wurde Paris aufgefordert, unter Aphrodite, Hera und Athene die Schönste zu benennen; er wählte Aphrodite.

Apollon Zeus-Sohn und göttlicher Bogenschütze; er ist Gott der Prophezeiung, aber auch der Musik, Dichtung und Malerei, des Ackerbaus, der Heilkunst und der Seuchen sowie der Tiere. Er wird Phöbos („der Leuchtende") genannt und unterstützt die Trojaner.

Ares Gott des Krieges. Sein Wahrzeichen ist der blutige Speer.

Artemis Zwillingsschwester Apollons, Göttin der Jagd. Sie steht auf Seiten der Trojaner, übt jedoch wenig Einfluss aus.

Athene Göttin der Weisheit, des Handwerks und des Krieges. Die Zeus-Tochter tritt leidenschaftlich für die Griechen ein, besonders den weisen Odysseus. Oft mit einer Eule als Wahrzeichen abgebildet

Eris Göttin der Zwietracht. Sie überreicht bei der Hochzeit der Thetis und des Peleus den goldenen Apfel mit der Aufschrift „der Schönsten" und löst damit den erbitterten Wettstreit zwischen Hera, Athene und Aphrodite aus.

Eros Gott der Liebe, der Lust und der Fruchtbarkeit.

Erinnyen (Furien) Strenge Göttinnen der Gerechtigkeit. Sie entstanden aus dem Blut des Uranos, des Vaters von Kronos.

Hades Gott der Unterwelt und damit des Totenreichs. Bruder von Zeus und Poseidon, die ihrerseits über die Erde und das Meer herrschen

Hephaistos Sohn der Hera, von Geburt an lahm und von seiner Mutter vom Olymp verstoßen. Er kehrt später als Handwerker und Schmied der Götter dorthin zurück.

Hera (auch: Here) Die eifersüchtige, reizbare Schwester und Ehefrau des Zeus; Herrscherin über den Olymp. Sie unterstützt die Griechen.

Hermes Zeus-Sohn, oft mit geflügelten Füßen dargestellt. Er führt die Toten in die Unterwelt, ist aber auch eifriger Helfer der Menschen, wenn sie wie Priamos vor schwierigen Aufgaben stehen.

Iris Götterbotin. In der Ilias bedient sich meistens Zeus ihrer Dienste.

Kronos Einer der Titanen. Er entmachtet seinen Vater Uranos und wird seinerseits von seinem eigenen Sohn Zeus abgesetzt.

Poseidon Gott des Meeres, Bruder

des Zeus. Er hasst die Trojaner, weil sie ihm für seine Hilfe beim Bau ihrer Stadtmauern die Bezahlung schuldig blieben.

Rhea Mutter des Zeus, des Poseidon und des Hades

Thetis Meeresnymphe, Mutter Achills

Zeus König der Götter, herrscht vom Olymp aus über das Universum. Er ist der jüngste Sohn des Titanen Kronos und der Rhea. Gleich nach Zeus' Geburt versucht Kronos, ihn ebenso zu verschlingen wie zuvor seine Geschwister, doch täuscht ihn Rhea und verbirgt das Kind in einer Höhle auf Kreta. Als Zeus erwachsen ist, bringt er Kronos dazu, seine Brüder und Schwestern wieder auszuspeien. Gemeinsam ergreifen sie die Herrschaft über das Universum. Zeus, Poseidon und Hades teilen die Schöpfung untereinander auf.

GLOSSAR

Achaia Homer spricht nirgends von den „Griechen", sondern stets von den Achaiern. Sie bewohnten Thessalien und Teile der Peloponnes.

Argiver Volk von Argos. Bei Homer synonym für die Achaier

Danaer Weitere Bezeichnung Homers für die Achaier

Dardanien An Troja angrenzendes Reich im Hochland von Kleinasien. Die Dardanier waren Verbündete der Trojaner unter dem Kommando des Äneas.

Hekatombe Opferung von 100 Rindern für die Götter

Hellespont (Dardanellen) Die Meerenge zwischen dem Ägäischen Meer und dem Marmarameer

Ida Berg in Kleinasien, von dem aus die Götter die Schlachten vor Troja beobachten

Ilion (Ilios) Anderer Name Trojas, von dem der Begriff „Ilias" abgeleitet ist: Dichtung über Ilion

Lykien Staat in den Bergen Kleinasiens, mit Troja verbündet

Mykene Hauptstadt von Agamemnons Reich

Myrmidonen Aus Thessalien in Griechenland stammende Elitetruppen unter dem Befehl Achills

Olymp Höchster Berg Griechenlands und Wohnsitz der Götter

Pylier Bewohner von Pylos, der Heimat Nestors; sie wurden von Antilochos auf Seiten der Griechen in die Schlacht geführt.

Xanthos Trojanischer Fluss. Auch als Skamandros bezeichnet.

Waffen und Rüstungen spielen in der *Ilias* eine wichtige Rolle. Fällt ein Krieger, ist stets das Scheppern seines Brustpanzers zu hören. Hat ein Kämpfer einen anderen getötet, raubt er ihm üblicherweise die kostbare, manchmal goldene Rüstung als Kriegsbeute. Manche Soldaten werden ihrerseits getötet, während sie sich noch um die begehrte Trophäe bemühen.

Wie alles anfing

Zu Beginn der *Ilias* tobt der Krieg zwischen Griechen und Trojanern bereits seit zehn Jahren. Auslöser war, dass Helena ihren Ehemann Menelaos, König von Sparta, wegen des trojanischen Königssohns Paris verließ. Um seine Frau zurückzubekommen, appellierte Menelaos an das Wohlwollen der Trojaner. Als er damit nichts erreichte, zog ein gewaltiges Heer griechischer Alliierter unter der Führung von Menelaos' Bruder Agamemnon nach Troja, um Helena gewaltsam zurückzuholen.

PARIS UND HELENA

Paris, auch Alexander genannt, ist ein Sohn des Priamos, König von Troja, und der Hekabe. Unmittelbar vor seiner Geburt träumte seine Mutter, sie werde eine brennende Fackel zur Welt bringen. Es war prophezeit, vermutlich von Kassandra, der Tochter des Priamos, das Kind werde einst Trojas Verhängnis sein. So setzte man das Neugeborene auf einem Hügel außerhalb der Stadt aus und hielt es seither für tot. Der Knabe wurde jedoch von einer Bärin gesäugt und von Hirten großgezogen. Als junger Mann geht Paris nach Troja, um sich bei Wettspielen zu bewähren. Kassandra erkennt ihn, und er wird von der Königsfamilie wieder aufgenommen. Er bleibt jedoch weiterhin Hirte und hütet Priamos' Herden auf den Hängen des Ida.

Helena ist eine Tochter des Zeus und der Leda, sie wächst jedoch bei ihrer Mutter und deren Ehemann auf, König Tyndareus von Sparta. Ihre Geschwister sind Klytaimnestra, Kastor und Polydeukes. Helena ist bildschön, und als sie ins heiratsfähige Alter kommt, wird sie so von Freiern umlagert (darunter Menelaos, Odysseus, Philoktetes und beide Ajaxe), dass ihr Stiefvater fürchtet, die Abgewiesenen könnten Ärger bereiten. Auf Odysseus' Rat lässt Tyndareus deshalb alle Freier schwören, denjenigen zu schützen, den Helena heiraten werde. Ihre Wahl fällt schließlich auf Menelaos. Sein Bruder Agamemnon ist bereits mit Helenas Schwester Klytaimnestra vermählt.

DAS URTEIL DES PARIS

Bei der Hochzeit von Peleus und Thetis, Achills Eltern, ist Zeus Ehrengast. Eris, die Göttin des Streits, ist nicht eingeladen, schleicht sich jedoch hinzu und lässt einen goldenen Apfel mit der Inschrift „der Schönsten“ vor die Füße der drei größten Göttinnen des Olymps rollen: Zeus' Gattin Hera und seiner Töchter Athene und Aphrodite. Die drei bitten Zeus zu entscheiden, welche von ihnen die Schönste sei, doch der ist zu klug, um sich darauf einzulassen, und so fragen sie den schönen Paris, der auf dem Ida Schafe hütet. Jede Göttin versucht, ihn mit verlockenden Versprechen zu bestechen. Aphrodite weiß, was junge Männer bewegt, und verspricht ihm die schönste Frau der Welt. Zum Ärger von Hera und Athene reicht er ihr den Apfel.

Einige Jahre später schickt Priamos Paris in diplomatischer Mission nach Sparta. Menelaos hält sich gerade in Kreta auf, um das Begräbnis seines Großvaters auszurichten, und als Paris erkennt, dass Helena die ihm von Aphrodite versprochene Frau ist, verführt er sie und überredet sie, mit ihm fortzugehen. Das Liebespaar flieht und entwendet dabei noch den größten Teil von Menelaos' Schatz. Einigen Quellen zufolge segeln sie geradewegs nach Troja und heiraten dort, andere sprechen von einem Umweg über Aphrodites Heimat Sidon (Zypern) und Ägypten.

DIE RACHE DER ÜBRIGEN FREIER

Als Menelaos sieht, dass Helena fort ist, ruft er die anderen Freier zu Hilfe, die ihrem Gatten Beistand geschworen hatten. Mit Odysseus fährt er nach Troja, kann jedoch die Trojaner nicht zur Herausgabe bewegen. Sein Bruder Agamemnon rüstet deshalb in Aulis (Böotien) ein riesiges Heer aus allen Teilen Griechenlands. Widrige Winde verzögern jedoch den Aufbruch. Den meisten Versionen zufolge hat Artemis den Wind gesandt, weil sie sich von Agamemnon gedemütigt fühlt. Sie fordert ihn auf, seine Tochter Iphigenie zu opfern. Um Helena zurückzuholen und die Ehre Spartas zu retten, lockt Agamemnon seine Tochter unter dem Vorwand nach Aulis, sie solle dort Achill heiraten. (Homer erwähnt das Opfer nicht; dort bietet Agamemnon alle drei Töchter dem Achill als Bräute an, um ihn in den Kampf zurückzulocken.) In den meisten Versionen wird Iphigenie tatsächlich von ihrem eigenen Vater geopfert, was ihm ihre Mutter niemals verzeiht. Andere jedoch sagen, Artemis habe das Opfer in ein Reh verwandelt und Iphigenie als ihre Priesterin nach Tauris gebracht. In jedem Fall tut das Opfer seine Wirkung, und die Götter schicken günstige Winde, sodass die über tausend Schiffe in See stechen können.

Unterwegs beschließt Agamemnon, auf der Insel Chryse Apollon zu opfern. Dort geschieht etwas, das sich für den Kriegsverlauf verhängnisvoll auswirken soll: Philoktetes, großartiger Bogenschütze und Erbe von Herakles' Bogen, wird von einer Schlange gebissen. Die Wunde eitert und riecht übel, und Philoktetes schreit vor Schmerzen. Odysseus schlägt schließlich vor, ihn auf Lemnos zurückzulassen. Diese brutale Entscheidung zögert das Ende des Feldzugs hinaus, denn der trojanische Seher Helenos prophezeit, Troja könne erst erobert werden, wenn Philoktetes mit Herakles' Bogen in die Schlacht eingreife, denn ihm war bestimmt, Paris zu töten. Als die Griechen vor Troja landen, ist ihre Strategie damit bereits hinfällig, und aufgrund des Geschehens auf Chryse dauert der Trojanische Krieg zehn lange Jahre.

KASSANDRA

Kassandra ist die Tochter des Priamos und der Hekabe. Ebenso wie ihr Zwillingsbruder Helenos erhält sie von Apollon prophetische Gaben. Weil sie sich dem Gott nicht hingeben möchte, verdammt er sie dazu, dass niemand ihre (durchweg zutreffenden) Prophezeiungen glaubt. Als Troja fällt, nimmt sie Agamemnon als Gefangene mit nach Argos.

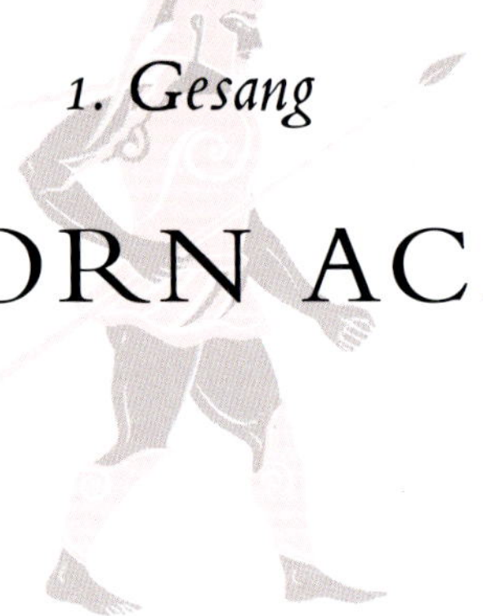

1. Gesang

DER ZORN ACHILLS

Achill, Agamemnon und Apollon

DIE SITUATION

Zehn Jahre belagern die Griechen schon Troja, doch nun werden sie von einer gottgesandten Seuche heimgesucht. Achill und Agamemnon streiten sich um die Beute, und Achills unverhohlene Wut droht, die Griechen in die Knie zu zwingen.

Im griechischen Lager am Ufer unterhalb des belagerten Troja sterben die Männer zu Dutzenden, nicht in der Schlacht, sondern an den pestbringenden Pfeilen Apollons. Agamemnon, König von Mykene und Oberbefehlshaber des griechischen Heeres, entführte Chryseis. Ihr Vater Chryses, ein Apollon-Priester, kommt zu Agamemnon, bietet Lösegeld für seine Tochter und bittet um ihre Rückgabe aus Ehrfurcht vor dem Gott (der auf Seiten der Trojaner steht). Das gesamte Heer bestürmt Agamemnon, das Mädchen herauszugeben, doch in seinem Hochmut weigert er sich und jagt den alten Priester unter Beschimpfungen fort. Chryses ruft Apollon um Hilfe an:

Höre mich, Gott, der du Chrysa mit silbernem Bogen umwandelst
Samt der heiligen Killa und Tenedos mächtig beherrschest.
Smintheus! hab ich dir je den prangenden Tempel gekränzet,
Oder hab ich dir je von erlesenen Farren und Ziegen
Fette Schenkel verbrannt, so gewähre mir dieses Verlangen:
Meine Tränen vergilt mit deinem Geschoß den Achaiern!
[1:37–42]

Apollon erfüllt Chryses' Wunsch auf schreckliche Weise. Nun sterben die griechischen Krieger wie Fliegen, und das Lager ist erfüllt vom Gestank der Verwesung und des Leichenbrands. Nach neun Tagen lässt Hera, die Herrin des Olymps, den Myrmidonenführer Achill alle Männer versammeln, um den Grund zu erfahren. Der Seher Kalchas sagt, er kenne die Antwort, bittet jedoch zuvor um Schutz vor Agamemnons Zorn. Als ihm der zugesichert wird, erklärt Kalchas, Apollon sei erzürnt, weil Agamemnon seinen Priester so schlecht behandelt habe. Der Gott fordere die Rückgabe des Mädchens, zudem solle Agamemnon hundert Stiere vor Apollons Heiligtum opfern.

Voller Wut springt Agamemnon auf und fährt Kalchas an, er sei ein Schwarzseher, ein „Prophet des Bösen". Chryseis stehe ihm zu und er werde sie behalten:

Agamemnon erbeutete die Tochter des Apollon-Priesters Chryses. Diese an die Entführung Helenas durch Paris erinnernde Tat löst die Handlung der *Ilias* aus und stürzt Achill ebenso wie Agamemnon selbst ins Verderben.

... weit lieber behielt' ich
Solche daheim, da ich höher wie Klytämnestra sie achte,
Meiner Jugend Vermählte; denn nicht ist jene geringer,
Weder an Bildung und Wuchs noch an Geist und künstlicher Arbeit.
[1:112–115]

Mit demonstrativer Nachgiebigkeit erklärt Agamemnon, wenn es sein müsse, werde er Chryseis aufgeben, jedoch verlange er als Entschädigung ein anderes Ehrengeschenk. Für einen so großen Heerführer wie ihn sei es ja eine Schande, als einziger keine Trophäe zu bekommen. Achill erwidert ungehalten, es sei noch schändlicher, einem einfachen Soldaten wegzunehmen, was er redlich errungen hat. Agamemnon solle vielmehr warten, bis weitere Beute gemacht werde, und könne sich dann etwas davon nehmen, das doppelt und dreifach so viel wert sei wie das Mädchen. Agamemnon jedoch will davon nichts hören und droht, wenn ihm niemand einen Ehrenpreis anbiete, dann werde er sich einfach einen nehmen, vielleicht von Achill selbst ...

Wohl denn, wofern mir ein andres
verleihn die edlen Achaier, /
Meinem Sinn es erlesend, das mir ein
voller Ersatz sei! /
Aber verleihn sie es nicht, dann komm ich
selber und nehm' es, /
Deines vielleicht, auch des Ajas Geschenk wohl
oder Odysseus' /
Führ ich hinweg. (...)
[1:135–139]

Erbost beschimpft Achill Agamemnon als schamlos und niederträchtig. Er betont, er und seine Männer hätten keinerlei Streit mit Troja, sondern seien lediglich dort, um die Ehre von Agamemnons

Bruder Menelaos zu retten. Er selbst, klagt Achill, habe ohnehin nie seinen gerechten Anteil an der Beute erhalten:

Hab ich doch nie ein Geschenk wie das deinige, wann die Achaier
Eine bevölkerte Stadt des troischen Volkes verwüstet,
Sondern die schwerste Last des tobenden Schlachtengetümmels
Trag' ich mit meinem Arm: doch kommt zur Teilung es endlich,
Dein ist das größte Geschenk. (...)
[1:163–167]

Achill kündigt an, er werde heimsegeln. Agamemnon wirft ihm daraufhin vor, er sei ein treuloser Deserteur und gibt in seiner Wut preis, dass er Achill in Wirklichkeit hasst, weil seine Stärke als Krieger die Gabe eines Gottes ist:

Ganz verhaßt mir bist du vor allen beseligten Herrschern;
Stets doch hast du den Zank nur geliebt, und die Kämpf und die Schlachten!
Wenn du ein Stärkerer bist, ein Gott hat dir solches verliehen!
Schiffe denn heim, du selbst mit den Deinigen, daß du in Ruhe
Myrmidonen gebietest; denn du bist nichts mir geachtet,
[1:176–180]

Wutentbrannt beansprucht Agamemnon nunmehr Achills Sklavin Briseis für sich. Achill ist sprachlos vor Zorn, unentschlossen: Soll er seinen Ärger herunterschlucken oder sein Schwert zücken und den Widersacher niederstrecken? Da spürt er, dass ihn jemand am Haar fasst, und wendet sich um. Hinter ihm steht mit funkelnden Augen die Göttin Athene, nur für ihn sichtbar. Hera habe sie gesandt, so erklärt sie und verspricht ihm reiche Belohnung, wenn er seinen Zorn meistere.

Deinen Zorn zu stillen, gehorchtest du, kam ich vom Himmel;
Denn mich sendete Here, die lilienarmige Göttin,
Die für beide zugleich in liebender Seele besorgt ist.
Aber wohlan, laß fahren den Streit und zücke das Schwert nicht.
Magst du mit Worten ihn doch beleidigen, wie es dir einfällt.
Denn ich sage dir an, und das wird wahrlich vollendet:
Einst wird dir noch dreimal so herrliche Gabe geboten,
Wegen der heutigen Schmach. Drum fasse dich nun, und gehorch uns.
[1:207–214]

Sofort steckt Achill sein Schwert wieder in die Scheide und beugt sich dem Befehl der Götter; Athene kehrt zum Olymp zurück. Doch allein, dass Achill die Waffe niederlegt, bedeutet noch lange nicht, dass er aufgibt. Er fährt Agamemnon an, er sei ein Trunkenbold und ein Feigling, der Beute fordere, ohne selbst je an gefährlichen Kämpfen teilzunehmen. Dann ergreift er den Herrscherstab und schwört, er werde Agamemnon selbst in höchster Not nie wieder zu Hilfe kommen:

(...) dies sei dir die hohe Beteurung!
Wahrlich, vermißt wird Achilleus hinfort von den Söhnen Achaias
Allzumal; dann suchst du umsonst, wie sehr du dich härmest,
Rettung, wenn sie in Scharen, vom männermordenden Hektor
Niedergestürzt, hinsterben; und tief in der Seele zernagt dich
Zürnender Gram, daß den besten der Danaer nichts du geehret!
[1:239–244]

Starrsinnig stehen sich die beiden Krieger gegenüber, eine Lösung ist nicht in Sicht. Der weise alte Nestor fleht sie an, ihren Streit beizulegen, denn sie erreichten damit lediglich, dass der Feind frohlocke und sie ihre Kräfte mit nutzlosem Gezänk vergeudeten. Respektvoll weist er darauf hin, schon großartigere Männer als sie hätten seine Ratschläge befolgt, und auch sie täten gut daran, dies zu tun. Er bittet Agamemnon, Achill seine Sklavin Briseis nicht wegzunehmen, nur weil er die Macht dazu habe oder Achill ärgern wolle, denn dieser sei der Stützpfeiler der griechischen Streitkräfte. Dann fleht er Achill an, sich nicht gegen den König aufzulehnen, denn sein Amt sei ihm von Zeus verliehen, und dessen Entscheidungen müsse Achill respektieren.

Nestor hätte sich die Worte sparen können. Agamemnon und Achill stehen sich gegenüber und brüllen einander an. Agamemnon behauptet, Achill wolle ja lediglich den Oberbefehl an sich reißen, aber er sei nicht bereit, sich von einem einfachen Krieger Befehle geben zu lassen. Achill schimpft zurück, wenn er klein beigebe, werde ihn jeder für einen Feigling halten, und er werde Agamemnons Befehlen nicht mehr Folge leisten:

Andern gebeut du solches nach Willkür; aber nur mir nicht
Winke Befehl; ich möchte hinfort dir wenig gehorchen!
Eines verkünd ich dir noch, und du bewahr es im Herzen.
Niemals heb ich die Arme zum Streit auf wegen des Mägdleins,
Weder mit dir, noch andern; ihr gabt und nehmet sie wieder.
Aber so viel mir sonst bei dem dunkelen Schiffe sich findet,
Davon nimmst du mir schwerlich das mindeste wider mein Wollen.

APOLLON

Der Sohn des Zeus und der Titanin Leto ist Artemis' Zwillingsbruder. Apollon ist zuständig für Weissagung und Prophezeiung, Musik und Bogenschießen, aber er schickt auch Seuchen. Er wird auch als Phöbos (der hell Leuchtende) bezeichnet. Im Trojanischen Krieg steht er auf Seiten von Troja und Priamos und verleiht zwei von dessen Kindern – Helenos und Kassandra – prophetische Kräfte. Achill stirbt letztlich durch Apollons Pfeil, auch wenn Paris den Bogen spannt.

THETIS

Sie ist die Tochter des uralten Meergottes Nereus, wird jedoch von Hera aufgezogen. Weil sie Zeus vor einer Intrige ihrer Stiefmutter gegen ihn warnt, liebt er Thetis und möchte sie heiraten, doch ist prophezeit, dass ihr Sohn einst mächtiger sein werde als sein Vater. So verheiratet er sie mit dem sterblichen König Peleus, welcher Achill zeugt. Thetis hat weiterhin Einfluss auf Zeus und überredet ihn, zur Ehrenrettung Achills in den Krieg einzugreifen.

Oder wohlan, versuch es! Damit sie alle mit ansehn,
Wie alsbald an der Lanze dein schwarzes Blut mir herabträuft!
[1:295–303]

So trennen die beiden sich. Mit seinem Waffenbruder Patroklos und seinen Männern stürmt Achill zurück in sein Lager. Agamemnon lässt ein Schiff seeklar machen, mit dem Chryseis zu ihrem Vater zurückkehren soll, und sendet Odysseus als Botschafter und Kapitän mit ihr fort. Unverzüglich ersetzt Agamemnon jedoch diesen Verlust. Während die Truppen dem Apollon Stiere und Ziegen opfern, um die Torheit zu sühnen, sendet er seine Herolde Talthybios und Eurybates zu Achills Zelt, um Briseis zu holen, notfalls mit Gewalt. Sie weigern sich zunächst, denn sie lieben und respektieren Achill und haben zudem Angst. Beklommen stehen sie vor ihm und wagen nicht zu sprechen, doch er versteht ihr Schweigen und sagt, sie sollen sich nicht fürchten:

Freude mit euch, Herold', ihr Boten Zeus' und der Menschen!
Nahet euch! Ihr nicht seid mir Verschuldete, nur Agamemnon,
Der euch beide gesandt um Brises' rosige Tochter.
Auf denn, führe heraus das Mägdelein, edler Patroklos,
Und laß jene sie nehmen. (...)
[1:334–338]

Achill und Thetis

Während Briseis zu Agamemnon gebracht wird, schleicht sich Achill davon und setzt sich traurig an den Strand. Er schaut über das weite graue Meer und denkt an seine Mutter, die Nymphe Thetis. Betrübt ruft er nach ihr. Sie steigt aus der Tiefe auf, umarmt ihn und fragt, was geschehen sei. Achill erzählt ihr, dass Agamemnon Apollon entehrt hat und welche Strafe der Gott den Griechen sandte; Agamemnon habe Chryseis zurückgeschickt, dafür aber Achills rechtmäßige Beute gestohlen. Achill bittet Thetis, mit Zeus zu sprechen, der ihr seit jeher gewogen ist, und ihn zu überreden, den Trojanern beizustehen, damit Agamemnon den Tag verflucht, an dem er Achills Ehrengeschenk an sich riss:

Setze nun, des ihn erinnernd, zu jenem dich, faß ihm die Knie auch,
Ob es vielleicht ihm gefalle, den Troern Schutz zu gewähren,
Aber zurückzudrängen zum Lager und Meer die Achaier,
Niedergehaun, (…)
[1:407–410]

Thetis bricht in Tränen aus und beklagt den Tag, an dem sie Achill gebar, denn sie weiß, sein Leben wird kurz sein, und sie erfährt nun, dass es zudem von Schande und Unglück erfüllt ist. Sie trocknet sich die Augen und verspricht, Zeus Achills Wunsch vorzutragen, erklärt jedoch, er müsse zwölf Tage warten, da Zeus und die übrigen Götter in Äthiopien bei einem Fest seien. Sie rät Achill, sich still in seinem Zelt aufzuhalten und seinen Zorn auf Agamemnon zu bewahren, jedoch nicht in die Schlacht zu ziehen. Dann taucht sie wieder ins Meer hinab und lässt Achill – immer noch untröstlich – zurück.

Odysseus ist inzwischen auf der Insel Chryse angelangt und hat das Schiff sicher vertäut. Hundert Rinder – die Hekatombe – werden für das Opfer ausgeladen und rings um den Altar aufgestellt, wo man ihnen die Kehle durchschneidet und die Haut abzieht. Das Fleisch wird zerlegt; die Schenkelknochen umwickelt man mit einer dop-

Achill, Held der griechischen Krieger, steigert sich in seine Wut auf Agamemnon hinein und zieht sich deshalb vom Kampf zurück, kehrt jedoch letztlich in die Schlacht zurück, um Rache für Patroklos' Tod zu nehmen.

TIEROPFER

Den Göttern Rinder zu opfern war ein wesentliches Mittel, um sich ihre Hilfe für ein Unternehmen zu sichern oder sie zu beschwichtigen. Man schnitt den Tieren über dem Altar die Kehle durch und suchte ein besonders schönes Stück für den jeweiligen Gott aus. Es wurde verbrannt, damit der duftende Rauch zur Wohnstatt des Gottes aufsteigen konnte, zudem vergoss man Wein als Trankopfer. Der Rest des Rindes wurde zerlegt und für ein Festmahl geröstet.

pelten Fettlage und bindet diese mit Fleischstreifen fest. Das sind die Opferportionen; Chryses übergießt sie mit Wein und verbrennt sie im heiligen Feuer. Dann wird das übrige Fleisch zerteilt, auf Zweizinke gespießt und für das Festmahl geröstet. Man trinkt Wein, wobei der erste Becher stets für die Götter auf den Boden gegossen wird, und singt Hymnen zum Lobe Apollons. Bei Morgengrauen am nächsten Tag schickt Apollon günstige Winde und Odysseus segelt mit seinen Männern zum Lager zurück. Zur Erleichterung der Griechen ist die Seuche nun abgeklungen, doch Achill sitzt einsam und wütend neben seinen Schiffen, vom Wunsch nach Ruhm verzehrt und dennoch nicht bereit zu kämpfen.

Streit auf dem Olymp

Nach zwölf Tagen kehren die Götter aus Äthiopien zurück, und Thetis hält ihr Versprechen. Sie geht zum Olymp und trifft Zeus auf dem höchsten Gipfel allein an. Sie kniet nieder, umfasst seine Knie und bittet:

Vater Zeus, wenn ich je mit Worten dir, oder mit Taten
Frommt' in der Götter Schar; so gewähre mir dieses Verlangen:
Ehre mir meinen Sohn, der frühhinwelkend vor andern
Sterblichen ward! Doch hat ihn der Völkerfürst Agamemnon
Jetzo entehrt, und behält sein Geschenk, das er selber geraubet!
Aber o räch ihn du, Olympier, Ordner der Welt, Zeus!
Stärke die Troer nunmehr mit Siegskraft, bis die Achaier
Meinen Sohn mir geehrt und reichliche Ehr ihm vergolten!
Jene sprach's; ihr erwiderte nichts der Wolkenversammler;
Lange saß er und schwieg. Doch Thetis schmiegte sich fest ihm
An die umschlungenen Knie und flehte wieder von neuem:
Unverstellt verheiße mir jetzt und winke Gewährung;
Oder verweigere mir's! (Nichts scheuest du!) (…)
[1:503–515]

Endlich antwortet Zeus: Er ist besorgt. Thetis bittet ihn um ein Versprechen, von dem er weiß, dass es Hera erzürnen wird, dabei hat sie ihn schon vor allen übrigen Göttern beschuldigt, Troja zu begünstigen. Er befürchtet auch, Hera könne ihn im Gespräch mit Thetis sehen und noch wütender werden. Trotzdem verspricht er Thetis, ihren Wunsch zu erfüllen. Zufrieden kehrt sie in die Tiefen des Ozeans zurück, und Zeus steigt zu seinem Palast am Hang des Olymps hinab. Als er auf seinen Thron zuschreitet, stehen die übrigen Götter respektvoll auf, doch Hera lässt sich nichts vormachen, denn sie hat ihn mit Thetis gesehen. Sofort beklagt sie sich, Zeus schmiede ständig mit anderen Göttern Ränke, sobald sie nur den Rücken kehre:

Wer hat, Schlauer, mit dir der Unsterblichen wieder geratschlagt?
Immer war es dir Freude, von mir hinweg dich entfernend,
Heimlich ersonnenen Rat zu genehmigen! Hast du doch niemals
Mir willfähriges Geistes ein Wort gesagt, was du denkest!
[1:540–543]

Zeus erwidert resigniert: Wenn sie als seine Frau etwas wissen müsse, dann werde er es ihr sagen. Sie solle gefälligst aufhören zu bohren. Hera kontert. Sie fürchte, sagt sie, Zeus habe versprochen, die Trojaner siegen zu lassen, nur um Achill zu rächen. Damit hat sie natürlich Recht, doch als Zeus sie wütend in die Schranken weist, kann sie nicht viel dagegen tun. Kein anderer Gott, droht er, könnte ihr gegen ihn – Zeus – beistehen.

Nach diesem Ausbruch sitzt Hera erschrocken da, die übrigen Götter sind erbost. Der göttliche Schmied Hephaistos versucht, seine Eltern miteinander zu versöhnen. Es sei doch lächerlich, wenn sich zwei Götter wegen der trivialen Angelegenheiten von Sterblichen stritten. Seine Mutter Hera fleht er an zu tun, was Zeus sagt – das letzte Mal, als er seine Mutter verteidigte, packte Zeus ihn nämlich am Fuß und schleuderte ihn vom Olymp hinab:

Duld, o teuerste Mutter, und fasse dich, herzlich betrübt zwar!
Daß ich nicht, du Geliebte, mit eigenen Augen es sehe,
Wann er dich straft; darin sucht' ich umsonst, wie sehr ich mich härmte,
Rettung: (...)
[1:586–589]

Hera lächelt ihren Sohn an und lenkt ein. Er reicht ihr einen Becher Wein, ebenso den übrigen Göttern, und sie feiern ein Festmahl. Als sich die Götter in ihre prächtigen Gemächer zurückziehen, schläft Hera bei Zeus in seinem Bett.

ZEUS

Als Herr des Himmels und König der Götter regiert Zeus vom Olymp aus. Seine Eltern waren Rhea und Kronos, doch wuchs Zeus versteckt auf Kreta auf. Als er erwachsen war, revoltierten er und seine Geschwister gegen den Vater und entthronten ihn. Zeus hat zahlreiche Liebschaften mit Nymphen, Göttinnen und sterblichen Frauen und zeugt viele Kinder, ist jedoch nur mit Hera verheiratet. Als Waffe bevorzugt er Blitze. Er besitzt Macht über Götter und Menschen und ist insbesondere für sterbliche Könige verantwortlich.

2. Gesang

DIE ARMEEN SAMMELN SICH

DIE SITUATION

Göttervater Zeus verbringt eine schlaflose Nacht bei der Überlegung, wie er das Thetis gegebene Versprechen einlösen kann – Achills Ehre wiederherzustellen und die Griechen in die Knie zu zwingen, ohne die Trojaner siegen zu lassen. Er treibt die Griechen in einen Sturmangriff, sorgt aber dafür, dass die Trojaner gewarnt werden.

Agamemnons Traum

Zeus beschließt, Agamemnon einen trügerischen Traum zu senden und ihn dazu zu drängen, Troja sofort anzugreifen. Er weiß, dass Agamemnon aus Verblendung glauben wird, Zeus sei nun auf seiner Seite, ohne zu merken, dass der Traum ihn täuscht:

Eile mir, täuschender Traum, zu den rüstigen Schiffen Achaias,
Gehe dort ins Gezelt zu Atreus' Sohn Agamemnon,
Ihm das alles genau zu verkündigen, was ich gebiete.
Heiß ihn rüsten zur Schlacht die hauptumlockten Achaier
All im Heer; denn jetzo sei leicht ihm bezwungen der Troer
Weitdurchwanderte Stadt. Nicht mehr zweifachen Entschlusses
Sei'n die olympischen Götter, bewegt schon habe sie alle
Here durch Flehn; und hinab auf Ilios schwebe Verderben.
[2:8–15]

Als Agamemnon in seinem Zelt schläft, erscheint ihm im Traum Zeus' Trugbild in Gestalt des weisen Nestor, der behauptet, Zeus habe ihn gesandt. Er drängt Agamemnon mit Zeus' Worten, sein Heer unverzüglich zum Angriff vorzubereiten, und verschwindet dann, doch Agamemnon träumt weiter vom Sieg, ohne zu merken, dass Zeus Griechen und Trojaner gleichermaßen ins Verderben stürzen will. Beim Erwachen am Morgen hat Agamemnon die Traumstimme noch im Ohr. Er springt auf, ergreift den Herrscherstab und befiehlt seinen Herolden, alle Truppen zu sammeln. Zugleich lässt er seine zuverlässigen Heerführer rufen. Sie versammeln sich bei Nestors Schiff, und Agamemnon schildert seinen Traum. Dann fragt er sie, wie sie die verschiedenen Völker im Heer am besten für den Sturm auf Troja motivieren wollen. Er selbst hat einen gewieften Plan: Er will seine Männer testen, indem er sie auffordert heimzugehen, da der Krieg ohnehin aussichtslos sei. Odysseus, Nestor und die übrigen

Anführer sollen sich jedoch strategisch rings ums Lager positionieren und ihre Abfahrt verhindern. Nach kurzer Pause erhebt sich Nestor und empfiehlt, sie sollten Agamemnons Plan befolgen.

Freunde, des Volks von Argos erhabene Fürsten und Pfleger,
Hätte von solchem Traum ein anderer Mann uns erzählet,
Lug wohl nennten wir ihn und wendeten uns mit Verachtung.
Doch ihn sah, der den ersten vor allem Volke sich rühmet.
Drum wohlan, ob vielleicht zu rüsten gelingt die Achaier!
[2:79–83]

Soldaten strömen von Schiffen und Zelten herbei und drängen sich am breiten Strand. Gerüchte und wilde Vermutungen darüber, was vor sich geht, machen die Runde. Bis alle versammelt sind und sich auf den Bänken verteilt haben, herrscht großes Getöse. Neun Herolde müssen die Männer anbrüllen, um sie zum Schweigen zu bringen. Endlich herrscht Ruhe, und Agamemnon steht vor ihnen mit hoch erhobenem Zepter. Seine Rede ist alles andere als motivierend: Er sagt den Soldaten, Zeus habe ihn und sie betrogen und ihm befohlen, mit leeren Händen abzuziehen, obwohl schon so viele Griechen in diesem aussichtslosen Krieg gefallen seien. Wenngleich die Griechen den Trojanern zehnfach überlegen seien, fährt Agamemnon fort, habe der Feind starke Verbündete, die all ihre Schlachtpläne durchkreuzt hätten. Seit neun Jahren kämpften die Griechen jetzt und hätten nichts erreicht; ihre Schiffe verrotteten an ihren Trossen, und zu Hause warteten die Familien vergebens auf ihre Rückkehr. Es sei hoffnungslos. Sie sollten seinem Befehl gehorchen und nach Hause gehen:

Aber wohlan, wie ich rede das Wort, so gehorchet mir alle:
Laßt uns fliehn in den Schiffen zum lieben Lande der Väter;
Nie erobern wir doch die weitdurchwanderte Troja!
[2:139–141]

Was Agamemnon mit diesem Trick bezweckt, bleibt unklar, doch der Effekt ist Panik. Angst, Besorgnis, Verwirrung und Enttäuschung erfassen die Soldaten, und schließlich rennen alle zu den Schiffen, um möglichst rasch diesen furchtbaren Krieg hinter sich zu lassen und nach Hause zu fahren. Sie wollen schon in See stechen und sind entgegen ihrem vorbestimmten Schicksal fast schon fort, als Hera vom Olymp aus nach Troja blickt. Erschrocken ruft sie Athene, die Kriegergöttin, und befiehlt ihr, die Abfahrt der Schiffe zu verhindern und die Griechen zum Bleiben zu bewegen.

AGAMEMNON

Der König von Mykene ist Menelaos' Bruder und somit Schwager Helenas. Im Krieg ist er Oberbefehlshaber der griechischen Truppen und führt die mit 100 Schiffen größte Abteilung. Da er einst König Tyndareus überredet hatte, seine Tochter Helena mit Menelaos zu verheiraten, war es für ihn Ehrensache, bei ihrer Rückeroberung zu helfen. Einigen Quellen zufolge opferte er seine Tochter Iphigenie, um günstige Winde für die Fahrt der griechischen Flotte nach Troja zu erlangen.

Weh mir, des ägiserschütternden Zeus unbezwungene Tochter!
Also sollen nun heim zum lieben Lande der Väter
Argos' Völker entfliehn auf weitem Rücken des Meeres?
Ließe man so dem Priamos Ruhm und den troischen Männern
Helena, Argos' Kind, um welche so viel der Achaier
Hin vor Troja gesunken, entfernt vom Vatergefilde?
Auf nun, geeilt in das Heer der erzumschirmten Achaier!
Hemme da jeglichen Mann durch schmeichelnde Red und verbeut ihm,
Nicht zu ziehen ins Meer die zwiefachrudernden Schiffe!
[2:157–165]

Athene fliegt vom Olymp nach Troja, direkt zu Odysseus, der an seinem Schiff steht und die Folgen von Agamemnons „Test“ schockiert beobachtet. Die Göttin übermittelt ihm Heras Worte. Odysseus erkennt ihre Stimme und weiß sofort, was zu tun ist. Er schlägt den Mantel zurück und eilt durch das Gewimmel, bis er Agamemnon findet und ihm den Herrscherstab entreißt. Er geht zu den Schiffen, um den chaotischen Rückzug zu verhindern.

Jeden König und Führer, den Odysseus unterwegs trifft, spricht er einzeln an und zeigt sich überrascht von ihrer offensichtlichen Feigheit. So gut er kann, erklärt er Agamemnons Rede als Plan, um ihren Mut zu testen; der König habe dafür einen Grund, den er noch nicht preisgeben könne. Den Herrschaftsstab bedeutsam schwingend, erklärt Odysseus, er fürchte, der König werde seinen Zorn gegen seine eigene Armee richten, wenn sie ihm von der Fahne gehe.

Halt du, wenig dir ziemt's, wie ein feiger Mann, zu verzagen!
Sitz in Ruhe du selbst und treibe zur Ruh auch die andern!
Denn noch weißt du ja nicht, wie der Atreione gesinnt sei.
Jetzo vielleicht versucht er und züchtiget bald die Achaier.
Denn nicht all im Rate vernahmen wir, was er geredet.
Daß nicht entbrenne sein Zorn und wüte durchs Heer der Achaier!
Furchtbar ist der Eifer des gottbeseligten Königs,
Seine Ehr ist von Zeus, und ihn schirmt Zeus' waltende Vorsicht.
[2:190–197]

Beim einfachen Fußvolk ist Odysseus weniger zimperlich und erinnert es durch Schläge mit dem Zepter daran, wer der Herr ist. Mit Hilfe Athenes gelingt es, die Deserteure abzufangen und zum Versammlungsplatz zurückzubringen.

Die Soldaten werden angefeuert

Den Herrscherstab noch immer in der Hand, steht Odysseus vor dem griechischen Heer, Athene als Herold verkleidet neben ihm. Er spricht zu Agamemnon, will jedoch die Truppen beeindrucken. Sie benähmen sich wie Feiglinge, sagt er, doch nach neun Jahren entmutigendem, ergebnislosem Kampf könne er ihnen das nicht verdenken. Dennoch sei es eine Schande, jetzt aufzugeben; vor allem entehre es diejenigen, die bereits in diesem Krieg gefallen seien. Er erinnert daran, dass Zeus ihnen Jahre zuvor in Aulis ein Zeichen gab, während sie ihren Aufbruch nach Troja vorbereiteten. Ein schrecklicher Drache fraß ein ganzes Nest voller neugeborener Sperlinge – acht Jungvögel und ihre Mutter dazu. Anhand dieses Omens hatte der Seher Kalchas prophezeit, die Griechen würden nach neun Kriegsjahren siegen. Sicher wollten doch nun alle erfahren, ob die Weissagung eintrifft.

So weissagete jener, und nun wird alles vollendet.
Auf denn, bleibt miteinander, ihr hellumschienten Achaier,
Hier nun, bis wir gewonnen des Priamos türmende Feste!
[2:330–332]

Odysseus setzt sich unter donnerndem Applaus. Nestor nutzt die Gelegenheit und spricht auch anfeuernde Worte: Er sei enttäuscht von ihnen. Was sei aus dem Eid geworden, den sie alle feierlich geschworen hätten? Immerhin hätten sie Opferwein vergossen und den Eid mit Handschlag besiegelt! Nun sei die Zeit für einen Vorstoß reif, nachdem man neun Jahre lang nichts erreicht habe. Wer sei besser geeignet, das Heer zu führen, als der mächtige Agamemnon? Tod allen Deserteuren, die sich fürchten zu bleiben und zu erfahren, ob Zeus sein Versprechen hält! Er rät Agamemnon, die Truppen nach Stämmen zu ordnen, so dass man sieht, wer ein Feigling und wer ein treuer Verbündeter ist. Selbst falls es nicht gelänge, Troja zu erstürmen, wisse man wenigstens, wer die Schuld daran trage: göttliche Fügung oder menschliche Feigheit und militärisches Versagen.

Odysseus und Nestor leisten gute Vorarbeit, denn als Agamemnon aufsteht, hat die Vorstellung von Sieg, Ruhm und einem baldigen Kriegsende die Soldaten bereits so begeistert, dass sie Agamemnons vorigen „Befehl" vergessen haben und nun bereit sind, ihm überallhin zu folgen. Diesmal trifft seine Rede ins Mark: Er dankt Nestor für seinen Rat und sagt, wenn es nur mehr Männer wie ihn gäbe, wäre Troja schon vor Jahren gefallen. Er deutet an, alles sei Zeus' Schuld, denn der habe seinen Geist so umnebelt, dass er sich mit Achill um eine Bagatelle gestritten habe. Bevor jedoch unangenehme Fragen gestellt werden können, drängt er die Männer, zu den Zelten zurückzu-

AGAMEMNONS HERRSCHERSTAB

Der Herrscherstab Agamemnons ist Zeichen seiner Königswürde und Symbol dafür, dass diese von Zeus selbst verliehen wurde. Er gibt Agamemnon einen göttlichen Machtanspruch. Hergestellt hatte das Elfenbeinzepter Hephaistos, der Schmied der Götter, in Zeus' Auftrag. Zeus gab es dem Götterboten Hermes, dieser überließ es dem Halbgott Pelops, dem Sohn des Königs Tantalos und der Göttin Dione. Pelops wiederum schenkte den Stab seinem Sohn Atreus, dem Vater Agamemnons. Andere, nicht von den Göttern gestiftete Herrscherstäbe wurden üblicherweise bei Versammlungen verwendet: Herolde reichten sie demjenigen, der seine Meinung äußern wollte.

gehen, zu ihren Göttern zu beten, gut zu essen, die Pferde zu füttern und ihre Rüstungen, Waffen und Streitwagen für den Sturmangriff vorzubereiten. Die Soldaten applaudieren und zerstreuen sich dann, um Vorbereitungen zu treffen.

Agamemnon ruft die Könige zu sich: Nestor, Idomeneus, Ajax, Diomedes und Odysseus sowie seinen Bruder Menelaos. Sie opfern einen Stier. Agamemnon betet:

Zeus, ruhmwürdig und hehr, schwarzwolkiger, Herrscher des Äthers!
Nicht bevor laß sinken die Sonn und das Dunkel heraufziehn,
Eh ich hinab von der Höhe gestürzt des Priamos Wohnung,
Dunkel von Rauch, und die Tore mit feindlicher Flamme verwüstet;
Eh ich vor Hektors Brust ringsher zerrissen den Panzer
Mit eindringendem Erz und viel um ihn der Genossen,
Vorwärts liegend im Staub, mit Geknirsch in die Erde gebissen!
[2:412–418]

Er kann nicht wissen, dass Zeus zwar das Opfer als ihm zustehend annimmt, aber dennoch nicht beabsichtigt, die Bitte zu erfüllen, sondern beiden Seiten Verderben zu bringen.

Die griechische Kriegsmaschinerie kommt in Gang

Nach dem Mahl drängt Nestor Agamemnon, die Truppen zu den Waffen zu rufen, wohl weil er fürchtet, der Kampfgeist könne verfliegen. Er rät ihm, selbst zu den Männern zu gehen, um sie zu ermutigen. So schreiten Agamemnon und seine Generäle durch die Reihen der Krieger. Bei ihnen ist Athene mit der erhobenen Ägis des Zeus – allein der Anblick des glorreichen Goldschildes weckt in jedem schiere Kampfeslust.

Und so strömen die Krieger aus Zelten und von Schiffen herbei und verteilen sich auf der weitläufigen Ebene des Xanthos vor den Mauern Trojas wie ein gewaltiger Vogelschwarm oder wie schwarze Fliegen um einen Eimer frisch gemolkener Milch. In ihrer Mitte steht Agamemnon, alle überragend mit der von Zeus verliehenen gottgleichen Macht.

Griechische Krieger trugen Helme, Brustpanzer und Beinschienen. Ihre Waffen waren Speer, Schwert, Dolch und oft einfach das, was zur Hand war, etwa Felsbrocken. Wie das einfache Fußvolk kämpfte, wird in der *Ilias* nicht geschildert; die Elitekrieger jedenfalls wurden in Streitwagen über das Schlachtfeld chauffiert.

So wie der Stier in der Herd ein Herrlicher wandelt vor allen,
Männlich stolz, denn er ragt aus den Rindern hervor auf der Weide:
Also verherrlichte Zeus an jenem Tag Agamemnon,
Daß er hoch aus vielen hervorschien unter den Helden.
[2:480–483]

GRIECHISCHE ALLIIERTE

Die griechischen Streitkräfte kamen aus folgenden Städten und Regionen:
Ätolien
Arkadien
Argissa
Argos
Aspledon
Athen
Böotien
Buprasios
Kalydnai
Kreta
Kyphos
Dulichion
Euböa
Ithaka
Lokris
Magnesia
Methone
Mykene
Ormenios
Pherai
Phokis
Phthia
Phylake
Pylos
Rhodos
Salamis
Sparta
Syme
Thessalien
Tiryns
Trikke

Wie viele Krieger es sind, lässt sich nicht schätzen. Über tausend Schiffe liegen am Strand, jedes mit einer Besatzung bis zu 120 Mann. Es gibt Abteilungen aus Böotien und Kreta, Athen und Mykene, Argos und Kephallenien. Vom fruchtbaren Festland, aus den Bergen, von großen und kleinen Inseln, aus großen Stadtstaaten und winzigen Königreichen. Jede Abteilung wird von einem adeligen Fürsten angeführt. Alle Helden sind zugegen: Agamemnon, Menelaos, Odysseus, Idomeneus, Nestor, Diomedes, Philoktetes, Herakles' Sohn Tlepolemos und die beiden Ajaxe; der einzige der anwesenden Helden, der nicht an der großen Heerschau teilnimmt, ist der größte von ihnen: Achill. Er hockt schmollend in seinem Zelt, während seine Männer nutzlose Wettkampfspiele ausfechten, oder geht ziellos im Lager umher, unglücklich und neidisch die übrigen Heroen betrachtend, die beim Vorübergehen die Erde von ihrem Tritt beben machen:

Weil Achilleus zürnte; denn er war tapfrer denn alle,
Auch das Gespann, das ihn trug, den untadligen Peleionen.
Aber er, bei den schnellen gebogenen Schiffen des Meeres,
Ruhete, zürnend im Geist dem Fürsten des Volks Agamemnon,
Atreus' Sohn; und die Völker am wogenden Strande des Meeres
Freueten sich, mit Scheiben und Jägerspießen zu schleudern
Und mit Geschoß. Auch standen an jeglichem Wagen die Rosse
Müßig, den Lotos rupfend und sumpfentsprossenen Eppich;
Aber die Wagen, umhüllt mit Teppichen, standen den Eignern
In dem Gezelt: sie selber, den streitbaren Führer vermissend,
Wandelten hier im Lager und dort und mieden das Schlachtfeld.

[2:769–779]

Panik in Troja

Zeus beschließt nun, die Gegenseite zu fördern. Er schickt die Götterbotin Iris nach Troja, wo die Heerführer aufgeregt an den Stadttoren stehen und Kriegsrat halten. Auch Priamos ist bei ihnen, und Iris erscheint in Gestalt seines Sohnes Polites, um Zeus' Botschaft zu überbringen und die Trojaner zum sofortigen Handeln anzutreiben:

So wie im Frieden vordem, da der Krieg unermeßlich herannaht!
Traun, schon oftmals kam ich in blutige Schlachten der Männer;
Doch nie hab ich ein solches, so großes Volk noch gesehen!
Gleich den Blättern des Waldes an Zahl, und dem Sande des Meeres
Ziehn sie daher im Gefilde, die Stadt ringsum zu bestürmen!
[2:797–801]

Hektor soll seine Truppen sofort antreten lassen und den Befehl übernehmen. Alle glauben Iris, denn der echte Polites ist Späher und auf einem hohen Grab postiert, von dem aus man den Strand und das griechische Lager überschaut. Hektor begreift auf Anhieb, dass die Botschaft von den Göttern kommt, und verliert keine Zeit. Er bricht die Beratung ab und ruft die trojanische Armee und alle anwesenden Verbündeten zu den Waffen. Die Alliierten kommen aus nahe gelegenen Städten am Hellespont, aber auch aus Thrakien und Paphlagonien, Karien und Lykien. Bei ihnen sind Helden wie Äneas, Pandaros, Akamas, Peiroos, Askanios, Sarpedon und Glaukos. Hektor lässt die Tore öffnen und stellt seine Truppen auf einem Hügel nahe der Stadt auf. Und so stehen sich die beiden Armeen gegenüber.

TROJANISCHE ALLIANZ

Die Trojaner riefen Verbündete aus:
Abydos
Alybe
Askanien
Karien
Kromna
Dardanien
Zeleia am Ida
Larissa
Lykien
Mäonien
Milet
Mysien
Päonien
Paphlagonien
Perkote
Phrygien
Pityeia
Sestos
Thrakien

Agamemnon befehligte insgesamt 120 000 Krieger. Zahlenmäßig war sein Heer den Trojanern weit überlegen, doch hatten diese den Vorteil, auf heimischem Boden zu kämpfen. Zudem konnten sie sich notfalls in ihre befestigte Stadt zurückziehen.

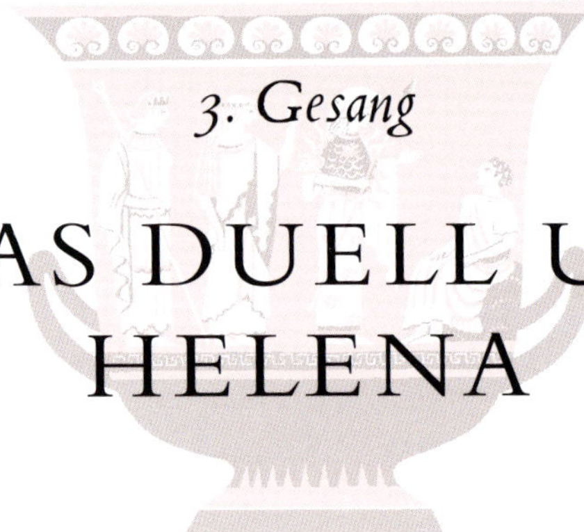

3. Gesang

DAS DUELL UM HELENA

Paris' Feigheit

DIE SITUATION

Die beiden Armeen stehen sich vor den Toren Trojas gegenüber. Paris spielt sich auf, wird aber von Menelaos verjagt. Sein Bruder Hektor verspottet ihn, bis er sich zum Zweikampf mit Menelaos entschließt, der den Krieg beenden soll. Gewinnt Paris, sollen die Griechen in Frieden abziehen; gewinnt Menelaos, soll er Helena und reiche Entschädigung erhalten. Die Soldaten beider Heere sind hoch erfreut, dass der Krieg bald enden wird, aber die Götter – allen voran Aphrodite – haben andere Pläne.

Inmitten von aufwirbelnden Staubwolken marschieren die Armeen aufeinander zu. Die Trojaner schlagen auf ihre Schilde und brüllen Schlachtrufe, doch die Griechen rücken schweigend mit grimmiger Miene vor. Während die ersten Reihen sich einander nähern, sprengt Paris plötzlich aus dem trojanischen Heer und stolziert arrogant auf und ab. Leopardenfellmantel und Bogen über der Schulter, sein Schwert am Gürtel und in jeder Hand eine Lanze mit Bronzespitze, sieht er aus wie ein personifizierter Kriegsgott. Hochmütig fordert er die Griechen heraus: Wer den Mumm habe, solle gegen ihn antreten.

Als Menelaos Paris herumparadieren sieht, traut er kaum seinen Augen. Wie ein hungriger Löwe vor einer fetten Beute leckt er sich die Lippen: Der Mann, der ihm die Frau stahl, bietet sich selbst auf dem Silbertablett an. Auf Rache erpicht, springt Menelaos in voller Rüstung von seinem Streitwagen, bereit zum Kampf. Paris jedoch bekommt angesichts des ungestümen Spartaners Angst und versteckt sich in den trojanischen Reihen. Angewidert macht ihm sein Bruder Hektor Vorwürfe: Paris sei ein Schürzenjäger, der Troja mit seinen Affären in den Krieg getrieben habe. Und nun mache er sie auch noch zum Gespött:

Weichling, an Schönheit ein Held, weibsüchtiger, schlauer Verführer!
Wärest du nie doch geboren, das wünscht ich dir, oder gestorben,
Eh du um Weiber gebuhlt! Viel heilsamer wäre dir solches,
Als nun so zum Gespött dastehn und allen zum Anschaun!
Ja, ein Gelächter erheben die hauptumlockten Achaier,
[3:39–43]

Hektor schämt sich: Die Griechen müssen ja denken, Paris sei alles, was Troja an Helden vorzuweisen habe. Sein Bruder sei eine Schande für seinen Vater, seine Stadt und sein Volk, nur seine Feinde frohlockten! Schlimm ist, dass Paris sich dem Zorn des Mannes nicht stellen will, dem er die Frau wegnahm. Er mag sich ja an Aphrodite verkauft haben, aber was nützen ihm ihre Gaben – ein hübsches Gesicht und schönes Haar – wenn er nicht wie ein Mann zu kämpfen versteht? Hektor ist wütend und beschämt über sich selbst, denn die Trojaner hätten Paris schon vor Jahren steinigen und das Ganze beenden sollen.

Paris antwortet vernünftig, Hektor kenne keinerlei Angst und könne deshalb nicht verstehen, dass die meisten Menschen vor Gefahren zurückschreckten. Niemand solle die Gaben der Götter schlecht machen, denn sie könnten sich rächen. Zu seiner Ehrenrettung erklärt er, er werde mit Menelaos Mann gegen Mann um Helena und das Kriegsende kämpfen. Der Sieger solle den Unterlegenen fortan in Frieden lassen:

Helena ist jene schönste Frau der Welt, die Aphrodite Paris dafür versprochen hat, dass er bei der Hochzeit von Achills Eltern die Göttin der Liebe im Wettstreit mit Hera und Athene als die Schönste wählt. Die beiden verschmähten Göttinnen sind darüber so erbost, dass sie alles in ihrer Macht stehende tun, damit Troja den Krieg verliert.

Doch jetzt, willst du mich sehn im tapferen Streite des Krieges,
Heiße die anderen ruhn, die Troer umher und Achaier;
Laßt dann mich vor dem Volk und den streitbaren Held Menelaos
Kämpfen um Helena selbst und die sämtlichen Schätze den Zweikampf.
Wer von beiden nunmehr obsiegt und stärker erscheinet,
Nehme die Schätze gesamt mit dem Weib und führe sie heimwärts.
Ihr dann zugleich, Freundschaft und heiligen Bund euch beschwörend,
Wohnt in der scholligen Troja, und jen' entschiffen zu Argos'
Rossenährender Flur und Achaias rosigen Jungfraun.
[3:67–75]

Beeindruckt und erleichtert lobt Hektor seinen Bruder und schreitet dann unverzüglich zwischen den Heeren hindurch. Er hält dabei zum Zeichen der friedlichen Absicht seinen Speer waagerecht vor sich. Dennoch zielen einige griechische Bogenschützen auf ihn, andere Krieger bewerfen ihn mit Steinen, bis Agamemnon sie laut zur Ordnung ruft. In der darauf folgenden Stille spricht Hektor zu beiden Heeren und erklärt Paris' Angebot:

Dieser heißt euch andern, die Troer umher und Achaier,
Strecken das schöne Gerät zur nahrungsprossenden Erde,
Daß er allein vor dem Volk und der streitbare Held Menelaos
Kämpf um Helena selbst und die sämtlichen Schätze den Zweikampf.
[3:88–91]

Nun ergreift Menelaos das Wort. Er nimmt die Herausforderung an und räumt ein, beim Krieg gehe es in der Tat um seinen Streit mit Paris und es sei deshalb nur gerecht, wenn er die Verantwortung dafür übernehme. Er wolle um das Kriegsende kämpfen:

Höret anjetzt auch mich. Am meisten ja lastet der Kummer
Meine Seel; und ich denke, versöhnt nun werdet ihr scheiden,
Argos' Volk und ihr Troer, nachdem viel Böses ihr truget
Wegen unseres Streits, den mir Alexandros begonnen.*
[3:97–100]

* *ein anderer Name für Paris*

Menelaos ist ein gewiefter Mann: Um den Handel abzusichern, fordert er eine verbindliche offizielle Zeremonie zur Besiegelung des Eides. Er lässt Opferlämmer holen – eines von den Griechen für Zeus, zwei von Troja für Gaia (die Erde) und Helios (die Sonne). Der trojanische König Priamos soll das Opfer vollziehen: Zwar werden alle Parteien den Eid beim Zeus schwören, doch hält Menelaos Paris und Hektor für zu impulsiv für einen so bedeutsamen Eid. Nur Priamos traut er. Beide Armeen jubeln und danken den Göttern, dass der Krieg bald zu Ende sei. Die Soldaten stellen ihre Streitwagen hin, legen die Rüstung ab und drängen sich erwartungsvoll um den Kampfplatz.

Helena erfährt die Neuigkeiten

Inzwischen kommt eine Botin zu Helena, die in ihrem Zimmer sitzt und an einem purpurnen Gewand arbeitet, in das Szenen vom Kampf um sie eingewoben sind. Zeus schickt ihr die Göttin Iris in Gestalt ihrer Schwägerin Laodike. Sie flüstert Helena zu, sie solle kommen und dem Geschehen zusehen:

Komm doch, du trautes Kind, die seltsamen Taten zu schauen
Rossebezähmender Troer und erzumschirmter Achaier.
Die jüngst gegeneinander das Graun des Ares getragen
Durch das Gefild, anstrebend zur tränenbringenden Feldschlacht:
Diese ruhn stillschweigend umher, und der Krieg ist geendigt,
Hingelehnt auf die Schild', und die ragenden Speer' in dem Boden.
Nur Alexandros allein und der streitbare Held Menelaos
Werden anjetzt um dich mit langem Speer sich bekämpfen;
Und wer den Gegner besiegt, der nennt dich traute Gemahlin.
[3:130–138]

Als sie Menelaos' Namen hört, wird Helena von Sehnsucht nach ihrem früheren Leben in Sparta mit ihm und ihrem einzigen Kind ergriffen. Um den Ausgang des Zweikampfs zu sehen, wirft sie sich einen Mantel über und eilt weinend zur Stadtmauer. Die Greise Trojas, die zu alt für die Schlacht sind, pflegen auf der Stadtmauer zu sitzen und von einem der Türme aus dem Kampf zuzuschauen. Dort sind sie auch jetzt und diskutieren die jüngsten Geschehnisse. Als Helena herbeieilt, schütteln sie traurig den Kopf und raunen miteinander. Sie loben ihre Schönheit, beklagen jedoch ihren verhängnisvollen Einfluss auf die Söhne Trojas:

Tadelt nicht die Troer und hellumschienten Achaier,
Die um ein solches Weib so lang ausharren im Elend!
Einer unsterblichen Göttin fürwahr gleicht jene von Ansehn!

HELENA

Helena ist die Tochter des Zeus und der Leda und wächst bei deren Mann Tyndareus in Sparta auf. Helena ist bildschön. Um ihre Hand halten so viele an, dass Tyndareus aus Angst, die abgewiesenen Freier könnten Ärger bereiten, auf Rat des Odysseus (der selbst um Helena freit) alle einen Eid schwören lässt, dass sie demjenigen, den sie letztlich heiratet, bei Bedarf zu Hilfe kommen würden. Helenas Wahl fällt auf Menelaos, und als Helena von Paris entführt wird, ziehen alle Freier nach Troja, um sie zurückzuholen.

Dennoch kehr, auch mit solcher Gestalt, sie in Schiffen zur Heimat,
Ehe sie uns und den Söhnen hinfort noch Jammer bereitet!
[3:156–160]

Der alte König Priamos jedoch versucht sie zu trösten:

Komm doch näher heran, mein Töchterchen, setze dich zu mir;
Daß du schaust den ersten Gemahl und die Freund' und Verwandten!
Du nicht trägst mir die Schuld; die Unsterblichen sind es mir schuldig,
Welche mir zugesandt den bejammerten Krieg der Achaier!
[3:162–165]

Vielleicht um sie von dem bevorstehenden Zweikampf abzulenken, fragt Priamos sie dann nach den großen griechischen Kriegern, die auf der Ebene vor ihnen stehen. Er will ihren Namen und ihre Herkunft erfahren, und nach und nach erzählt Helena ihm von Agamemnon, dem König von Argos, dem listigen Odysseus, dem großen Ajax und dem kretischen Wagenlenker Idomeneus. Der alte trojanische König findet für jeden ein paar höfliche Worte.

Der Bund wird besiegelt

Auf dem Schlachtfeld wurden inzwischen die Lämmer herbeigebracht. Die griechischen Herolde bitten Priamos, den heiligen Bund mit Hektor und Menelaos zu besiegeln und dem Kampf der Helden zuzusehen:

Mache dich auf, Laomedons Sohn; dich rufen die Fürsten
Rossebezähmender Troer und erzumschirmter Achaier
Dort hinab ins Gefilde, den heiligen Bund zu beschwören.
Nur Alexandros allein und der streitbare Held Menelaos
Werden anjetzt um das Weib mit langem Speer sich bekämpfen;
[3:250–254]

Priamos seufzt, denn er hat Angst um seinen Sohn Paris. Dennoch lässt er sich in seinem Streitwagen zu dem Streifen Niemandsland fahren, wo der Zweikampf stattfinden soll. Agamemnon und Odysseus erheben sich, als Priamos eintrifft, und das Opferritual beginnt. In einer großen Schale mischt man Wein, und Agamemnon zückt sein Messer und schneidet Wolle vom Kopf der Lämmer ab. Die Haare reicht er den griechischen und trojanischen Feldherrn und tritt dann vor, hebt die Arme und betet im

PARIS

Paris ist einer von Priamos' vielen Söhnen. Ihm ist vorbestimmt, Trojas Verhängnis zu sein. Bei der Hochzeit von Thetis und Peleus lässt Eris, die Göttin der Zwietracht, einen goldenen Apfel mit der Inschrift „der Schönsten“ Hera, Athene und Aphrodite vor die Füße rollen. Zeus überlässt Paris die Entscheidung, und er wählt Aphrodite, weil sie ihm die schönste Frau der Welt als Belohnung verspricht. Als Priamos Paris nach Sparta schickt, löst Aphrodite ihr Versprechen ein: Paris und Helena verlieben sich ineinander, er entführt sie nach Troja.

Namen aller Beteiligten mit lauter Stimme zu Zeus. Er legt die Bedingungen des Waffenstillstands fest und beruft Zeus, die Sonne, die Flüsse, die Meere und die Erde selbst zu Zeugen des heiligen Eides:

Wenn den Held Menelaos vielleicht Alexandros erleget,
Dann behalt er Helena selbst und die sämtlichen Schätze,
Doch wir kehren zurück in meerdurchwandelnden Schiffen.
Aber sinkt Alexandros dem bräunlichen Held Menelaos,
Dann entlassen die Troer das Weib und die sämtlichen Schätze;
Buße zugleich den Argeiern bezahlen sie, welche geziemet,
Und die hinfort auch daure bei kommenden Menschengeschlechtern.
[3:281–287]

Dann schlitzt er den Lämmern die Kehle auf und legt ihre zitternden Körper auf den Boden. Einer nach dem anderen füllen die Feldherren ihre Becher mit Wein aus der großen Schale und bringen Trankopfer dar. Griechen und Trojaner murmeln Gebete zu Zeus, die gespickt sind mit wilden Flüchen und schrecklichen Drohungen für Eidbrüchige. Priamos ist beunruhigt. Er verkündet, dass er in die Stadt zurückkehrt, da er den Kampf seines Sohnes gegen Menelaos nicht mit ansehen kann. Dessen Ausgang sei ohnehin von Zeus vorbestimmt und es stehe nicht in seiner Macht, ihn zu ändern.

Der Zweikampf

Hektor und Odysseus stecken den Kampfplatz ab. Sie werfen zwei Kiesel in einen Helm und losen aus, wer den ersten Schlag führen darf. Hektor schüttelt den Helm, bis einer der Kiesel herausspringt: Das Los fällt auf Paris. Wie auf Kommando setzen sich die Soldaten beider Heere neben ihren Pferden und Rüstungen auf den Boden. Nur Paris und Menelaos bleiben stehen. Paris legt seine Rüstung an: Zunächst das Kettenhemd, dann die Beinschienen mit den silbernen Knöchelbedeckungen, dann den Brustharnisch, der seinem Bruder Lykaon gehört, ihm aber gut passt. Dann schlingt er sich das lange Bronzeschwert über die Schulter, ergreift den mächtigen Schild und setzt den Helm mit dem wallenden Rosshaarbusch auf. Schließlich ergreift er die stabile Lanze. Menelaos tut dasselbe und legt Stück für Stück seine Rüstung an, bis die beiden Krieger zum Kampf bereit stehen.

Angefeuert von Griechen und Trojanern, stolzieren Paris und Menelaos aufeinander zu und schütteln die Lanzen in wilden Drohgebärden. Wie ausgelost, hat Paris den ersten Wurf: Er schleudert die Lanze, sie fliegt geradewegs auf Menelaos zu und trifft mitten in seinen Schild, durchschlägt ihn aber nicht, denn die Spitze verbiegt sich. Daraufhin schüttelt Menelaos seine eigene Lanze und ruft mit lauter Stimme den Göttervater an:

Waltender Zeus, laß strafen mich ihn, der zuerst mich beleidigt,
Alexandros den Held, und meinen Arm ihn bezwingen,
Daß man schaudre hinfort auch in späteren Menschengeschlechtern,
Böses dem Freunde zu tun, der wohlgesinnt ihn beherbergt!
[3:351–354]

Dann schleudert er seine Lanze. Sie bohrt sich in Paris' Schild, durchschlägt das starke Leder, seinen Brustharnisch und sogar das Leinenhemd. Doch Paris weicht der Lanze aus, so dass sie ihn nicht mit voller Wucht trifft. Er trägt nur einen Kratzer davon. Während er sich sammelt, zieht Menelaos sein Schwert und schlägt auf Paris'

Paris und Menelaos im Zweikampf um Helena. Menelaos gewinnt die Oberhand, doch entrückt Aphrodite ihren Liebling Paris vom Schlachtfeld und bringt ihn in seine sicheren Gemächer zurück. Alle, einschließlich Helena, sind darüber entsetzt.

Helm ein, doch die Klinge zersplittert am Helmbusch. Außer sich ergreift Menelaos Paris' Helm und reißt daran, so dass der Kinnriemen Paris zu erwürgen droht. Fast schon ist Menelaos Sieger – doch da greift Aphrodite ein und zerreißt den Riemen, so dass Menelaos nur noch den Helm in der Hand hat. Wutentbrannt wirft er ihn in die Menge, und während die Soldaten sich um die Trophäe streiten, greift Menelaos nach einer zweiten Lanze und schaut sich wild nach Paris um. Doch Aphrodite hat ihren Liebling bereits aufgehoben und in seine duftenden Gemächer entrückt.

Paris und Helena

Nachdem sie Paris gerettet hat, nimmt Aphrodite die Gestalt einer alten Näherin an und tritt zu Helena. Leise flüstert sie ihr zu:

Komm; dich ruft Alexandros, mit mir nach Hause zu kehren.
Jener ruht in der Kammer auf zierlichem Lagergestelle,
Strahlend in Reiz und Feiergewand. Kaum solltest du glauben,
Daß er vom Zweikampf komme; vielmehr er gehe zum Reigen,
Oder er sitz ausruhend vom fröhlichen Reigen ein wenig.
[3:390–394]

Aphrodite ist höchst zufrieden, denn sie hat Paris gerettet und nun ist er gepflegt und parfümiert, als hätte er nie auf dem Schlachtfeld gestanden. Helena aber ist wütend: Sie durchschaut die Maskerade der Göttin. Sie sieht den schlanken Hals, die leuchtenden Augen und die schwellenden Brüste, hütet sich aber, die launischste aller olympischen Gottheiten zu verärgern. Was will Aphrodite? Wenn sie ihr Herzblatt Paris so liebt, dann soll sie selbst doch seine Gefährtin sein:

Setze zu jenem dich hin und verlaß der Unsterblichen Wandel,
Und nie kehre dein Fuß zu den seligen Höhn des Olympos:
Sondern teile des Sterblichen Weh und pfleg ihn mit Sorgfalt,
Bis er vielleicht zum Weibe dich aufnimmt oder zur Sklavin!
Dorthin geh ich dir nimmer, denn unanständig ja wär es,
Ihm sein Bett zu schmücken hinfort. Des würden mich alle
Troerinnen verschmähn; und Gram schon lastet das Herz mir!
[3:406–412]

Paris lernte Helena kennen, als sein Vater Priamos ihn in diplomatischer Mission nach Sparta schickte. Obwohl sie mit Menelaos verheiratet war, verliebte sie sich in Paris und die beiden flohen mit einem Großteil von Menelaos' Schatz.

Erzürnt giftet Aphrodite Helena an und zeigt dabei ihre wahre Gesinnung. Sie warnt sie, sie könne Griechen wie Trojaner im Nu gegen sie aufbringen, so dass sie nirgends mehr eine Bleibe finde. Obwohl Helena eine Zeus-Tochter ist, fürchtet sie sich vor der Göttin und folgt ihr unwillig, aber schweigend, zu Paris' Gemächern. Dort weist Aphrodite sie an, sich zu Paris zu setzen, aber sie weigert sich, ihn anzusehen. Sie fährt ihn an:

Kommst du vom Kampfe zurück? O lägest du lieber getötet
Dort vom gewaltigen Manne, der mir der erste Gemahl war!
Ha, du prahltest vordem, den streitbaren Held Menelaos
Weit an Kraft und Händen und Lanzenwurf zu besiegen!
Gehe denn nun und berufe den streitbaren Held Menelaos,
Wiederum zu kämpfen im Zweikampf! Aber dir rat ich,
Bleib in Ruh, und vermeide den bräunlichen Held Menelaos,
Gegen ihn anzukämpfen den tapferen Kampf der Entscheidung
Ohne Bedacht, daß nicht durch seinen Speer du erliegest!
[3:428–436]

Paris spricht sanft zu seiner Frau, und mit Aphrodites Hilfe bringt er sie wieder in seinen Bann. Er erklärt, auch wenn Menelaos (mit Athenes Hilfe) diesmal gesiegt habe, werde er doch morgen wieder kämpfen. Helena ist noch ebenso schön wie bei ihrer ersten Begegnung, und Paris kann es kaum erwarten, mit ihr zu schlafen. Er führt sie zu seinem schön geschnitzten Bett, und Helena folgt ihm willig, von Aphrodite betört.

Während Paris und Helena sich in den weichen Kissen der Lust verlieren, stürmt Menelaos umher wie ein rasender Löwe. Wo ist Paris nur hin? Die Trojaner verstecken ihn nicht, denn sie verhöhnen ihn nun ebenso wie zuvor die Griechen. Agamemnon nutzt die Gelegenheit, erklärt Menelaos zum Sieger und fordert nun die Erfüllung des Eides:

Hört mein Wort, ihr Troer, ihr Dardaner und ihr Genossen!
Offenbar ist Sieger der streitbare Held Menelaos.
Gebt denn Helena jetzt, die Argeierin, samt der Besitzung
Uns zurück; auch Buße bezahlet uns, welche geziemet
Und die hinfort auch daure bei kommenden Menschengeschlechtern.
Also sprach der Atreid'; und es lobten ihn alle Achaier.
[3:456–461]

APHRODITE

Göttin der Liebe, Lust und Leidenschaft, gilt teils als Tochter Zeus' und der Dione, teils heißt es, sie sei vor der Küste Zyperns aus Meeresschaum geboren. Sie kann jeden Sterblichen – und alle Götter mit Ausnahme von Athene, Artemis und Hestia – vor Liebe blind machen. Durch ihren Einfluss und die von ihr verliehene Schönheit verlieben sich Paris und Helena ineinander, ohne an die schwerwiegenden Folgen für andere zu denken: Die Macht der Liebe führt so zum Krieg.

4. Gesang

DER EID WIRD GEBROCHEN

DIE SITUATION

Die Götter beraten auf dem Olymp. Hera will Troja zerstören. Um sie zu ärgern, schlägt Zeus vor, Frieden herbeizuführen, da der Sieg nun offenbar den Griechen sicher sei. Athene und Hera flüstern jedoch miteinander und hecken voller Wut auf Zeus Pläne gegen die Trojaner aus. Athene fliegt zum Schlachtfeld und provoziert die Trojaner dazu, den Waffenstillstand zu brechen.

Streit auf dem Olymp

Erbost über Zeus' Spott drängt Hera ihren Mann anzuerkennen, wie viel Mühe sie sich mit der Kriegstreiberei schon gemacht hat:

Welch ein Wort, Kronion, du Schrecklicher, hast du geredet!
Willst du, daß ganz ich umsonst arbeitete, daß ich vergebens
Schweiß der Mühe vergoß, und umher mit ermatteten Rossen
Völker erregt', um dem Priamos Gram und den Söhnen zu schaffen?
[4:25–28]

Zeus fragt sie, was die Trojaner eigentlich getan haben, um eine solche Strafe zu verdienen. Er bekennt, Troja sei seine liebste Stadt. Was würde Hera davon halten, wenn er all seinen Zorn gegen eine ihrer Lieblingsstädte Argos, Sparta oder Mykene richtete? Hera räumt ein, dass Zeus das Recht hat, sie zu vernichten, wenn sie ihn erzürnen, besteht aber darauf, dass ihr als Göttin dasselbe zusteht. Um aber eine ernsthafte Auseinandersetzung im Olymp zu verhindern, schlägt sie vor, dass jeder von ihnen seinen Willen bekommen soll und danach die übrigen Götter ihrem Vorbild folgen. Zeus befiehlt also Athene, zum Schlachtfeld zu gehen und, wenn sie wolle, die Trojaner dazu zu bewegen, als Erste den Eid zu brechen.

Athene schießt wie ein grell leuchtender Stern vom Olymp herab und mischt sich unter die Truppen. Griechen und Trojaner sind über den Anblick erschrocken und werfen sich furchtsame Blicke zu: Bedeutet dies, dass der Kampf erneut beginnt? Während beide Seiten noch verhandeln, sucht Athene in Gestalt des trojanischen Speerwerfers Laodokos den kraftvollen, gut aussehenden Pandaros. Er steht bei einer mächtigen Abteilung von Kriegern, die unter seinem Befehl vom Fluss Äsepos gekommen sind. Sie fordert ihn auf, den Bund zu brechen:

Die Götter des Olymps (im Uhrzeigersinn von oben): Zeus, Artemis, Hephaistos, Hestia, Ares, Aphrodite, Hermes, Demeter, Apollon, Hera, Poseidon und Athene. Nicht alle Götter leben ständig auf dem Olymp, und nicht alle kommen in der Ilias vor.

Möchtest du jetzt mir gehorchen, verständiger Sohn des Lykaon?
Wagtest du wohl, Menelaos ein schnelles Geschoß zu entsenden?
Preis gewännst du und Dank von allem Volke der Troer,
Aber vor allem zumeist vom herrschenden Held Alexandros,
Der dich, traun, vorzüglich mit glänzenden Gaben belohnte,
Säh er jetzt Menelaos, den streitbaren Sohn des Atreus,
Deinem Geschosse besiegt, die traurige Flamme besteigen.
[4:93–99]

Pandaros lässt sich überreden und greift nach seinem Bogen; er ist 16 Handbreit lang und aus den Hörnern eines ausgewachsenen Steinbocks gefertigt, den er selbst erlegte. Während seine Männer ihn mit ihren Schilden schützen, stemmt er den Bogen auf die Erde, um die Sehne einzuspannen, öffnet seinen Köcher und entnimmt ihm einen nagelneuen gefiederten Pfeil. Er legt ihn ein und verspricht dem Gott der Bogenschützen, Apollon, ihm nach seiner Heimkehr eine Hekatombe Erstlingslämmer zu opfern. Er spannt den Bogen, bis das Pfeilende seine Brust berührt und die Metallspitze am Bogen liegt, und schießt den Pfeil dann auf die feindlichen Reihen ab.

Athene jedoch vergisst Menelaos nicht und stellt sich vor ihn, um den Pfeil abzuwenden. Sorgfältig lenkt sie ihn dorthin, wo der Gurt über dem Harnisch liegt. Die Spitze durchdringt Gurt und Harnisch, verletzt jedoch nur die Haut, so dass das Blut hervorschießt und ihm an den Beinen herabläuft. Agamemnon erschrickt bei diesem Anblick und schwört dem Menelaos, die Trojaner für den Bruch des Friedensbundes mit der Zerstörung ihrer Stadt büßen zu lassen. Er fürchtet jedoch, die Griechen könnten desertieren und nach Hause zurückkehren, wenn sie von Menelaos' Tod erführen.

Menelaos jedoch beruhigt ihn: Der Pfeil habe ihn nicht lebensgefährlich verletzt. Dennoch schickt Agamemnon nach dem Arzt Machaon. Als dieser eintrifft, stellen sich die griechischen Feldherren im Kreis um Menelaos auf und sehen zu, wie Machaon den Pfeil herauszieht, das Blut aufsaugt und die Wunde mit Heilkräutern versorgt, die sein Vater einst vom Kentauren Chiron erhielt.

Währenddessen rücken die Trojaner erneut zum Angriff vor. Die Griechen legen ihre Rüstungen wieder an und sind bereit, weiterzukämpfen. Agamemnon lässt seinen mit Bronze beschlagenen Streitwagen stehen und geht durch die griechischen Reihen, um die Männer anzufeuern:

Nun, Argeier, gedenkt rastlos des stürmenden Mutes!
Denn nicht wird dem Betruge mit Hilf erscheinen Kronion;*
Sondern welche zuerst nun beleidigten wider den Eidschwur,
Deren Leichname sollen, ein Raub der Geier, vermodern;

Aber die blühenden Weiber und noch unmündigen Kinder
Führen wir selbst in Schiffen, nachdem die Stadt wir erobert!
[4:234–239]

* *anderer Name des Zeus*

Als er Gruppen trifft, die sich dem Kampf nicht stellen mögen, brüllt er sie an:

Argos' Volk, Pfeilkühne, Verworfene, schämt ihr euch gar nicht?
Warum steht ihr dort so betäubt wie die Jungen der Hindin,
Die, nachdem sie ermattet vom Lauf durch ein weites Gefilde,
Dastehn, nichts im Herzen von Kraft und Stärke noch fühlend?
Also steht ihr jetzo betäubt und starrt vor der Feldschlacht!
Säumt ihr, bis erst die Troer herannahn, wo wir die Schiffe
Stellten mit prangendem Steuer am Strand der grauen Gewässer;
Dort zu sehn, ob schirmend Kronions Hand euch bedecke?
[4:242–249]

Agamemnon kommt zu den Kretern und erklärt deren Anführer Idomeneus, er bewundere niemanden auf dem Schlachtfeld mehr als ihn. Idomeneus antwortet begeistert, nun da die Trojaner das Bündnis gebrochen haben, hätten sie nichts als Tod und Verderben zu erwarten. Als nächstes geht Agamemnon zu den Brüdern Ajax und Teukros, die dabei sind, sich die Helme wieder aufzusetzen. Agamemnon weiß, dass diese tapferen Kämpfer keine Ermunterung brauchen. Dann gelangt er zum greisen Nestor, der seine Streitwagen in die vorderste Reihe gestellt hat, während seine tapfersten Fußsoldaten ganz hinten stehen, so dass die Feiglinge in der Mitte dazwischen gar nicht anders können als kämpfen. Als nächstes trifft Agamemnon zwei müßig dastehende Abteilungen, zum einen den Wagenlenker Menestheus mit seinen Athenern, zum anderen Odysseus mit den Kephallenern. Keiner von beiden hat den Kriegsruf gehört, und Agamemnon tadelt sie, sie wollten die anderen für sich kämpfen lassen.

Odysseus erwidert, Agamemnon blase sich nur auf, woraufhin Agamemnon lacht und sich entschuldigt. Doch als er Diomedes mit Pferden und Wagen warten sieht, beschuldigt er ihn, er könne besser reden als kämpfen und bringe seinem Vater Tydeus nur Schande. Diomedes schweigt, aber der neben ihm stehende Sthenelos erwidert, sie seien beide ihren Vätern überlegen, denn diese starben aufgrund ihrer eigenen Unvorsicht. Diomedes jedoch lässt das nicht gelten:

Trauter, halte dich still und gehorche du meiner Ermahnung.
Denn nicht ich verarg es dem Hirten des Volks Agamemnon,
Daß er treibt zum Kampfe die hellumschienten Achaier.

ATHENE

Athene ist die Göttin der Weisheit, zugleich aber auch des Krieges. Sie ist die Tochter des Zeus und der Metis. Homer bezeichnet sie gern als „blauäugige Göttin". In der Ilias erfüllt sie eine zweifache Funktion: Zwar ist sie „Hausgöttin" Trojas, steht aber in Wahrheit auf Seiten der Griechen. Eine besondere Schwäche hat sie – wegen seiner Klugheit – für Odysseus.

Denn ihm folgt ja der Ruhm, wenn Achaias Söhne die Troer
Bändigen und mit Triumph zur heiligen Ilios eingehn;
Ihm auch unendlicher Gram, wenn gebändigt sind die Achaier.
Aber wohlan, und beide gedenken wir stürmendes Mutes!
[4:412–418]

Anschließend springt Diomedes in voller Rüstung vom Streitwagen und rast gegen den Feind, dass der bronzene Harnisch rasselt. Welle auf Welle marschieren die Griechen schweigend in die Schlacht, so dass man nur die Befehle der Anführer hört. Unter den Trojanern bricht Unruhe aus: Alle reden in ihren unterschiedlichen Sprachen und Dialekten durcheinander. Die Götter kommen herbei, um den Hass der Soldaten auf den Feind zu schüren.

Die vordersten Reihen prallen mit Schilden und Lanzen aufeinander, und das Schlachtfeld hallt wider vom Schreien der Sterbenden und Frohlocken der Sieger. Das Blut fließt in Strömen. Das Getöse klingt wie der Lärm eines donnernden Wasserfalls. Echepolos stirbt, als Antilochos' Lanze ihm Helm und Stirn durchstößt; als Elephenor, Anführer der Abanter, den Leichnam jedoch wegschleift, um ihm die Rüstung zu rauben, fällt er selbst von der Hand des Trojaners Agenor. Wie Wölfe fallen Griechen und Trojaner übereinander her.

Ajax' Speer durchbohrt dem jungen Trojaner Simoeis die Brust, so dass er tot zu Boden sinkt. Priamos' Sohn Antiphos schleudert daraufhin seine Lanze auf Ajax, verfehlt ihn jedoch. Er trifft stattdessen Odysseus' Gefährten Leukos in die Scham, als dieser gerade Simoeis' Leichnam fortschleifen will. Odysseus ist darüber so erbost, dass er mit glitzernder Rüstung an die vorderste Front stürmt, sorgfältig sein Ziel sucht und die Lanze wirft. Die Trojaner springen aus dem Weg, doch die Lanze trifft Priamos' unehelichen Sohn Demokoon in die Schläfe. So kraftvoll ist der Wurf, dass die Lanze den Kopf ganz durchdringt und an der anderen Seite wieder austritt. Mit rasselndem Harnisch fällt Demokoon tot zu Boden.

Der Anblick ist so erschreckend, dass Hektor und die Trojaner innehalten. Die Griechen erheben großes Geschrei und drängen voran. Apollon beobachtet alles vom Pergamos, dem höchsten Punkt Trojas, und treibt die Trojaner unwillig zum Kampf:

Auf, ihr reisigen Troer, wohlauf! Und räumet das Feld nicht
Argos' Volk; ihr Leib ist ja weder von Stein noch von Eisen,
Daß abprallte der Wurf des leibzerschneidenden Erzes!
Nicht einmal Achilleus, der Sohn der lockigen Thetis,
Kämpft; er ruht bei den Schiffen, das Herz voll nagendes Zornes!
[4:509–513]

MENELAOS

Menelaos ist König von Sparta und Agamemnons jüngerer, rothaariger Bruder. Er heiratet Helena von Troja, die dann jedoch mit Paris flieht. Er fährt nach Troja, um seine Frau zurückzuholen, muss jedoch unverrichteter Dinge zurückkehren und belagert daraufhin mit zahlreichen Alliierten die Stadt. Er kämpft tapfer im Krieg, ist jedoch nach dem Fall Trojas verdammt, jahrelang mit Helena im Mittelmeer umherzuirren, weil er nicht mehr nach Hause findet.

Die Griechen feuert derweilen Athene an. Sie geht durch die Reihen und treibt alle, die sie zaudern sieht, mit scharfen Worten voran. Der Grieche Diores wird von einem Felsbrocken am rechten Knöchel getroffen, so dass Knochen und Sehnen durchtrennt sind, und fällt in den Staub. Geworfen hat den Stein der thrakische Heerführer Peiroos, der nun vorprescht und Diores sein Schwert in den Leib stößt, so dass die Eingeweide des Sterbenden hervorquellen. Als Peiroos fortspringt, treibt ihm der griechische Krieger Thoas seine Lanze in die Brust und tötet ihn dann mit dem Schwert. Doch bevor Thoas dem Peiroos den kostbaren Harnisch abnehmen kann, stellen die Thraker sich schützend um seinen Leichnam und zwingen Thoas zum Rückzug. Schon bald liegen Trojaner und Griechen in Massen auf dem Schlachtfeld tot nebeneinander im Staub.

Auch wenn der legendäre Achill sich dem Kampf entzieht, bewähren sich die übrigen griechischen Helden tapfer auf dem Schlachtfeld.

5. Gesang

DIE HELDENTATEN DES DIOMEDES

Athene und Diomedes

DIE SITUATION

Athene beschließt, den griechischen Helden Diomedes zu benutzen, um aus Rache für Pandaros' Eidbruch unter den Trojanern Unruhe zu stiften. Sie spornt Diomedes an, Aphrodite anzugreifen, die auf Seiten Trojas interveniert, und zieht dann selbst mit ihm in die Schlacht, begleitet von ihrer Mutter Hera.

Athene flößt Diomedes Kraft und Mut ein, so dass er sich mitten ins Kampfgetümmel stürzt. Seinen Helm und Schild lässt sie göttliche Funken sprühen:

Flammen ihm hieß auf Helm und Schilde sie mächtig umher glühn,
Ähnlich dem Glanzgestirne der Herbstnacht, welches am meisten
Klar den Himmel durchstrahlt, in Okeanos Fluten gebadet;
Solche Glut hieß jenem sie Haupt umflammen und Schultern,
Stürmt' ihn dann mitten hinein, wo am heftigsten schlug das Getümmel.
[5:4–8]

Zwei reiche trojanische Brüder, Phegeus und Idaios, sehen Diomedes und werfen sich ihm mit ihrem Streitwagen in den Weg. Mit dem von Athene verliehenen Mut tritt Diomedes ihnen zu Fuß entgegen. Phegeus wirft seine Lanze, verfehlt Diomedes je-

Athene fährt mit Diomedes auf seinem Streitwagen. Mit ihrer Hilfe, Stärke und Ermutigung mäht er viele Trojaner nieder und verwundet sowohl Aphrodite als auch Ares, zwei der Götter auf trojanischer Seite.

doch. Der schleudert selbst einen Speer und trifft Phegeus in die Brust, so dass er vom Wagen stürzt. Idaios springt ebenfalls ab, wird von Hephaistos in „schirmende Nacht" gehüllt und gerettet, damit sein Vater nicht gleich zwei Söhne zu betrauern hat. Diomedes ergreift die Zügel ihrer Pferde und befiehlt seinen Männern, sie zu den griechischen Schiffen zu führen.

Zufrieden mit ihrem Erfolg nimmt Athene den Kriegsgott Ares beiseite und überredet ihn, das Schlachtfeld zu verlassen und Zeus entscheiden zu lassen, ob Griechen oder Trojaner siegen sollten:

Ares, o Ares voll Mord, Bluttriefender, Mauernzertrümmrer!
Lassen wir nicht sie allein, die Troer hinfort und Achaier,
Kämpfen, zu welcherlei Volk Zeus' Vorsicht wende den Siegsruhm;
Doch wir weichen zurück und meiden den Zorn Kronions?
[5:31–34]

Nun können die Griechen die Trojaner zurückdrängen, und die griechischen Helden besiegen ihre Gegner. Wie ein reißender Fluss wütet Diomedes in den trojanischen Reihen und verbreitet Schrecken und Tod. Ihn beobachtet der Trojaner Pandaros, schießt einen Pfeil ab und trifft Diomedes an der rechten Schulter. Pandaros frohlockt und brüstet sich, der Pfeil müsse tödlich gewesen sein, da Zeus selbst ihn gelenkt habe, doch er irrt sich. Der Pfeil hat Diomedes' Harnisch zwar durchschlagen und ihn verwundet, doch er bricht nicht zusammen, sondern lässt den Pfeil durch seinen Wagenlenker herausziehen. Das geschieht, und angesichts der stark blutenden Wunde bittet Diomedes Athene, ihn Pandaros töten zu lassen:

DIOMEDES

Unter den Griechen wird der tapfere, waffengewandte König von Argos und Sohn des Tydeus nur von Achill übertroffen. Er hat 80 Schiffe nach Troja geführt und wird von der Göttin Athene aktiv unterstützt, als er auf dem Schlachtfeld Hektor und Äneas gegenübersteht. Es gelingt ihm sogar, Aphrodite und den Kriegsgott Ares zu verwunden.

Laß mich treffen den Mann und den fliegenden Speer ihn erreichen,
Welcher zuvor mich verwundet und nun frohlockend sich rühmet,
Nicht mehr schau ich lange das Licht der strahlenden Sonne!
[5:118–120]

Athene erhört seine Bitte. Sie stärkt seine Glieder und verscheucht den Nebel, der ihm den Blick trübte, so dass er nun Götter und Menschen auf dem Schlachtfeld unterscheiden kann. Sie warnt ihn, er solle sich nicht mit einem der Götter anlegen – mit Ausnahme von Aphrodite.

Diomedes verletzt Aphrodite

Schon bevor Athene ihn stärkt, war Diomedes erpicht, in die Schlacht zurückzukehren. Nun ist er dreimal so wild entschlossen wie jeder andere und zu noch größerer Wut angestachelt als vorher. Er stürmt erneut gegen die trojanischen Reihen und tötet so viele Männer, wie er kann. Den Toten raubt er die Rüstung. Sein Wüten beobachtet der trojanische Fürst Äneas. Er sucht und findet Pandaros und fragt ihn, was aus seinem Ruf als Bogenschütze geworden ist. Er zeigt auf den in der Ferne tobenden Diomedes und klagt, er bringe den Trojanern Verderben. Pandaros erwidert, er habe Diomedes bereits angeschossen, doch dass ihn offenbar eine Gottheit beschütze:

Traun, nicht ohne Götter ergrimmt' er so, sondern ihm nahe
Steht ein Unsterblicher dort, ein Gewölk um die Schultern sich hüllend,
Der auch das schnelle Geschoß abwendete, welches ihm zuflog.
Denn ihm sandt ich bereits ein Geschoß und traf ihm die Schulter
Rechts, daß hinein es drang, das Panzergelenk ihm durchbohrend;
Und ich hofft, ihn hinab zu beschleunigen zum Aïdoneus.
Dennoch bezwang ich ihn nicht. Ein Gott muß wahrlich erzürnt sein.
[5:185–191]

Pandaros klagt, er habe sowohl Menelaos als auch Diomedes getroffen und beiden blutende Wunden zugefügt, doch sie hätten weitergekämpft. Sollte er je heimkommen, schwört er, werde er seinen Bogen verbrennen. Äneas bedrängt ihn, mit ihm im Streitwagen Diomedes anzugreifen. Äneas ergreift die Zügel, und sie eilen davon. Diomedes' Wagenlenker warnt vor der neuen Gefahr und empfiehlt Diomedes, er solle einer Konfrontation aus dem Weg gehen. Doch dieser weigert sich, sich zu verstecken, denn er hat ein Auge auf Äneas' Pferde geworfen: Er weiß, dass sie zu den edelsten auf der

Welt gehören, denn ihre Ahnen schenkte Zeus selbst einem trojanischen König. Diese Pferde locken als Belohnung bei dem bevorstehenden Kampf.

Pandaros führt den ersten Schlag. Seine Lanze durchbohrt Diomedes' Schild und prallt gegen seinen Brustharnisch. Pandaros jubelt, doch auch diesmal freut er sich zu früh. Diomedes wirft seinen Speer, und Athene lenkt ihn geradewegs dem Pandaros ins Gesicht. Er durchbohrt ihm den Kopf, so dass er stirbt und seine Pferde in Panik scheuen.

Äneas springt ab, um den Leichnam zu schützen. Mit übermenschlicher Kraft hebt Diomedes einen gewaltigen Stein auf, schleudert ihn auf Äneas und bricht ihm das Hüftgelenk. Als Äneas schmerzerfüllt in die Knie sinkt, will Diomedes ihn schon töten, doch legt ihm seine Mutter Aphrodite schützend ihren Mantel um und trägt ihn vom Schlachtfeld fort. Diomedes erinnert sich an Athenes Mahnung und setzt Aphrodite nach. Als er sie eingeholt hat, durchbohrt er ihr mit seinem Speer die Handfläche, dass ihr unsterbliches Blut fließt. Aphrodite schreit auf und lässt ihren Sohn fallen, doch Apollon hüllt ihn in eine blaue Wolke, in der er sicher ist. Voller Schmerz eilt die Göttin vom Schlachtfeld zum ruhenden Ares und fleht ihn an, ihr seinen Streitwagen zu leihen, damit sie zum Olymp zurückkehren kann. Dort tröstet ihre Mutter Dione sie, Athene verspottet sie jedoch wegen ihrer Liebe zu den Trojanern und fragt ironisch, ob sie „die zarte Hand sich geritzet" habe. Zeus mahnt Aphrodite, ihr Geschäft sei nicht der Krieg, sondern das Ehebett.

Die Götter kehren in die Schlacht zurück

Obwohl er weiß, dass Apollon Äneas beschützt, gibt Diomedes keine Ruhe, doch der Gott wehrt alle Angriffe ab. Beim vierten Versuch warnt Apollon ihn:

> *Hüte dich, Tydeus' Sohn, und weiche mir! Nimmer den Göttern*
> *Wage dich gleich zu achten; denn gar nicht ähnlichen Stammes*
> *Sind unsterbliche Götter und erdumwandelnde Menschen!*
> [5:440–442]

Apollon entrückt Äneas zu seinem Tempel in Troja, wo er geheilt wird, und setzt an seine Stelle einen Geist, um den herum Trojaner und Griechen weiterkämpfen, in dem Glauben, es handle sich um den gefallenen Krieger. Apollon drängt Ares, in den Kampf zurückzukehren und Diomedes zu vertreiben. Unerkannt treibt Ares die Trojaner an, Äneas zu beschützen. Hektor hört seine Rufe, und schon wenden sich die Tro-

ÄNEAS

Der trojanische Held Äneas, Führer der Dardaner, ist als Sohn des Anchises und der Aphrodite ein Halbgott. Deshalb beschützen die Götter ihn mit so viel Eifer. Zweimal retten sie ihn in der Ilias – Aphrodite schützt ihn vor Diomedes, Poseidon vor Achill. Als einer von wenigen Trojanern entkommt Äneas nach dem Fall Trojas. Der Legende nach gründen seine Nachkommen die Stadt Rom und regieren als Könige später Britannien.

janer wieder zum Kampf. Um ihnen zu helfen, hüllt Ares das Schlachtfeld in Dunkelheit. Apollon bringt den geheilten Äneas zurück, und sein Erscheinen gibt den Trojanern neuen Mut.

Die griechischen Heerführer stehen fest unter Agamemnons Kommando, doch Äneas tötet zwei der besten Kämpfer, Krethon und Orsilochos, so dass Menelaos sich mitten in die Schlacht stürzt, um sie zu rächen. Ares – in der Gestalt des Thrakerfürsten Akamas – sieht ihn und beschließt, dass Äneas ihn besiegen soll, doch Antilochos kommt Menelaos zu Hilfe, und die beiden kämpfen Seite an Seite. Äneas zieht sich daraufhin zurück, und so können sie die Leichen von Krethon und Orsilochos bergen.

Hektor beobachtet das Ganze von der anderen Seite des Schlachtfelds und stürmt nun brüllend Menelaos und Antilochos entgegen. Der Anblick macht selbst Diomedes Angst, denn er erkennt, dass Ares Hektor zur Seite steht. Er mahnt die Männer um ihn herum zum Rückzug, denn er erinnert sich an Athenes Rat, nicht gegen die Götter zu kämpfen.

Allmählich merken die Griechen, dass Ares auf Seiten der Trojaner kämpft, und weichen vor dem Ansturm Hektors und seiner Kameraden zurück. Auch auf dem Olymp erkennen Hera und Athene, dass Ares wieder in die Schlacht zurückgekehrt ist, und beschließen, für die Griechen einzutreten. Hera macht ihren Streitwagen mit seinen bronzenen Rädern und goldgezäumten Pferden bereit, während Athene Zeus' eigenen Harnisch anlegt, ihren goldenen Helm aufsetzt und sich Zeus' Ägis umschnallt. Hera bittet Zeus um Erlaubnis, dem rasenden Ares eine Lehre zu erteilen, und Zeus gibt den beiden seinen Segen. Gemeinsam treiben Athene und Hera die Pferde an und stürmen donnernd durch die Tore des Olymps.

Sie verstecken die Pferde nahe Troja in einem Nebel und gehen das letzte Stück zu Fuß. Wo die Griechen um Diomedes versammelt sind, stachelt Hera sie auf:

Schande doch, Argos' Volk, ihr Verworfenen, trefflich an Bildung!
Weil noch mit in die Schlacht einging der edle Achilleus,
Wageten nie die Troer aus Dardanos schirmenden Toren
Vorzugehn; denn sie scheuten Achilleus' mächtige Lanze!
Nun ist ferne der Stadt bei den räumigen Schiffen ihr Schlachtfeld!
[5:787–791]

Die Griechen fühlen sich wieder bestärkt. Athene wendet sich an Diomedes, der sich das Blut von der Wunde wischt, die Pandaros' Lanze geschlagen hat. Die Göttin verspottet ihn als furchtsam, doch er erkennt sie und erwidert, er habe nur ihren Rat befolgt, außer Aphrodite keinen der Götter zu bekämpfen. Inzwischen treibt Ares auf dem Schlachtfeld alles vor sich her, doch Athene steht neben Diomedes als dessen Wagenlenkerin und erklärt ihm, in ihrem Beisein habe er von Ares nichts zu befürchten. Auf ihren Befehl hin greift Diomedes Ares direkt an.

Der Streitwagen stürmt vorwärts, und Athene greift sich den Helm eines der Krieger, damit Ares sie nicht erkennt. Dieser ist dabei, seinen Opfern die kostbaren Rüstungen abzunehmen, doch als er Diomedes kommen sieht, lässt er davon ab und rennt auf ihn zu. Er wirft eine Lanze nach ihm, aber Athene fängt sie ab und stößt sie über den Streitwagen hinweg fort. Dann lenkt sie Diomedes' Speer so, dass er geradewegs Ares' Rüstung durchschlägt und ihm in den Bauch fährt. Ares' Schmerzensgebrüll ist derart furchterregend, dass die Soldaten beider Seiten innehalten. In einer Wolke fährt Ares zum Olymp auf.

Er beschuldigt Zeus, Athene zu unrechtem Tun ermuntert zu haben. Er fordert ihn auf, er möge gefälligst seine Tochter zur Raison bringen, doch Zeus verhöhnt ihn nur:

Hüte dich, Andrerumandrer, mir hier zur Seite zu winseln!
Ganz verhaßt mir bist du vor allen olympischen Göttern!
Stets doch hast du den Zank nur geliebt und die Kämpf' und die Schlachten!
Gleich der Mutter an Trotz und unerträglichem Starrsinn,
Heren, welche mir kaum durch Worte gebändiget nachgibt!
[5:889–893]

Trotz der Verachtung für seinen unverbesserlichen Sohn ruft Zeus einen Arzt, der Ares heilt, denn er kann nicht zulassen, dass eines seiner Kinder lange leidet. Ares setzt sich neben Zeus, doch seine mörderische Kampfgier ist verflogen. Hera und Athene kehren nach vollbrachter Tat zum Olymp zurück.

ARES

Der blutrünstige und völlig unzuverlässige Kriegsgott Ares ist Sohn des Zeus und der Hera. Homer schildert ihn als „Schlächter" und „Mauernzertrümmrer". Unbesiegbar jedoch ist er nicht, denn Athene und Diomedes gelingt es, ihn vom Schlachtfeld vor den Toren Trojas zu vertreiben. Der Legende nach ist Ares in Aphrodite verliebt.

6. Gesang

HEKTOR UND ANDROMACHE

Die Griechen gewinnen die Oberhand

DIE SITUATION

Der Kampf geht ohne göttliche Intervention weiter, und die Trojaner müssen zurückweichen. Hektor geht in die Stadt, um seinen Bruder Paris aufzufordern, sein Teil beizutragen, und trägt den trojanischen Frauen auf, die Götter um Hilfe anzuflehen.

Der Kampf zwischen den beiden Armeen geht erbittert weiter, ohne dass eine Seite im Vorteil wäre. Dem Großen Ajax gelingt es, die trojanischen Linien zu durchbrechen und Akamas zu töten, den besten Kämpfer der Thraker.

Diesem traf er zuerst den umflatterten Kegel des Helmes,
Daß er die Stirne durchbohrt'; hineindrang tief in den Schädel
Jenem die eherne Spitz, und Nacht umhüllt' ihm die Augen.
[6:9–11]

Ajax' Erfolg zieht einen mörderischen Angriff von Odysseus, Agamemnon und anderen griechischen Führern nach sich. Euryalos allein metzelt vier Gegner nieder. Dann verliert der Trojaner Adrestos die Gewalt über seinen Streitwagen; die Pferde verfangen sich in einem Tamariskengestrüpp, die Deichsel bricht und er wird zu Boden geschleudert. Als er zu sich kommt, steht Menelaos über ihm mit einer Lanze. Adrestos umfängt seine Knie und bettelt um Gnade. Er verspricht Menelaos, sein Vater werde enormes Lösegeld zahlen, wenn er ihn nur am Leben lasse. Menelaos will schon einwilligen, da eilt Agamemnon herbei und schreit ihn an, nicht so weichherzig zu sein:

Trautester, o Menelaos, warum doch sorgest du also
Jener? Ja, herrliche Taten geschahn dir daheim von den Männern
Trojas! Keiner davon entfliehe nun grausem Verderben,
Keiner nun unserem Arm! Auch nicht im Schoße das Knäblein,
Welches die Schwangere trägt, auch das nicht! Alles zugleich nun
Sterbe, was Ilios nährt, hinweggerafft und vernichtet!
[6:55–60]

Als Menelaos das hört, besinnt er sich anders: Er stößt Adrestos fort, und Agamemnon sticht ihm die Lanze in die Seite. Zugleich drängt Nestor die Griechen, die Trojaner zu töten, ohne sich Zeit zum Plündern zu nehmen. Angetrieben von Nestors Worten, drängen die Griechen die Trojaner bis zu den Stadtmauern zurück.

Auf trojanischer Seite berät sich der Prophet und Priamos-Sohn Helenos mit Äneas und Hektor. Ihnen ist bewusst, dass die trojanische Front in Kürze zusammenbrechen wird. Er beschwört die beiden Heerführer, die Stadttore zu halten, damit nicht alle zurück zu ihren Frauen flüchten. Helenos bittet Hektor auch, seine Mutter Hekabe möge die alten Frauen von Troja im Athene-Tempel versammeln und der Göttin Opfer darbringen. Wenn Hektors Mutter Athene ihr schönstes Gewand opfere, werde die Göttin sicher Erbarmen mit der Stadt haben und den schrecklichen Diomedes zurückhalten:

Selbst vor Achilleus nicht, dem Herrschenden, zagten wir also,
Welcher doch Sohn der Göttin gepriesen wird! Jener, wie heftig
Wütet er! Keiner vermag an Gewalt ihm gleich sich zu stellen!
[6:99–101]

Zwei Lanzen schwingend, geht Hektor quer über das Schlachtfeld durch die trojanischen Reihen und motiviert die Soldaten so wirkungsvoll, dass ihre Feinde sich fragen, ob sie erneut göttliche Unterstützung haben. Schließlich beginnen die Griechen zu weichen. Nachdem so ein Aufschub erreicht ist, geht Hektor in die Stadt zurück.

Diomedes und Glaukos

Als Hektor fort ist, stehen sich zwischen den Fronten zwei Krieger gegenüber: Der Grieche Diomedes fordert seinen Gegner auf, sich zu erkennen zu geben. Er lobt die Tapferkeit des anderen und fragt ihn, ob er sterblich oder ein Gott sei:

Wer doch bist du, Edler, der sterblichen Erdebewohner?
Nie ersah ich ja dich in männerehrender Feldschlacht
Vormals; aber anjetzt erhebst du dich weit vor den andern,
Kühnes Muts, da du meiner gewaltigen Lanze dich darstellst.
Meiner Kraft begegnen nur Söhn' unglücklicher Eltern!
Aber wofern du ein Gott herabgekommen vom Himmel,
Nimmer alsdann begehr' ich mit himmlischen Mächten zu kämpfen.
[6:123–129]

HEKTOR

Der Oberbefehlshaber des trojanischen Heeres ist der älteste Sohn des Priamos und der Hekabe. Seine Frau ist Andromache, die Tochter des Königs von Theben. Während Achill von Leidenschaft, Eitelkeit und Wut getrieben wird, zeigt sein Widersacher Hektor vor allem Pflichtgefühl.

BELLEROPHON

Glaukos, ein lykischer Fürst, gehört zu Priamos' Verbündeten. Sein Großvater war Bellerophon. Dieser verschmähte die Avancen einer Königin, die ihn daraufhin fälschlich beschuldigte. Um ihn loszuwerden, befahl man ihm, für den lykischen König drei unmögliche Aufgaben zu erfüllen. Als ihm dies jedoch gelang, gab ihm der König seine Tochter zur Frau und vererbte ihm sein Reich. Allein die Erwähnung von Bellerophon reicht aus, dass Glaukos und Diomedes den Kampf abbrechen und die Rüstungen tauschen.

Als Antwort erzählt der Trojaner – Glaukos – Diomedes von seinem Großvater, dem schönen Bellerophon. Zu seinem Unglück verliebte die Frau seines Herrn sich in ihn; als er sie verschmähte, behauptete sie, er habe sie verführt. Zur Strafe schickte König Proitos Bellerophon nach Lykien mit einer Botschaft, die seinen sicheren Tod bedeutete. Der Herrscher von Lykien las sie und sendete ihn aus, ein Ungeheuer, die Chimäre, zu töten sowie den benachbarten Stamm der Solymer und schließlich die Amazonen zu bezwingen. Als er jedes Mal siegreich wiederkehrte, erkannte der König Bellerophons Vorzüge, gab ihm seine Tochter zur Frau und obendrein das halbe Königreich.

Diomedes ist hoch erfreut über die Geschichte und stößt seine Lanze zum Zeichen der Waffenruhe in den Boden. Er erklärt, sein Großvater habe einst Bellerophon bewirtet und sie hätten kostbare Geschenke ausgetauscht. Diomedes beschließt, nicht gegen Glaukos zu kämpfen:

Also bin ich nunmehr dein Gastfreund mitten in Argos;
Du in Lykia mir, wann jenes Land ich besuche;
Drum mit unseren Lanzen vermeiden wir uns im Getümmel.
Viel ja sind der Troer mir selbst und der rühmlichen Helfer,
Daß ich töte, wen Gott mir gewährt und die Schenkel erreichen;
Viel' auch dir der Achaier, daß, welchen du kannst, du erlegest.
Aber die Rüstungen beide vertauschen wir, daß auch die andern
Schaun, wie wir Gäste zu sein aus Väterzeiten uns rühmen.
[6:224–231]

Beide springen vom Streitwagen und reichen sich die Hand. Sie tauschen die Rüstungen aus, wobei Glaukos ein schlechtes Geschäft macht, denn er büßt seinen goldenen Harnisch für Diomedes' bronzenen ein, der zehnmal weniger wert ist als sein eigener.

Die Frauen von Troja

Als Hektor die Eiche am Stadttor erreicht, wird er von Frauen bestürmt und nach dem Schicksal ihrer Männer, Väter und Freunde befragt. Da er weiß, dass viele von ihnen traurige Neuigkeiten zu erwarten haben, wenn erst das wahre Ausmaß der Verluste bekannt wird, sagt er ihnen lediglich, sie sollen zu den Göttern beten. Er geht weiter zu Priamos' prächtigem Palast und den fünfzig Schlafgemächern aus poliertem Stein, in denen Priamos' Söhne mit ihren Frauen wohnen. Seine Mutter Hekabe nimmt ihn bei der Hand und bietet ihm Wein an, aber Hektor lehnt ab. Stattdessen bittet er sie, die

Hektor daheim bei seiner Frau Andromache. Hektors Familienleben und die Liebe zu Frau und Kind geben ihm einen anderen Sinn im Leben als nur den Krieg, während Achill als „Kampfmaschine" in seinem kurzen Leben nur die Schlacht kennt.

alten Frauen der Stadt zu versammeln, zum Athene-Tempel zu führen und die Göttin zu bitten, Diomedes von Troja fernzuhalten. Hektor selbst geht zu Paris, um ihn zu bewegen, bei der Verteidigung der Stadt mitzuwirken. Hekabe tut, was er verlangt, und treibt die Frauen an, sich bereit zu machen, während sie selbst zum parfümierten Schrank geht, in dem sie ihre bestickten Gewänder aufbewahrt. Es sind Arbeiten aus Sidon, die Paris nach Troja brachte. Sie wählt das längste, schönste davon als Geschenk für Athene. Als die Tür zum Tempel sich öffnet, treten die Frauen zu den Priesterinnen und flehen Athene an, Diomedes zurückzuhalten. Doch trotz ihrer Wehklagen wendet Athene ihr Gesicht ab.

Hektor geht oben in der Stadt zu Paris' Wohnhaus, das neben denen Priamos' und Hektors steht. Er trifft Paris in seinem Schlafzimmer an, wo er seinen schönen Harnisch poliert und seinen Bogen prüft. Helena und die Dienstmädchen sitzen bei ihm. Der Anblick ärgert Hektor:

Sträflicher, nicht geziemt' es, so unmutsvoll zu ereifern!
Siehe, das Volk verschwindet, um Stadt und türmende Mauer
Kämpfend, und deinethalb ist Feldgeschrei und Getümmel
Rings entbrannt um die Feste! (…)
[6:326–329]

Paris ist keineswegs verärgert, sondern nimmt die Kritik gelassen hin. Er versichert, er schmolle nicht und hege auch keinen Groll gegen die Trojaner. Er gibt zu, er habe sich eigentlich zurückziehen wollen, doch habe seine Frau ihn gedrängt, aufs Schlachtfeld zurückzukehren, und das wolle er auch tun. Er bittet um Zeit, um sich zu rüsten, dann werde er Hektor folgen. Hektor antwortet nicht. Helena jedoch bittet ihren Schwager, sich zu setzen und erklärt, niemand in Troja trage mehr Verantwortung als sie, und alles geschehe nur ihretwegen und wegen Paris' verrückter Idee, sie zu entführen. Zeus halte ganz sicher ein schreckliches Schicksal für sie bereit, das Menschen, die noch nicht geboren sind, in einer fernen Zukunft besingen würden. Helena beklagt die Schwäche ihres Ehemanns, der sich nichts aus der Verachtung der anderen Krieger mache. Da-

In der ganzen Ilias wird Hektor, der Held von Troja, als leuchtend und glänzend beschrieben. Dieser Verweis auf seine kostbare Rüstung, insbesondere seinen Helm, stellt ihn auf eine Stufe mit seinem Widersacher Achill. Obwohl Hektor sterblich ist, Achill jedoch Sohn eines Unsterblichen, können sie so gleich gegen gleich antreten.

für, so fürchte sie, werde Paris eines Tages die Quittung erhalten. Hektor dankt ihr, bleibt jedoch stehen und bittet sie, Paris beim Anlegen der Rüstung zu helfen und ihn zu ihm zu schicken, bevor er die Stadt wieder verlässt. Im Fortgehen sagt Hektor, er werde sich von Frau und Kind verabschieden, für den Fall, dass er in der Schlacht falle.

Als Hektor sein eigenes Haus betritt, findet er zunächst weder Andromache noch das Kind. Er fragt die Dienerin, ob sie bei einer seiner Schwestern oder Schwägerinnen zu Besuch oder auch zum Athene-Tempel gegangen sei, doch die Dienerin sagt ihm, Andromache schaue von der Stadtmauer aus voller Angst der Schlacht zu. Hektor stürmt aus dem Haus, gerade als Andromache ihm entgegeneilt, hinter ihr die Magd mit dem Kleinkind. Er lächelt seinen Sohn an, doch Andromache bricht weinend zusammen und fleht ihn an, nicht aufs Schlachtfeld zurückzukehren:

Trautester Mann, dich tötet dein Mut noch!
und du erbarmst dich |
Nicht des stammelnden Kindes noch mein, des elenden Weibes. |
Ach, bald Witwe von dir! Denn dich töten gewiß die Achaier, |
Alle daher dir stürmend! Allein mir wäre das beste, |
Deiner beraubt, in die Erde hinabzusinken; (...)
[6:407–411]

Andromache erinnert ihn daran, dass Achill ihren Vater und ihre sieben Brüder tötete und dass auch ihre Mutter starb, nachdem Achill sie endlich freiließ. Leidenschaftlich erklärt sie Hektor, er sei nun Vater, Mutter, Bruder und Ehemann zugleich für sie; sie fleht ihn an, im Turm zu bleiben und nicht in die Schlacht zu ziehen. Hektor erwidert, er müsse gehen, sonst müsse er sich vor der ganzen Stadt schämen:

Mich auch härmt das alles, o Trauteste; aber ich scheue |
Trojas Männer zu sehr, und die saumnachschleppenden Weiber, |
Wenn ich hier, wie ein Feiger, entfernt das Treffen vermeide. |
Auch verbeut es mein Herz; denn ich lernete, tapferes Mutes |
Immer zu sein, und voran mit Trojas Helden zu kämpfen, |
Schirmend zugleich des Vaters erhabenen Ruhm, und den meinen!

[6:441–446]

Er sagt ihr, seine wahre Sorge sei, was mit ihr geschehen werde, wenn die Griechen sie verschleppen. Er fürchtet, sie werde nach Griechenland gebracht und müsse dort für die Feinde weben oder Wasser tragen. Er wolle lieber tot sein, bevor sie fortgebracht werde, damit ihm der Anblick erspart bleibe. Hektor nimmt seinen Sohn auf den Arm, doch das Kind erschrickt vor dem Bronzehelm mit dem wallenden Helmbusch. Lächelnd nimmt Hektor den Helm ab und küsst seinen Sohn. Er bittet Zeus, Astyanax zur Freude seiner Mutter heranwachsen zu lassen und ihn einst zum Herrscher über Troja zu machen. Dann gibt er das Kind der Mutter zurück und bittet sie, nicht zu trauern:

Armes Weib, nicht mußt du zu sehr mir trauern im Herzen!
Keiner wird gegen Geschick hinab mich senden zum Aïs.*
Doch dem Verhängnis entrann wohl nie der Sterblichen einer,
Edel oder geringe, nachdem er einmal gezeugt ward.
[6:486–489]

* *die Unterwelt*

Andromache geht heim, schaut sich aber immer wieder nach Hektor um. Daheim trauern die Diener um ihren Herrn, als sei er bereits tot.

Paris hat inzwischen seine Rüstung angelegt und eilt lachend aus der Stadt. Bald holt er Hektor ein und entschuldigt sich für seine Verspätung. Hektor wundert sich darüber, was für ein eigenartiger Mann Paris sei: Auf dem Schlachtfeld sei er wahrlich kein Feigling, aber stets kurz davor, aufzugeben und den Kampf zu verweigern. Dennoch redet Hektor ermunternd auf seinen Bruder ein. Wenn Zeus ihnen gestatte, die Griechen aus Troja zu vertreiben, sagt er, würden sie den Sieg mit Trankopfern für die Götter feiern.

ANDROMACHE UND ASTYANAX

Hektors Frau ist die Tochter des thebanischen Königs. Vor Achill ängstigt sie sich aus gutem Grund, denn bei der Plünderung Thebens tötete Achill ihren Vater und ihre sieben Brüder. Für ihren Mann und Sohn fürchtet sie deshalb das Schlimmste, und das zu Recht: Nach dem Fall Trojas wird der kleine Astyanax später von der Stadtmauer geschleudert, sie selbst wird als Sklavin nach Griechenland verschleppt und zunächst Achills Sohn Neoptolemos überlassen; später heiratet sie Hektors Bruder Helenos.

7. Gesang

AJAX UND HEKTOR IM ZWEIKAMPF

DIE SITUATION

Hektor und sein Bruder Paris kehren in die Schlacht zurück. Apollon und Athene beschließen, eine Kampfpause herbeizuführen, indem sie Hektor veranlassen, die Griechen zum Zweikampf aufzurufen. Ajax nimmt die Herausforderung an, doch keiner der beiden gewinnt. So wird ein Waffenstillstand vereinbart, damit beide Seiten ihre Toten bestatten können.

Hektors Herausforderung

Paris und Hektor stürzen aus dem Stadttor mitten hinein in die Schlacht. Gemeinsam fügen sie den Griechen hohe Verluste zu, bis Athene sich auf dem Olymp Sorgen um ihre Schützlinge macht. Sie fliegt hinunter zur Stadt und trifft dort unter einer Eiche Apollon, der auf Seiten der Trojaner steht und ihr vom Olymp herab gefolgt ist. Sie beschließen, nochmals in den Kampf einzugreifen. Apollon drängt Athene, seinem Rat zu folgen:

Aber gehorchtest du mir, was weit zuträglicher wäre;
Jetzt dann ließen wir ruhn den feindlichen Kampf der Entscheidung
Heut: doch künftig erneu'n sie die Feldschlacht, bis sie das Schicksal
Ilios' endlich erreicht; dieweil es also im Herzen
Euch Göttinnen gefällt, die hohe Stadt zu verwüsten.
[7:28–32]

Athene räumt ein, es sei Zeit, den Kampf vorerst zu unterbrechen, und Apollon schlägt vor, Hektor dazu zu bewegen, die Griechen zum Zweikampf bis zum Tod herauszufordern. Die Griechen würden dann ihr Ehrenwort geben und die Armeen sich zurückziehen, um dem Duell zuzusehen. Sobald Apollon ausgeredet hat, spürt Priamos' Seher Helenos, was beschlossen worden ist, geht sofort zu Hektor und macht ihm den Vorschlag. Er versichert, die Stunde seines Todes sei noch nicht gekommen, er sei also sicher. Hektor ist von der Idee begeistert. Er stellt sich zwischen die Fronten und drängt die erste Reihe der Trojaner mit seiner Lanze zurück. Als sie sich hinsetzen, kann Agamemnon die Griechen dazu bewegen, dasselbe zu tun. Über ihm lauern Athene und Apollon wie Geier und schauen auf die Krieger hinab, die mit ihren Schilden, Helmen und Lanzen wie Meereswellen gleißen.

Hektor steht auf und verkündet beiden Armeen seine Herausforderung. Die Griechen sollen ihren besten Kämpfer allein gegen ihn antreten lassen. Der Sieger soll Waffen und Rüstung des Unterlegenen erhalten, den Leichnam jedoch seinem Volk zur Bestattung übergeben. Falls Hektor siegt, will er die Rüstung des griechischen Helden mit nach Troja nehmen und sie im Apollon-Tempel aufhängen. Den Leichnam, so verspricht er, werde er jedoch zur Bestattung herausgeben:

Künftig sagt dann einer der spätgeborenen Menschen,
Im vielrudrigen Schiffe zum dunkelen Meer hinsteuernd:
Seht das ragende Grab des längst gestorbenen Mannes,
Der einst tapfer im Streit hinsank dem göttlichen Hektor!
Also spricht er hinfort, und mein ist ewiger Nachruhm.
[7:87–91]

Nach Hektors Worten herrscht zunächst Stille. Die Griechen schämen sich abzulehnen, trauen sich aber auch nicht, anzunehmen. Menelaos beschimpft sie als feige „Achaierinnen“: Dass nicht ein einziger Grieche die Herausforderung annehme, sei eine ungeheure Schande. Dann verkündet er, er selbst werde gegen Hektor antreten und den Ausgang den Göttern überlassen. Die übrigen Griechen mögen nur feige hocken bleiben.

Menelaos beginnt, seine Rüstung anzulegen, doch wäre es das letzte Mal, da Hektor viel stärker ist als er. Die griechischen Heerführer springen auf und halten ihn zurück. Agamemnon meint, Menelaos solle nicht gegen den Stärkeren antreten, denn selbst Achill fürchte Hektor in der Schlacht. Die Griechen würden einen anderen Gegner für Hektor finden. Erfreut nehmen Menelaos' Diener ihrem Herrn die Rüstung wieder ab. Dann beklagt sich auch der alte Nestor über ihre Feigheit und erzählt, wie tapfer er selbst in jüngeren Jahren kämpfte. Wenn er noch jung wäre, würde er Hektors Herausforderung annehmen.

Beschämt durch die Verachtung des Alten erheben sich neun griechische Krieger: Agamemnon als Erster, rasch gefolgt von Diomedes, dem großen Ajax, Odysseus, dem kleinen Ajax, den Kretern Idomeneus und Meriones, Eurypylos von Kos und Thoas. Sie kennzeichnen Lose und legen sie in Agamemnons Helm. Die Truppen ringsum heben die Arme zum Himmel und beten, das Los möge auf den Stärksten von ihnen fallen: Ajax, Diomedes oder Agamemnon. Der Helm wird geschüttelt und eines der Lose springt heraus: Ein Herold zeigt es allen neun Helden, und der große Ajax erkennt es als sein eigenes:

RÜSTUNGEN

Die Krieger beider Seiten tragen Rüstungen, die meist fein geschmiedet und reich verziert sind. Manchmal sind sie aus Gold gefertigt und ihr kostbarster Besitz. Besiegen und töten die Helden ihre Gegner im Kampf, erwerben sie damit Ehre. Als äußeres Zeichen für ihren Ruhm dürfen sie den Harnisch des Unterlegenen als Trophäe mitnehmen – falls sie im Schlachtgetümmel dazu Gelegenheit finden.

Wahrlich, mein ist, Freunde, das Los, und ich freue mich selber
Herzlich, dieweil ich hoffe den Sieg vom göttlichen Hektor.
Aber wohlan, indes ich mit Kriegsgerät mich umhülle;
Fleht ihr alle zu Zeus, dem waltenden Sohne des Kronos,
Vor euch selbst in der Stille, daß nicht die Troer es hören,
Oder mit lautem Gebet; denn niemand fürchten wir wahrlich!
Keiner soll durch Gewalt unwillig mit Zwang mich vertreiben,
Noch durch siegende Kunst; denn nicht unkundig des Krieges
Hoff' ich in Salamis' Flur geboren zu sein und erzogen!
[7:191–199]

Die Griechen bitten Zeus, das Duell zu überwachen und entweder Ajax siegen zu lassen oder – falls auch Hektor unter seinem Schutz stehe – den Kampf für unentschieden zu erklären.

In seiner schimmernden Bronzerüstung macht sich Ajax voller Kampflust auf den Weg, in der einen Hand die Lanze und in der anderen den Schild aus sieben Lagen Stierhaut, mit Bronze verstärkt. Er sieht so herrlich aus, dass den Trojanern die Knie schlottern. Selbst Hektors Herz schlägt schneller, aber für einen Rückzieher ist es zu spät. Als Ajax die Stelle erreicht, wo Hektor steht, droht er, er werde nun erfahren, aus welchem Holz die griechischen Helden geschnitzt sind, auch ohne Achill. Hektor erwidert darauf, es sei sinnlos, ihm wie einem Kind Angst einjagen zu wollen:

Wohl sind mir die Kämpfe bekannt und die Schlachten der Männer!
Rechtshin weiß ich zu wenden und links zu wenden den Stierschild,
Dürrer Last, um stets unermüdeter Stärke zu kämpfen;
Weiß zu Fuß ihn zu tanzen, den Tanz des schrecklichen Ares,
Weiß auch rasch im Getümmel die fliegenden Rosse zu lenken!
Aber nicht ereile mein Speer dich, tapferer Krieger,
Heimlich mit lauernder List; nein öffentlich, ob er dich treffe!
[7:237–243]

Dann zielt Hektor und wirft seine Lanze. Sie trifft die Bronzeschicht außen an Ajax' mächtigem Schild und durchbohrt sechs der Stierhäute, bleibt dann jedoch stecken. Ajax schleudert seine eigene Lanze, die Hektors Schild durchbricht und auch den verzierten Harnisch durchbohrt. Hektor weicht aber rechtzeitig aus, so dass nur sein Hemd aufgeschlitzt wird. Dann ziehen beide die Lanzen wieder heraus und gehen damit zum Nahkampf über. Hektors Speer verbiegt sich an Ajax' Schild, aber wiederum gelingt es Ajax, Hektors Schild zu durchstoßen und ihn am Hals zu verletzen, dass das Blut des Trojaners spritzt.

Hektor und Ajax sind Ehrenmänner. Als Elitekrieger beider Seiten treten sie gegeneinander an in der Hoffnung, den Krieg zu beenden, den die Götter mit ihren Missetaten auslösten.

GROSSER AJAX

Auf griechischer Seite kämpfen zwei Krieger namens Ajax. Der „große" Ajax ist höher gewachsen und ungeheuer stark. Er ist der Sohn Telamons und Anführer der Schiffe aus Salamis. Seine Kameraden wünschen sich, er möge gegen Hektor im Zweikampf antreten. Ihm ist allerdings vorbestimmt, den Verstand zu verlieren und sich aus Schande darüber, dass ihm die Rüstung des toten Achill verweigert wird, das Leben zu nehmen.

Hektor bückt sich, hebt einen scharfkantigen Felsbrocken auf und wirft ihn nach Ajax. Dröhnend trifft er den Buckel des Schildes. Daraufhin hebt Ajax einen noch größeren Stein auf und schleudert ihn nach Hektor und wirft ihn damit um, denn der Brocken verbeult seinen Schild, der auf ihn fällt. Apollon eilt hinab, um Hektor aufzuheben, doch bevor die beiden sich weiter verletzen können, tritt von jeder Seite ein Mann zwischen die Kämpfenden. Talthybios und Idaios fordern sie auf, den Kampf abzubrechen, bevor es dunkel wird, denn sie hätten sich beide als hervorragende Speerkämpfer bewährt und bewiesen, dass Zeus beide liebt. Ajax erwidert, als Herausforderer müsse Hektor den Kampf beenden. Großmütig erklärt Hektor, Ajax habe sich als bester Speerkämpfer der griechischen Seite erwiesen und er sei bereit, den Zweikampf zu beenden:

Denn nun nahet die Nacht; gut ist's, auch der Nacht zu gehorchen,
Daß du dort bei den Schiffen das Herz der Achaier erfreuest,
Doch vor allem der Freund' und deiner lieben Genossen;
Aber ich selbst, heimkehrend in Priamos' Stadt des Beherrschers,
Trojas Männer erfreu und saumnachschleppende Weiber,
Welche für mich aufflehend an heiliger Stätte sich sammeln;
Laß uns jetzt auch einander mit rühmlichen Gaben beschenken,
Daß man sage hinfort bei Troern und bei Achaiern:
Seht, sie kämpften den Kampf der geistverzehrenden Zwietracht,
Und dann schieden sie beid in Freundschaft wieder versöhnet.
[7:293–302]

Mit diesen Worten legt Hektor das mit silbernen Buckeln versehene Schwert mit Scheide und Gehänge ab und gibt es Ajax, während dieser ihm seinen Purpurgürtel reicht. Mit ihren Geschenken kehren beide in ihre eigenen Reihen zurück, wo ihre Kameraden sie begeistert empfangen. Agamemnon opfert Zeus einen Stier, und die Griechen beginnen ein Festgelage.

Während sie essen, hält Nestor eine Rede. Er erklärt, sie hätten schwere Verluste erlitten, und schlägt vor, die Griechen sollten am Morgen einen Waffenstillstand ausrufen. Sie könnten dann ihre Toten vom Schlachtfeld bergen und in der Nähe der Schiffe verbrennen, um wenigstens deren Gebeine nach Hause zu bringen. Nestor rät auch, zum Schutz der Schiffe eine Palisadenwand zu bauen; sie soll Tore enthalten, die groß genug für Streitwagen sind, und durch einen Graben geschützt sein. Alle stimmen dem Plan zu.

Waffenstillstand

In Priamos' Palast halten die Trojaner derweil aufgeregt Kriegsrat. Antenor meint, es sei an der Zeit, den Griechen Helena und den ganzen Schatz des Menelaos zurückzugeben. Paris erwidert, er werde seine Frau niemals hergeben, stimmt aber zu, den mitgebrachten Schatz zurückzuerstatten. Er wolle von seinem eigenen Vermögen sogar noch etwas dazutun.

Priamos unterstützt dies und schlägt einen Waffenstillstand vor, um die Gefallenen zu bestatten. Bei Tagesanbruch geht Idaios als Priamos' Bote zu den griechischen Schiffen und unterbreitet das Angebot. Diomedes bestürmt die anderen, rundweg abzulehnen, denn die Trojaner seien offenbar dem Untergang geweiht, und die Griechen bräuchten keine Friedensangebote anzunehmen. Die übrigen Feldherren rufen, sie seien einverstanden, und Agamemnon antwortet Idaios:

Selber jetzt, Idäos, vernahmst du das Wort der Achaier,
Welchen Bescheid sie geben; auch mir geliebet es also.
Doch der Toten Verbrennung sei euch mitnichten verweigert.
Nicht ja gebührt Kargheit bei abgeschiedenen Toten,
Daß man, nachdem sie gestorben, mit Glut zu besänftigen eile.
Höre den Bund Zeus selber, der donnernde Gatte der Here!
[7:406–411]

So kehrt Idaios zwar mit einer Absage nach Troja zurück, aber immerhin herrscht vorerst Waffenstillstand. Schon bald richten Griechen und Trojaner die Totenfeiern für die am Vortag Gefallenen aus. Die Toten sind so verstümmelt, dass es schwer ist, ihre Gesichter zu erkennen, bevor nicht das Blut abgewaschen ist. Weinend lädt man die Leichen auf Karren. Priamos jedoch verbietet den Trojanern, laut zu klagen, so dass sie ihre Toten schweigend auf Scheiterhaufen legen und in die Stadt zurückkehren. Auch die Griechen verbrennen ihre toten Kameraden und kehren zu den Schiffen zurück.

Vor Morgengrauen am nächsten Tag versammeln sich die griechischen Soldaten um den noch rauchenden Scheiterhaufen und schütten ihn mit Erde zu. Wie von Nestor empfohlen, bauen sie dann von diesem Grabhügel aus zum Schutz ihrer Schiffe eine Palisadenwand und versehen sie mit Toren und einem Graben, der durch spitze Pfähle geschützt wird.

Während der Gelage in dieser Nacht donnert es am Himmel bedrohlich. Als sie Zeus' Unmut hören, erbleichen die Krieger beider Parteien und gießen ihren Wein als Trankopfer für die Götter auf den Boden.

8. Gesang

ZEUS BEGÜNSTIGT DIE TROJANER

Zeus' göttlicher Zorn

DIE SITUATION

Zeus ruft den übrigen Göttern seine Vormachtstellung in Erinnerung und macht deutlich, dass er keine Einmischung in seine Pläne wünscht. Er ist entschlossen, das Thetis gegebene Versprechen einzulösen und den Trojanern die Oberhand zu belassen, bis die Schlacht am Strand, bei den Schiffen und letztlich Achill anlangt. Verblendet glauben Hektor und die Trojaner, weil Zeus auf ihrer Seite sei, hätten sie den Sieg schon in der Tasche.

Im Morgengrauen des nächsten Tages beruft Zeus alle Götter zu sich auf den Olymp und erinnert sie daran, dass er der Herrscher über alle übrigen Götter ist und sie alle nach Belieben vernichten könnte. Sollte einer von ihnen auf die Idee kommen, den Griechen oder Trojanern zu helfen, werde er ihn streng bestrafen oder in die ewige Finsternis des Tartaros schleudern. Niemand dürfe seine Pläne durchkreuzen.

Auf wohlan, ihr Götter, versucht's, daß ihr all' es erkennet:
Eine goldene Kette befestigend oben am Himmel,
Hängt dann all ihr Götter euch an, und ihr Göttinnen alle,
Dennoch zögt ihr nie vom Himmel herab auf den Boden
Zeus, den Ordner der Welt, wie sehr ihr rängt in der Arbeit!
Aber sobald auch mir im Ernst es gefiele zu ziehen,
Selbst mit der Erd' euch zög ich empor, und selbst mit dem Meere;
Und die Kette darauf um das Felsenhaupt des Olympos
Bänd ich fest, daß schwebend das Weltall hing' in der Höhe!
So weit rag ich vor Göttern an Macht, so weit vor den Menschen!
[8:18–27]

Die Götter sitzen vor Schreck wie versteinert da, bis Athene das Wort ergreift: Keiner von ihnen denke im Traum daran, sich gegen Zeus zu wenden, denn allen sei klar, dass das zwecklos sei. Dennoch, fügt sie mutig hinzu, seien sie alle betrübt, die edlen Griechen unter solchen Schmerzen und in solchen Massen sterben zu sehen, nur um das Schicksal zu erfüllen. Athene schlägt vor, dass sie und andere Götter militärische und taktische Hilfe leisten könnten, um ein weiteres Blutbad zu verhindern. Zeus strahlt seine Lieblingstochter an und versichert, er habe nicht vor, seine Drohungen wahr zu machen (was nicht stimmt) und dass er sie sehr liebe.

Zeus hüllt sich in einen goldglänzenden Harnisch, nimmt seine lange, goldene Peitsche, springt auf seinen Streitwagen und jagt die Pferde über den Himmel zum Berg Ida. Von seinem Thron auf dem Gipfel Gargaros aus genießt er einen Panoramablick auf das ganze Schlachtfeld von den Mauern Trojas bis zu den griechischen Schiffen am Strand.

SITZ DER GÖTTER

Mit Ausnahme von Hades und Poseidon leben die wichtigsten Götter auf dem Olymp in riesigen schimmernden Hallen, die Hephaistos für sie baute. Der Olymp liegt an der Ostseite des griechischen Festlands, Troja praktisch direkt gegenüber. Auch der Ida, der höchste Berg in der Nähe von Troja, bietet Zeus eine gute Aussicht auf das Schlachtfeld. Ein weiterer Lieblingsplatz ist die Insel Samothrake in der nordöstlichen Ägäis. Von dort verschafft Poseidon sich Informationen über den Krieg.

Griechen und Trojaner prallen aufeinander und schlachten sich wechselseitig ab. Die Ilias schildert sehr detailliert, was passiert, wenn Lanzen und Schwerter menschliches Fleisch verletzen. Die Krieger beider Seiten sterben unter entsetzlichen Qualen.

Zeus' Waagschale

Die Griechen legen die Rüstungen an, und auch in der Stadt bewaffnet man sich. Wenn auch zahlenmäßig unterlegen, sind die Trojaner wild entschlossen, denn sie kämpfen für Frauen und Kinder. Die Stadttore werden aufgerissen, und das trojanische Heer stürmt heraus. Mit großem Getöse prallen die Armeen aufeinander, es herrscht ein Durcheinander von Schilden, Speeren und Lanzen, Triumphgebrüll und Todesschreien. Die Erde bebt, während Männer kämpfen, töten und getötet werden, und Ströme von Blut wie Trankopfer zu Boden fließen. Die Schlacht dauert den ganzen Morgen, mit großen Verlusten auf beiden Seiten.

Zeus beobachtet den Kampf genau. Mittags greift er ein. In jede seiner goldenen Waagschalen legt er ein Los – eins für die Griechen, eins für die Trojaner. Dann hält er die Waage hoch, dass sich die Sonne im Gold spiegelt. Langsam senkt sich die Schale mit dem Schicksal der Griechen, die der Trojaner steigt. Zeus schleudert einen gewaltigen Blitz gegen die griechischen Kämpfer, die vor der unbändigen Macht des Gottes erzittern.

Diomedes' Dilemma

Selbst die erfahrenen griechischen Könige sind entsetzt: Idomeneus, Agamemnon, beide Ajax drehen sich um und laufen davon. Nur der alte Nestor bleibt stehen. Paris hat eines seiner Pferde getötet und das andere gerät in Panik. Während Nestor noch versucht, die Riemen durchzuhauen, fährt Hektor schon auf ihn zu und hätte ihn getötet, hätte Diomedes ihn nicht bemerkt. So ruft er Odysseus zu Hilfe, der näher bei Nestor ist:

Edler Laertiad', erfindungsreicher Odysseus,*
Wohin fliehst du, den Rücken gewandt, wie ein Feiger im Schwarme?
Daß nur keiner den Speer dir Fliehenden heft' in die Schulter!
Bleib doch und hilf vom Greise den schrecklichen Mann mir entfernen!
[8:93–96]

* *Sohn des Laertes*

Doch Odysseus hört ihn nicht und läuft weiter. Mit seinem Wagen und den beiden von Äneas gewonnenen Pferden fährt Diomedes deshalb allein zurück zur Front bis zu Nestor, zieht ihn auf seinen Wagen und wirft ihm die Zügel zu, damit er selbst sich auf den Kampf konzentrieren kann. Nestor ergreift sie und die beiden stürmen auf Hektor zu. Diomedes schleudert seine Lanze, verfehlt Hektor aber und trifft dessen Wagenlenker, der tot vom Streitwagen fällt. Hektor lässt ihn liegen und sucht rasch einen neuen Lenker. Als er sieht, dass die Dinge nicht ganz nach Hektors Wunsch gehen, greift Zeus ein. Ein gleißend weißer Blitz fährt direkt vor Diomedes' Wagen in den Boden, dass seine Pferde sich entsetzt aufbäumen. Nestor verliert die Zügel und begreift sofort, dass sie es nicht nur mit sterblichen Gegnern zu tun haben. Er drängt Diomedes zum Rückzug:

Tydeus' Sohn, auf, wende zur Flucht die stampfenden Rosse!
Oder erkennest du nicht, daß Zeus nicht Sieg dir gewähret?
Jetzo zwar wird jener von Zeus Kronion verherrlicht,
Heut, doch künftig werden wir selbst auch, wenn's ihm gelüstet,
Wieder geehrt! Darf keiner doch Zeus' Ratschlüsse verhindern,
Nicht der Gewaltigste selbst; denn er ist mächtig vor allen!
[8:139–144]

NESTOR

Der König von Pylos und Vater von Antilochos und Thrasymedes steht Agamemnon als alter, erfahrener Berater zur Seite. Trotz seines Alters nimmt er noch aktiv an der Schlacht teil. Sein Ruhm veranlasst die jungen Krieger, ihm geduldig zuzuhören, auch wenn sie seinen Rat nicht immer befolgen. Nestor ist der älteste griechische Feldherr und führt 90 Schiffe nach Troja.

Doch Diomedes ist nicht davon abzubringen, obwohl er weiß, dass Nestor Recht hat. Er kann den Gedanken nicht ertragen, dass Hektor ihn verhöhnen wird:

Wahrlich, o Greis, du hast wohlziemende Worte geredet;
Aber ein heftiger Schmerz durchdringt mir die Tiefe des Herzens!
Hektor sagt nun hinfort in des troischen Volkes Versammlung:
Tydeus' Sohn ist vor mir hinabgeflohn zu den Schiffen!
Also trotzt er hinfort; dann reiße sich weit mir die Erd auf!
[8:146–150]

Nestor, der deshalb alt und weise geworden ist, weil er im rechten Moment zurückstecken kann, kämpft mit den Zügeln und versucht zugleich, Diomedes zum Umkehren zu bewegen. Soll Hektor doch prahlen, sagt er – selbst die Trojaner halten Diomedes nicht für einen Feigling, am allerwenigsten die Witwen und Waisen derer, die er getötet hat. Schließlich gelingt es Nestor, Gespann und Streitwagen zu wenden; er fährt auf die griechischen Reihen zu und duckt sich vor dem Hagel trojanischer Speere. Hinter ihnen her stürmt Hektor mit Triumphgeschrei und lauthals höhnend, genau wie Diomedes fürchtete:

Tydeus' Sohn, dich ehrten die reisigen Helden Achaias
Hoch an Sitz und an Fleisch und vollgegossenen Bechern.
Künftig verachten sie dich; wie ein Weib erscheinest du jetzo!
[8:161–163]

Diomedes steckt in einem Dilemma: Soll er Hektor entgegentreten oder Nestors Rat folgen und sein Leben schonen? Dreimal wendet er sich um, doch jedes Mal schickt Zeus einen glühenden Blitz zur Erde, der ihm den Weg abschneidet. Hektor begreift, dass Zeus die Trojaner begünstigt, und weiß genau, dass er den Augenblick nutzen muss. Jauchzend vor Freude sammelt er seine Truppen:

Troer, und Lykier ihr, und Dardaner, Kämpfer der Nähe,
Seid nun Männer, o Freund', und gedenkt des stürmenden Mutes!
Denn ich erkenne, wir mir voll Huld zuwinkte Kronion
Sieg und erhabenen Ruhm, doch Schmach den Achaiern und Unheil.
[8:173–176]

Hektor ist völlig besessen, nichts kann ihn jetzt mehr aufhalten. Den armseligen Graben der Griechen wird er überrennen und ihre Schiffe in Brand setzen. Er setzt Nestor und Diomedes nach, wild entschlossen, ihre Rüstungen zu erbeuten und sie zu beschämen.

Hera auf Gegenkurs

Auf dem Olymp fährt Hera, außer sich vor Wut, den unglücklichen Meeresgott Poseidon an, Zeus' Bruder. Hat er kein Mitleid mit den sterbenden Griechen? Mit denen, die ihm ganze Schiffe voll Geschenke bringen und in jedem Hafen opfern? Wo bleibt seine Dankbarkeit? Sie drängt die anderen Götter, ihr zu helfen: Wenn sie alle zusammenhalten, können sie sich Zeus widersetzen, denn schließlich ist auch er nur ein Gott:

Denn wenn wir nur wollten, der Danaer sämtliche Helfer,
Trojas Volk wegdrängen und Zeus dem Donnerer steuern
Traun bald säß er daselbst sich einsam härmend auf Ida!
[8:205–207]

Poseidon ist entsetzt. Er hat nicht die Absicht, es sich mit Zeus zu verderben, und die übrigen Götter denken genauso, denn Zeus ist einfach zu stark. In ohnmächtiger Wut sinnt Hera auf andere Strategien. Auf dem Schlachtfeld haben Hektor und seine Männer die Griechen nun zurückgedrängt. Hektor ist kurz davor, die griechischen Schiffe in Brand zu setzen, als Hera Agamemnon neuen Mut einflößt. Mit wallendem Scharlachmantel eilt der König zu den Schiffen, klettert auf das des Odysseus und stellt sich hoch oben ans Heck, wo alle ihn sehen können. Er versucht, seine Truppen aus der Reserve zu locken, indem er sie verhöhnt, sie seien nur Maulhelden und fürchteten sich vor einem einzelnen Mann:

Schande doch, Argos' Volk, ihr Verworfenen, trefflich an Bildung!
Wo ist jetzo der Ruhm, da wir uns Tapfere priesen,
Was ihr vordem in Lemnos mit nichtiger Rede geprahlet,
Schmausend das viele Fleisch der hochgehörneten Rinder
Und ausleerend die Krüge, zum Rand mit Weine gefüllet?
Gegen hundert der Troer, ja selbst zweihundert, vermaß sich
Jeder im Kampfe zu stehn! Nicht einem auch gelten wir jetzo,
Hektor, der bald die Schiffe verbrennt in loderndem Feuer!
[8:228–235]

Agamemnon weint und betet laut zu Zeus. Er erinnert ihn an alle Opfer, die er an den vielen Tempeln des Gottes dargebracht hat. Er bittet nicht um den Sieg, sondern nur darum, dass seine Männer ehrenhaft mit dem Leben davonkommen. Zeus hört zu und hat Mitleid. Er fasst einen Entschluss: Er verschont die Griechen vor der völligen Vernichtung und hält doch sein Versprechen an Thetis. Stolz auf seine clevere Idee sendet

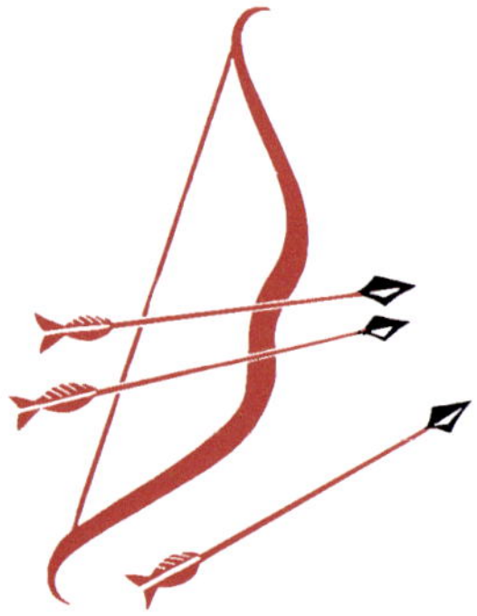

TEUKROS

Der Meister-Bogenschütze ist der uneheliche Sohn des Telamon und der Hesione, einer Tochter des Laomedon und Schwester des trojanischen Königs. Teukros steht deshalb zwischen den Fronten, kämpft aber für die Griechen zusammen mit seinem Halbbruder Ajax im Schutz von dessen Schild.

er zum Zeichen, dass er die Griechen erhört, einen Adler mit einem Rehkitz in den Fängen.

Der Kampf entbrennt von neuem

Zeus' Zeichen entfacht sofort den Kampfgeist der Griechen. Sie sammeln sich und werfen sich den Trojanern entgegen, allen voran Diomedes, der als erster trojanisches Blut vergießt. Erbarmungslos dringt er in die feindlichen Linien vor, tötet Agelaos, als dieser gerade seinen Wagen wenden und fliehen will. Während Diomedes eine Schneise ins feindliche Heer bahnt, folgen ihm Agamemnon, Menelaos, Idomeneus und beide Ajax; verdeckt vom Schild des Großen Ajax, schießt Teukros zielsicher Pfeile auf die Feinde ab und dezimiert deren Reihen. Von den tapfersten Trojanern fallen viele, einer nach dem anderen, durch Teukros' tödliche Geschosse. Sein eigentliches Ziel ist Hektor, doch immer wieder verfehlt er ihn, weil der Gott der Bogenschützen, Apollon, seine Pfeile ablenkt. Als einer davon Hektors Wagenlenker tötet, springt der Trojaner ab, ergreift einen Felsbrocken und schleudert ihn nach Teukros, bevor dieser den nächsten Pfeil einlegen kann, und zerschmettert ihm die rechte Schulter. Sogleich schützt Ajax den Verwundeten mit seinem Schild und hilft ihm, fort vom Getümmel zu den sicheren Schiffen zu fliehen.

Zeus hat zwar zugesagt, die Griechen vor der Vernichtung zu verschonen, doch die Trojaner sollen dennoch zu den Schiffen gelangen. Von Zeus angetrieben, führt Hektor den Angriff und treibt die Griechen erneut hinter ihre Verteidigungsanlagen zurück. Nachzügler werden gnadenlos niedergemetzelt. Hektor fährt bis zum Rand des Grabens und stößt angesichts der fliehenden Feinde Triumphgeschrei aus.

Hera und Athene

Auf dem Olymp wird Hera erneut von Wut und Mitleid ergriffen, als sie Hektor unter ihren Schützlingen wüten sieht. Sie bittet Athene um Hilfe:

Weh mir, o Tochter Zeus' des Donnerers, wollen wir noch nicht
Retten das sterbende Volk der Danaer, auch nur zuletzt noch,
Welche, das böse Geschick nunmehr vollendend, verschwinden
Unter des einen Gewalt? Da wütet er ganz unerträglich,
Hektor, Priamos' Sohn, und viel schon tat er des Frevels!
[8:352–356]

Auch Athene ist wütend, aber nicht nur aus Mitgefühl für die Griechen. Sie ist gekränkt, weil ihr Vater sich gegen sie wendet, und glühend eifersüchtig auf Thetis, die ihm das Versprechen abgeschmeichelt hat. Erbost zählt Athene all die Male auf, die sie Zeus geholfen hat, vor allem, wenn es um seinen Sohn, den Unglücksraben Herakles ging. Und nun soll sie zurückstecken, nur weil Zeus sich von einer dummen kleinen Nymphe betören ließ? Wenn sie und Hera in voller Rüstung vor ihm stünden, würde er sich bestimmt anders besinnen. Die beiden Göttinnen legen ihren Harnisch an, besteigen Heras Streitwagen und fahren auf die Tore des Olymps zu.

Zeus hat jedoch vom Berg Ida aus alles mitbekommen. Wutentbrannt ruft er seine Botin Iris und befiehlt ihr, die aufsässigen Göttinnen zur Raison zu bringen und ihnen seine Rache anzudrohen. In allen Einzelheiten soll Iris darlegen, was ihnen geschieht, falls sie uneinsichtig sind. Für Athene hat er eine besondere Botschaft:

Lähmen werd ich jenen die hurtigen Ross' an dem Wagen,
Stürzen sie selbst vom Sessel herab und den Wagen zerschmettern!
Nicht auch einmal in zehn umrollender Jahre Vollendung

IRIS

So wie ihr Wahrzeichen, der Regenbogen, scheinbar Himmel und Erde verbindet, dient Iris Göttervater Zeus als Botin. Sie vermittelt Botschaften zwischen Ida und Olymp und dem Schlachtfeld, wo sie oft in Gestalt Sterblicher in Erscheinung tritt.

Würden die Wunden geheilt, womit mein Strahl sie gezeichnet,
Daß mir erkenn' Athene den schrecklichen Kampf mit dem Vater!
[8:402–406]

Iris erreicht die beiden, bevor sie den Olymp verlassen, und übermittelt Zeus' Botschaft. Hera gibt sofort nach und will umkehren, anstatt sich wegen bloßer Sterblicher mit Zeus anzulegen. Soll Zeus doch über das Schicksal von Griechen und Trojanern entscheiden:

Duld ich es, daß wir Zeus um sterbliche Menschen bekämpfen!
Mag ein anderer sinken in Staub, und ein anderer leben,
Welchen es trifft! Doch jener, nach eigenem Rate beschließend,
Richte den Streit der Troer und Danaer, wie es ihm ansteht!
[8:428–431]

Sie wenden das Gefährt und kehren kleinlaut zum Olymp zurück. Und das ist ihr Glück, denn sobald er Iris entsandt hat, springt Zeus auf seinen Wagen und galoppiert selbst zurück zum Olymp. Die Erde bebt, als er in die Halle schreitet und sich auf den Thron wirft. Hera und Athene sitzen abseits und schweigen trotzig, aber Zeus beginnt, sie zu verhöhnen. Er hoffe, sie seien nicht allzu erschöpft von all dem heroischen Niedermetzeln der Trojaner. Aber schließlich hätten sie sich ja gar nicht auf das Schlachtfeld hinausgetraut, nicht wahr? Die Göttinnen kochen vor Wut. Athene ist klug genug, ihren Unmut nicht offen zu zeigen, doch Hera kann ihren Mund nicht halten. Ihre Wut ist keineswegs verraucht, und noch immer will sie den Griechen beistehen, aber Zeus lacht sie aus: Wenn sie wolle, könne sie ihr Glück am folgenden Tag versuchen und den Griechen gute Ratschläge geben, während er sie abschlachte. Er will, dass Hektor so lange triumphiert, bis Achill sich entschließt, wieder in die Schlacht zurückzukehren.

Denn nicht ruhn soll eher vom Streit der gewaltige Hektor,
Eh sich erhebt bei den Schiffen der mutige Renner Achilleus,
Jenes Tags, wann dort sie zusammengedrängt um die Steuer
Kämpfen in schrecklicher Eng', um den hingesunknen Patroklos.
Also sprach das Verhängnis! (...)
[8:473–477]

Hera mag vor Wut schäumen, doch es nützt ihr nichts, denn Zeus' Wort gilt. Die Herrin des Olymps sitzt still da und traut sich nicht zu antworten. Inzwischen geht die Sonne unter, und auf dem Schlachtfeld ärgern sich die Trojaner, denn sie hätten ihren

Triumph gern vollkommen gemacht. Die Griechen jedoch sind froh über die herannahende Nacht.

Hektor sammelt seine Truppen

Hektor zieht seine Männer zurück und versammelt sie am Fluss. Sie steigen von ihren Wagen und scharen sich um ihn. Auf seine Lanze gelehnt, gibt er Anweisungen, erklärt die Taktik für den nächsten Tag und ruft Zeus um Hilfe an. Er hat gehofft, die Griechen noch vor Anbruch der Nacht zu vernichten und siegreich nach Troja zurückzukehren, doch nun sind die Feinde in der Dunkelheit sicher. Die Trojaner sollen essen, sich ausruhen und die Pferde füttern. Es sollen jedoch Wachfeuer entzündet werden, damit man sehen kann, falls die Griechen im Schutz der Dunkelheit Reißaus nehmen wollen. Hektor will, dass jeder einzelne Grieche als Warnung eine Narbe mit nach Hause nimmt, damit andere gar nicht erst in Versuchung kommen, die Stadt nochmals anzugreifen:

Nein daß mancher von jenen daheim die Wunde des Pfeiles
Oder des scharfen Speers sich lindere, welche den Flüchtling,
Springend ins Schiff, noch ereilte, damit auch andre sich scheuen,
Gegen die reisigen Troer das Weh des Krieges zu tragen.
[8:513–516]

Auch die Stadt selbst muss verteidigt werden. Hektor befiehlt allen alten Männern und Knaben, einen Ring von Zelten um die Stadtmauern zu errichten und Feuer zu entfachen. Die Frauen sollen in den Herdstellen Feuer machen, die Nachtwachen besonders auf der Hut sein. Bei Tagesanbruch soll die Schlacht weitergehen. Er selbst hat vor, sich mit Diomedes zu messen, und stellt sich vor, wie dessen Blut den Erdboden rötet wie die aufgehende Sonne den Himmel. Voller Begeisterung bejubeln die Trojaner ihren Feldherrn. Die Stimmung im Lager ist gut. Tausend Wachfeuer lodern in der stillen Nachtluft so hell und gleichmäßig wie Sterne. Rings um jedes sitzen fünfzig Krieger, während ihre Pferde abseits Gerste fressen. So warten die Trojaner auf den Tagesanbruch und den Sieg.

9. Gesang

BITTSTELLER BEI ACHILL

Die Verzweiflung der Griechen

DIE SITUATION

Agamemnon ist verzweifelt über die aussichtslose Lage der Griechen. Er fürchtet, Zeus sei gegen ihn. Auf Nestors Rat schickt er Boten zu Achill, da nur er Hektor ebenbürtig ist. Kleinmütig bietet er Achill reiche Belohnung an, doch dieser denkt nicht daran, einzulenken, sondern droht sogar seine Heimfahrt an.

Die Griechen sind längst nicht so gelassen wie ihre Gegner. Im Lager herrschen Angst und Entmutigung. Selbst Agamemnon ist verzweifelt, geht aber dennoch mit seinen Herolden durchs Lager und sammelt seine Soldaten und Feldherren. Alle finden sich ein und sitzen betrübt auf dem Boden. Agamemnon erhebt sich und spricht zu ihnen, mit Tränen in den Augen. Die Schuld an ihrem Misserfolg gibt er Zeus, der ihm Troja versprochen habe, nun aber offenbar wortbrüchig sei. Wie ein reumütiges Echo seiner schlecht gewählten Worte, mit denen er die Loyalität seiner Männer hatte testen wollen, drängt er auch jetzt wieder zur Heimkehr:

Aber wohlan, wie ich rede das Wort, so gehorchet mir alle:
Laßt uns fliehn in den Schiffen zum lieben Lande der Väter;
Nie erobern wir doch die weitdurchwanderte Troja!
[9:26–28]

Lange antwortet niemand, denn alle sind in düstere Gedanken versunken. Schließlich meldet sich der ungestüme Diomedes zu Wort. Im Vertrauen auf die übliche Redefreiheit bei offiziellen Versammlungen greift er Agamemnon offen an. Der König habe ihn einmal einen Feigling genannt, doch er habe seine Tapferkeit wohl inzwischen bewiesen. Jetzt sei er an der Reihe, Agamemnon zu rügen, denn die Götter hätten ihm offenbar nur ihren halben Segen gegeben: Er besitze wohl den Herrscherstab, aber nicht den Mumm, ihn zu schwingen. Wieso glaube Agamemnon, alle seien so kleinmütig wie er?

Dir gab eins nur von beiden der Sohn des verborgenen Kronos:
Nur mit dem Zepter der Macht geehrt zu werden vor allen;
Doch nicht Tapferkeit gab er, die edelste Stärke der Menschen!

Wunderbarer, du glaubtest im Ernst, die Männer Achaias
Wären so gar unkriegrisch und mutlos, wie du geredet?
Doch wenn dir selber das Herz so eifrig drängt nach der Heimkehr,
Wandere! (...)
[9:37–43]

Agamemnon könne ja fliehen, wenn er wolle, denn der Seeweg sei unbewacht. Doch seine Armeen würden bleiben und kämpfen, bis sie Troja erobert hätten. Doch auch wenn sie flöhen, werde Diomedes selbst bis zum bitteren Ende kämpfen. Hat Agamemnon etwa vergessen, dass die Götter sie auf diesen Feldzug schickten?

Die Truppen jubeln. Nestor jedoch wittert Meuterei und erhebt sich rasch, um die Wogen zu glätten. Er lobt Diomedes' aufrechte, tapfere Rede. Bei aller Jugend sei er so weise, dass ihm jeder beipflichten müsse. Schmähungen brächten sie allerdings nicht weiter. Da er älter und deshalb weiser als Diomedes sei, schlage er vor, die Nacht und die vorläufige Waffenruhe zu nutzen, um sich neu zu formieren. Die Soldaten sollten essen und schlafen, und für die Heerführer solle Agamemnon ein Festmahl geben. Das sei das Mindeste, was er tun könne. Danach solle jeder seine Meinung äußern und sie würden das weitere Vorgehen entscheiden. Der Feind sei ihren Zelten bereits gefährlich nahe, es sei höchste Zeit zu handeln. Erleichtert, endlich eine Aufgabe zu haben, tun die Soldaten, was Nestor ihnen gesagt hat. Wachfeuer werden entzündet und über 700 Wachposten aufgestellt.

Agamemnons Festmahl

In seinen Zelten lässt Agamemnon ein Festmahl ausrichten. An Nahrung und Wein mangelt es den Griechen nicht, denn täglich kommen Schiffe aus Thrakien mit Nachschub. Nachdem die Heerführer gegessen und getrunken haben, hält Nestor eine Rede. Er schmeichelt zwar Agamemnon, stellt jedoch klar, es sei des Königs Pflicht, den bestmöglichen Rat zu befolgen – seinen eigenen nämlich. Er nimmt kein Blatt vor den Mund: Alles gehe schief, seit Agamemnon gegen seinen weisen Rat Achill so erzürnte, dass er sich zurückzog. Es sei nie sinnvoll, diejenigen gegen sich aufzubringen, die von den Göttern besonders geliebt werden, aber selbst jetzt sei es vielleicht nicht zu spät, den Schaden zu begrenzen und Achill zurückzuholen:

AGAMEMNONS GESCHENKE

Um Achill zum Kampf zu bewegen, verspricht Agamemnon ihm folgende Geschenke:

- sieben Dreifüße (allseits hoch geschätzte Kostbarkeiten von ritueller Bedeutung, oft als Trophäen verliehen)
- zehn Talente Gold
- zwanzig polierte Becken
- ein Dutzend preisgekrönte Hengste
- sieben schöne Frauen aus Lesbos
- die Sklavin Briseis, die Agamemnon Achill weggenommen hatte, und den feierlichen Eid, dass er sie nicht berührt habe
- so viel Beute aus Troja wie Achills Schiffe fassen
- zwanzig der schönsten trojanischen Frauen
- eine von Agamemnons drei schönen Töchtern als Braut sowie sieben „wohlbevölkerte Städte" als Aussteuer

Aber ich selbst will sagen, wie mir's am heilsamsten dünket.
Denn kein anderer mag wohl besseren Rat noch ersinnen,
Als mein Herz ihn bewahrt, nicht vormals oder anjetzt auch,
Seit dem Tag, da du, Liebling des Zeus, die schöne Briseïs
Aus dem Gezelt entführtest dem zürnenden Peleionen,*
Nicht nach unserem Sinne fürwahr; denn ich habe mit großem
Ernste dich abgemahnt. Doch du, hochherziges Geistes,
Hast den tapfersten Mann, den selbst die Unsterblichen ehrten,
Schmählich entehrt; denn du nahmst sein Geschenk ihm. (...)
[9:103–111]

**Peleus' Sohn, also Achill*

Agamemnon ist zutiefst zerknirscht: Nestor habe völlig Recht, und er müsse verrückt gewesen sein, den Einzigen fortzujagen, der die Griechen retten könne:

Greis, nicht unwahr hast du mir meine Fehle gerüget.
Ja ich fehlt, und leugn es auch nicht!
[9:115–116]

So eifrig, wie er zuvor den großen Krieger betrügen und beschämen wollte, ist Agamemnon nun bereit, nicht nur Briseis zurückzugeben (und zu schwören, dass er sie nicht berührt habe), sondern Achill mit kostbaren Geschenken, Pferden, Frauen und Land umzustimmen. Doch selbst jetzt prahlt er noch mit seiner Freigiebigkeit. Niemand könne ihn der Knauserei bezichtigen, denn er wolle Achill mit Schätzen überschütten, wenn er zurückkehre und den bedrängten Griechen beistünde, anstatt erbarmungsloser als selbst die Götter in seinem Trotz zu verharren. Sein eigenes Licht mag Agamemnon auch nicht unter den Scheffel stellen: Achill soll ihn als König anerkennen:

Dieses vollend ich jenem, sobald er sich wendet vom Zorne.
Zähm er sich! Aïdes ist unbiegsam und unversöhnlich,
Aber den Sterblichen auch der verhaßteste unter den Göttern.
Mir nachstehn doch sollt er, so weit ich höher an Macht bin
Und so weit ich älter an Lebensjahren mich rühme.
[9:157–161]

Während Agamemnon von seiner eigenen Hochherzigkeit und Großzügigkeit noch ganz berauscht ist, ergreift Nestor die Gelegenheit: Boten sollen sofort losgeschickt werden, um Achill Agamemnons Angebot zu unterbreiten und ihn zur Rückkehr zu überreden. Als Botschafter schlägt Nestor drei Männer vor: Odysseus (der jeden zu allem überreden kann), den großen Ajax (der nach Achill der größte Krieger der Griechen ist) und Phoinix (ein alter Soldat, der Achill erzogen und in der Kriegskunst ausgebildet hat). Bevor Agamemnon seine hochfahrenden Versprechen bereuen kann, ruft Nestor schon nach Wein und Wasser, Zeus wird angerufen und die Gesandtschaft losgeschickt, Phoinix voran. Zwei Herolde weisen ihnen den Weg.

Achill sitzt ohne Rüstung bei seinen Schiffen und sinnt verbittert über Agamemnons unverschämtes Verhalten nach.

Die Gesandten bei Achill

Die letzten Ratschläge Nestors noch im Ohr, machen sich Odysseus und Ajax auf den Weg am Strand entlang, während die Wellen ans Ufer schlagen. Jeder bittet Zeus, Achills Herz zu erweichen. In Achills Zelt geht es ruhig und friedlich zu, ganz im Gegensatz zum Staub und Blutvergießen auf dem Schlachtfeld. Achill sitzt da, spielt die Lyra und singt von Helden und ihren uralten Ruhmestaten. Neben ihm sitzt Patroklos und lauscht verzückt. Als Odysseus und Ajax das Zelt betreten, springt Achill freudig überrascht auf und heißt sie herzlich willkommen. Er schickt Patroklos, mehr Wein zu besorgen, schneidet und brät Fleisch, holt Brot und setzt ihnen ein Festmahl vor. Bevor sie erklären können, warum sie gekommen sind, müssen Odysseus, Ajax und Phoinix zum zweiten Mal an diesem Abend essen. Anschließend nickt Ajax Phoinix zu, er solle beginnen, aber Odysseus ist schneller. Er füllt sich Wein nach und trinkt auf Achills Wohl. Dann kommt er zur Sache.

Unverblümt erklärt er Achill, wie die Lage der griechischen Armee aussieht. Die Trojaner haben sie zu ihren Schiffen zurückgetrieben und ringsum eigene Lager errichtet. Im Morgengrauen werden sie angreifen. Zudem stehe Zeus offenbar auf Seiten der Trojaner, so dass Hektor sich für unbesiegbar halte. Er habe vor, die Schiffe der Griechen anzuzünden und sie selbst bis zum letzten Mann niederzumetzeln. Er fürchte, sagt Odysseus, Zeus werde dafür sorgen, dass es so komme. Von Mann zu Mann beschwört er Achill, seine Rüstung anzulegen und mitzukommen. Noch sei Zeit, doch bald werde es zu spät sein. Er wolle doch seine Waffenbrüder nicht im Stich lassen?

ODYSSEUS

Der Sohn des Laertes und König von Ithaka versucht zunächst, nicht in den Trojanischen Krieg verwickelt zu werden, ist aber schließlich durch den Eid gebunden, den er Helenas Vater gab. Odysseus ist der gewiefteste Stratege der Griechen und offenbar bei den Soldaten sehr beliebt. Er scheut sich nicht, selbst Agamemnon zu widersprechen. Er ist zwar nicht ausnehmend stark, aber ein guter Krieger und vor allem geschickt in geheimen Missionen. Er rät den Griechen später zum Bau des Trojanischen Pferdes und führt die darin versteckten Krieger an.

Aber wohlauf, wenn das Herz dir gebeut, die Männer Achaias
Jetzt, auch spät, zu befrein aus der drängenden Troer Getümmel!
Siehe, dich selbst hinfort bekümmert es, aber umsonst ja
Sucht man geschehenem Übel noch Besserung; lieber zuvor nun
Sinn umher, wie du wendest den schrecklichen Tag der Achaier.
[9:247–251]

Ohne Achills Reaktion auf diesen schlichten, von Herzen kommenden Appell abzuwarten, bringt Odysseus dessen Vater Peleus ins Spiel. Achill erinnere sich doch sicher, wie ihn sein Vater bei seiner Abreise mit Agamemnons Heer anflehte, seinen rasenden Stolz unter Kontrolle zu behalten:

Ach mein Freund, wie sehr ermahnte dich Peleus der Vater
Jenes Tags, da aus Phthia zu Atreus' Sohn er dich sandte:
Lieber Sohn, Siegsstärke wird dir Athenäa und Here
Geben, wenn's ihnen gefällt, nur bändige du dein erhabnes,
Stolzes Herz in der Brust; denn freundlicher Sinn ist besser.
Meide den bösen Zank, den verderblichen, daß dich noch höher
Ehre das Volk der Argeier, die Jünglinge sowie die Greise.
[9:252–258]

Odysseus fleht Achill an, nachzugeben und von seinem Groll abzulassen. Er erzählt ihm von den Reichtümern, die Agamemnon ihm vor dem versammelten Heer versprochen hat; selbst Briseis werde er zurückgeben und beeiden, dass er sie nicht berührt habe. Dann setzt Odysseus einen seiner psychologischen Tricks ein: Er wolle offen zu Achill sein, denn sie seien schließlich Waffenbrüder. Agamemnons protzige Großmut widere Achill vielleicht an, so dass er den König umso mehr verachte. Immerhin klinge es ja so, als sei Achill käuflich! Aber er solle doch einmal an seine Kameraden denken, oder wenigstens an die Ehre und den ewigen Ruhm, wenn er Hektor erschlüge.

Achill hört sich dieses Kabinettstück psychologischer Manipulation schweigend an und erklärt dann, er wolle offen seine Meinung sagen, denn er verabscheue Menschen, die etwas anderes sagen, als sie in Wirklichkeit denken. Was er ihnen mitzuteilen habe, werde sie, so hoffe er jedenfalls, ein für alle Mal davon abhalten, ihn weiter zu belästigen. Weder Agamemnon noch irgendein anderer in seinem Auftrag werde ihn je überreden. Schließlich hatte der König auch keinerlei Interesse gezeigt, als er sich durch die Reihen der Gegner kämpfte, um Agamemnon Beute zu holen, während dieser fernab der Gefahr auf seinem Schiff herumlungerte! Schon auf der Fahrt nach Troja habe er, Achill, bei der Plünderung von zwölf Städten Kopf und Kragen riskiert, nur um hinterher festzustellen, dass der König die Beute gleichmäßig auf alle verteilte, Feigling

Odysseus und der große Ajax gehen zu Achill und versuchen vergeblich, ihn zur Rückkehr zu überreden. Obwohl sie alte Freunde sind und Odysseus überaus redegewandt ist, gelingt es ihnen nicht, Achill umzustimmen. Starrsinnig lehnt er Agamemnons flehentliche Bitte ab.

oder Held, jedoch demjenigen, der alles erbeutet hatte, nur den geringsten Teil gab! Der einzig sichere Lohn für all die Mühe sei der Tod:

Weder des Atreus Sohn Agamemnon soll mich bereden
Noch die andern Achaier, dieweil ja nimmer ein Dank war,
Stets unverdrossenen Kampf mit feindlichen Männern zu kämpfen!
Gleich ist des Bleibenden Los und sein, der mit Eifer gestritten;
Gleicher Ehre genießt der feig' und der tapfere Krieger;
[9:315–319]

Wieder und wieder kommt Achill auf Briseis zu sprechen. Frechweg hatte Agamemnon sie sich genommen und Achill damit vor aller Augen gedemütigt. Achill liebe Briseis genauso wie Menelaos Helena, doch während sie alle in den Krieg gezogen seien, weil Paris Helena entführt habe, komme niemand auf die Idee, Agamemnon wegen Briseis' Raub anzugreifen:

(…) Ein jeglicher Mann, der edel und weis ist,
Liebt und pflegt die Seine mit Zärtlichkeit, so wie ich jene
Auch von Herzen geliebt, wiewohl mein Speer sie erbeutet.
Nun er mir aus den Händen den Siegslohn raubte mit Arglist,
Nie versuch er hinfort mich Kundigen! Nimmer ihm trau ich!
[9:341–345]

Agamemnon solle sich eine andere Lösung für seine missliche Lage ausdenken. Schließlich habe er bereits Graben und Palisaden gebaut, obwohl Achill Hektor nicht in Schach hielt. Hätte Achill mitgekämpft, hätte Hektor nie und nimmer gewagt, dem griechischen Lager so nahe zu kommen; doch er kämpfe nicht und habe auch kein Verlangen mehr, Hektor zu töten. Er werde überhaupt nicht mehr kämpfen, sondern bei Tagesanbruch nach Hause fahren, und jeder, der Zeit und Lust dazu habe, könne ihm bei der Abfahrt zusehen. Er werde seine restliche Beute einladen und nach Phthia heimkehren. Odysseus möge diese Botschaft Agamemnon überbringen und so laut verkünden, dass sie jeder hören könne, damit sich keiner mehr vom unverschämten König einwickeln lasse:

(...) Das alles verkünd' ihm, so wie ich sage,
Öffentlich, daß auch die andern im Volk der Achaier ergrimmen,
Wenn er vielleicht noch einen der Danaer hofft zu betrügen,
Jener in Unverschämtheit Gehüllete! Schwerlich indes mir
Wagt er hinfort, auch frech wie ein Hund, ins Antlitz zu schauen;
Nimmer ihm werd ich zu Rat mich vereinigen, nimmer zu Taten!
Einmal betrog er mich nun und frevelte, nimmer hinfort wohl
Täuscht sein tückisches Wort; er begnüge sich! sondern geruhig
Wandr er dahin; denn ihm raubte der waltende Zeus die Besinnung.
[9:369–377]

Das ist noch nicht alles: Achill höhnt über die Geschenke, die der König ihm anbietet: Mit keinen Kostbarkeiten, Pferden oder schönen Frauen der Welt könne der König seinen Fehler wieder gutmachen, selbst wenn er Geschenke wie Sand am Meer böte. Er werde keine von Agamemnons Töchtern heiraten, selbst wenn sie schön wie Aphrodite und klug wie Athene wären. Er wolle sich mit einer Braut aus seiner Heimat niederlassen und ein ruhiges Leben führen. Mit seinem Reichtum wolle Agamemnon nur Achills Leben erkaufen. Das aber stehe nicht mehr zum Verkauf, und er werde auch keine armseligen Beutezüge für armselige Könige mehr ausführen. Dann erzählt Achill von der Prophezeiung seiner Mutter Thetis: Wenn er bleibe und kämpfe, werde er sterben, aber ewigen Ruhm erlangen; fahre er heim, werde er ein zufriedenes, aber unbesungenes Leben führen. Agamemnons Verhalten habe ihn dazu bewogen, sich für das ruhige Leben zu entscheiden:

Meine göttliche Mutter, die silberfüßige Thetis,
Sagt, mich führe zum Tod ein zweifach endendes Schicksal.
Wenn ich allhier verharrend die Stadt der Troer umkämpfe,
Hin sei die Heimkehr dann; doch blühe mir ewiger Nachruhm.
Aber wenn heim ich kehre zum lieben Lande der Väter,
Dann sei verwelkt mein Ruhm, doch weithin reiche des Lebens
Dauer, und nicht frühzeitig ans Ziel des Todes gelang ich.
[9:410–416]

Er rät ihnen allen, ebenfalls abzufahren, denn Troja werde niemals fallen, solange Zeus ihm beistehe. Ihre Mission sei gescheitert: Die griechischen Feldherrn müssten sich etwas anderes ausdenken. Achill lädt Phoinix ein, über Nacht zu bleiben und am Morgen mit ihm heimzufahren.

Auch Phoinix scheitert

Achills Rede ist lang und erschüttert seine Gäste. Phoinix, der brave alte Soldat, ist so verstört, dass er in Tränen ausbricht aus Angst davor, was den Griechen ohne Achill bevorsteht. Er steckt in der Zwickmühle: Schließlich war er Achills Mentor und Lehrer von dessen Kindheit an. Falls Achill entschlossen ist, heimzukehren, anstatt die Griechen zu retten, dann muss er mit ihm ziehen:

Hast du die Heimkehr denn im Geiste dir, edler Achilleus,
Vorgesetzt und entsagst du durchaus, vom vertilgenden Feuer
Unsere Schiffe zu retten, da Zorn dein Herz dir erfüllet;
O wie könnt ich von dir, mein Sohn, verlassen noch weilen,
Einsam? (...)
[9:434–438]

Phoinix versucht, Achill umzustimmen: Er erinnert ihn an ihr gemeinsames Leben von dessen frühester Kindheit an, als er wie ein Sohn auf Phoinix' Schoß saß. Phoinix fleht ihn an, nachzugeben. Hätte Agamemnon nicht all die Geschenke angeboten, wäre Phoinix der Erste, ihn zu tadeln, aber so habe er ja sogar seine Freunde gesandt, um ihn zu überzeugen. Phoinix glaubt, dass Agamemnon sein schändliches Verhalten ehrlich bereue, und erinnert Achill an die lehrreiche Geschichte Meleagers, der durch Sturheit und unverbesserlichen Stolz ins Verderben stürzte. Die Schiffe zu retten, wenn sie schon in Flammen stünden, sei weit schwieriger, deshalb solle Achill jetzt kämpfen, wenn er Geschenke dafür bekomme und die Griechen ihn wie einen Gott ehren. Zögere er zu lange, erwarte ihn weder Ehre noch Belohnung. Der Gedanke, sein Schützling könne es so weit kommen lassen, behagt Phoinix gar nicht:

(...) Nein, für Geschenke
Komm; dann ehren dich rings, wie einen Gott, die Achaier.
Doch wenn sonder Geschenk in die mordende Schlacht du hineingehst;
Nicht mehr gleich wird Ehre dir sein, wie mächtige du obsiegst.
[9:602–605]

PHOINIX

Achills Mentor und Gefährte wurde von Peleus nach Troja gesandt. Als Jüngling lief Phoinix nach einem Zerwürfnis mit seinem Vater Amyntor von zu Hause in Hellas fort. Auf Bitten seiner Mutter schlief er nämlich mit Amyntors junger Geliebter, damit sie den Alten abwies, doch sein Vater erfuhr davon und verfluchte ihn, er solle niemals eigene Kinder zeugen. So lief Phoinix fort und wurde in Phthia von König Peleus als Statthalter eingesetzt; ihm wurde auch die Erziehung für den kleinen Achill anvertraut, der ihm wie ein Sohn war.

Trotz der peinlichen Anspielungen auf seine Kindheit bleibt Achill seinem alten Mentor gegenüber höflich, aber doch fest: Was nütze es ihm, von den Truppen geehrt zu werden? Zeus' Beschluss sei ihm Ehre genug. Unwillig warnt er Phoinix davor, ihm weiterhin mit Agamemnons Belangen in den Ohren zu liegen, sonst komme es noch dazu, dass er seinen alten Freund hasse. Achill will, dass Phoinix bei ihm bleibt, und fordert ihn erneut auf, die Nacht bei ihm im Zelt zu verbringen; am Morgen könnten sie dann entscheiden, ob sie heimkehren oder nicht.

DER KALYDONISCHE EBER

Um Achill zur Rückkehr zu bewegen, erzählt Phoinix die Geschichte Meleagers, Sohn von König Oineus von Kalydon und der Althaia. Als Oineus der Artemis nicht ausreichend opferte, sandte sie einen wilden Eber, der sein Land verwüstete. Meleager rief die griechischen Helden zu Hilfe. Die Jägerin Atalante verwundet den Eber als erste, doch Meleager tötet das Ungeheuer. Es bricht Streit aus …

Der letzte Versuch

Ajax und Odysseus wollen gehen. Ajax hat bisher nichts gesagt, doch jetzt spielt er ihren letzten Trumpf aus. Völlig sachlich erklärt er, es habe ja keinen Sinn mehr zu bleiben, da Achill sich nicht umstimmen lasse. Es sei besser, zurückzukehren, um den anderen die schlechte Nachricht mitzuteilen und sich mit den übrigen Feldherren eine andere Strategie auszudenken.

Edler Laertiad, erfindungsreicher Odysseus,
Laß uns gehn, denn schwerlich, so scheint's, wird jetzo der Endzweck
Unseres Weges erreicht; zu verkündigen aber in Eile
Ziemt's das Wort den Achaiern, wiewohl es wenig erfreuet;
[9:624–627]

Achill beschuldigt er rundweg, seine Kameraden im Stich zu lassen. Er sei ein kalter, rücksichtloser Mann, dessen Herz von unbändigem Stolz und Zorn verhärtet sei, und alles nur wegen einer Frau. Von ihrer Art könne man ihm sieben und mehr anbieten. Ein letztes Mal appelliert Ajax im Namen der gesamten griechischen Armee an ihn.

Doch Achill bleibt hart. Er vergebe Agamemnon nicht, dass er ihn wie einen dahergelaufenen Bettler behandelt und vor aller Augen gedemütigt habe. Eine Hoffnung gebe es noch: Sollte Hektor bis zum Lager der Myrmidonen vorrücken, werde Achill kämpfen.

Denn nicht eher gedenk' ich des Kampfs und der Männerermordung,
Ehe des waltenden Priamos Sohn, der göttliche Hektor,
Schon die Gezelt' und Schiffe der Myrmidonen erreicht hat,
Argos' Volk hinmordend und Glut in den Schiffen entflammet.

Doch wird, hoff' ich, bei meinem Gezelt und dunkelen Schiffe
Hektor, wie eifrig er ist, sich wohl enthalten des Kampfes.
[9:650–655]

Damit müssen die Boten sich zufrieden geben, ihre Mission ist beendet. Phoinix bleibt bei Achill, doch Odysseus und Ajax bringen Zeus ein Trankopfer dar und machen sich schweren Herzens auf den Rückweg zum Lager der Griechen.

Als Agamemnon und die übrigen Feldherren sie hören, springen sie auf und drängen sich um sie, drücken ihnen Weinbecher in die Hand und fragen sie begierig nach dem Ergebnis der Mission. Was hat Achill gesagt? Wird er kämpfen? Hat er abgelehnt? Agamemnon schreit am lautesten. Als der Lärm abebbt, teilt Odysseus ihnen die Neuigkeiten mit: Achill wird nicht kämpfen, sie sind auf sich selbst gestellt. Zudem hat er sogar gedroht, abzureisen, und allen anderen geraten, dasselbe zu tun.

Allen wird bang ums Herz, als sie begreifen, was das bedeutet. Lange Zeit herrscht Schweigen, und wieder ist es der ungestüme Diomedes, der es schließlich bricht. Er grollt, Agamemnons Versuch, Achill mit Geschenken zu kaufen, habe sicher dessen Stolz vollends angestachelt. Wenn Achill meine, er könne nach Belieben am Kampf teilnehmen oder nicht, dann könne er ihm gestohlen bleiben: Soll er doch gehen oder bleiben, ganz wie er will. Sie brauchen ihn nicht, und wenn sie nun auf sich gestellt sind, wird ihnen schon etwas einfallen. Sie sollten lieber etwas schlafen und am Morgen einen Schlachtplan entwerfen. Agamemnon solle das Heer in der vordersten Reihe anführen. Ermutigt durch die Rede des unbezwingbaren Diomedes bringen die Heerführer ein letztes Trankopfer dar und ziehen sich in ihre Zelte zum Schlafen zurück.

DER KALYDONISCHE EBER (FORTS.)

Als er Atalante eine Trophäe geben will, tötet Meleager versehentlich seinen Onkel Toxeus oder Plexippus oder sogar beide. Aus Rache verflucht ihn seine Mutter: Er möge im Kampf fallen. Als die Kureten Kalydon angreifen, weigert sich Meleager zu kämpfen und bleibt zu Hause im Bett. Erst als die Stadt brennt, zieht er auf Flehen seiner Frau in die Schlacht und rettet zwar die Stadt, erntet dafür aber keinen Dank.

10. Gesang

SPIONE UND NÄCHTLICHE ÜBERFÄLLE

Waffenbrüder

Trotz der verzweifelten Lage schlafen viele der griechischen Heerführer in dieser Nacht, nur Agamemnon findet keine Ruhe. Staunend betrachtet er die trojanischen Feuer in der Ferne. Sein Herz ist schwer, und als er sich zu den griechischen Schiffen am äußersten Rand des Strandes umwendet, erfasst ihn Panik, so dass er sich die Haare rauft und, Zeus verfluchend, auf und ab läuft. Was soll er nur tun? Zu guter Letzt beschließt er, Nestor um Rat zu bitten und in letzter Minute doch noch eine rettende Strategie zu finden. Alles ist besser als untätig herumzusitzen. Agamemnon kleidet sich an, wirft sich sein edles Löwenfell über, ergreift seine Lanze und macht sich auf den Weg zu Nestors Zelt.

Seinem Bruder Menelaos ergeht es keineswegs besser. Auch er kann nicht schlafen und denkt mit Schrecken daran, dass seine Kameraden seinetwegen nach Troja gekommen sind und nun womöglich nach Tagesanbruch allesamt sterben werden und er schuld an ihrem Tod wäre. Auch er zieht sich an, wirft sich ein Leopardenfell über, ergreift seine Lanze und macht sich auf den Weg zu Agamemnons Zelt. Freudig erstaunt treffen die Brüder sich bei Agamemnons Schiff. Während Agamemnon den Rest seiner Rüstung anlegt, fragt ihn Menelaos, warum er das tue. Hoffe er, jemanden dazu zu überreden, das trojanische Lager auszuspionieren? In diesem Fall allerdings sehe er wenig Chancen:

Warum wappnest du dich, mein Älterer? Soll zu den Troern
Dir hingehen ein Freund, zu erkundigen? Aber ich fürchte
Sehr im Geist, daß keiner zu solcher Tat sich erbiete,
Hin zum feindlichen Heer als Spähender einsam zu wandeln
Durch die ambrosische Nacht; der müßt' ein entschlossener Mann sein!

[10:37–41]

DIE SITUATION

Agamemnon ist schlaflos und überlegt, wie er die Griechen vor Hektors Wut retten kann. Er beschließt, Spione hinter die feindlichen Linien zu schicken. Auch die Trojaner entsenden einen Spion, aber er ist feige und hat gegen Odysseus und Diomedes keine Chance. Die beiden erschlagen schließlich eine ganze Abteilung Thraker, die gerade als Verbündete Trojas eingetroffen sind.

Der pfiffige Feldherr Odysseus wartet im Dunkeln auf Spione und Ahnungslose als leichte Opfer. Er trägt den Eberzahnhelm, der einst seinem Großvater gehörte.

Agamemnon, stets der Geradlinigere der beiden, erklärt, er wolle mit Nestor zusammen einen Plan ausarbeiten, um Schiffe und Männer zu retten. Es sei nun einmal so, dass Zeus sie verlassen habe und nun ganz auf Hektors Seite stehe. Noch nie habe er einen sterblichen Krieger so verwegen und geschickt kämpfen gesehen. Fast bewundernd redet Agamemnon von dem Feind, der so viel Leid über sie gebracht hat:

Denn nie sah ich vordem, noch höret ich je erzählen,
Daß der Wunder so viel ein Mann am Tage vollendet,
Als nun Hektor getan, Zeus' Liebling, am Volk der Achaier,
Selber für sich, obzwar nicht Gott ihn zeugte noch Göttin.
Aber er tat, des wahrlich mit Schmerz die Argeier gedenken,
Spät und lange hinfort: so häuft' er das Weh den Achaiern!
[10:47–52]

Bevor er zu Nestor geht, schickt Agamemnon seinen Bruder, den großen Ajax und Idomeneus zu wecken, und hält ihn an, respektvoll zu sein und nicht zu befehlen, sondern zu bitten, denn Hochmut werde sie nun nicht weiterbringen. Seit ihrer Geburt habe Zeus sie mit Unheil überschüttet, und nun hätten sie Hilfe bitter nötig.

ATRIDEN

Homer bezeichnet die Brüder Agamemnon und Menelaos als Atriden, weil sie Söhne König Atreus' von Mykene sind.

Die Krieger werden geweckt

Als Agamemnon bei Nestors Zelt eintrifft, schläft der Alte, doch der erfahrene alte Kämpe hat einen leichten Schlaf, und seine Rüstung liegt griffbereit neben dem Lager. Als der König sich nähert, springt Nestor sogleich auf und ruft ihn an. Agamemnon antwortet: Hat Nestor nicht erkannt, dass er es ist, der unglücklichste unter den Sterblichen? Schlaflos aus Angst und Sorge, suche er Rat. Er bittet Nestor, aufzustehen und mit zu den Wachposten zu gehen, um sicherzustellen, dass die Wächter nicht eingeschlafen sind oder der Feind im Dunkel der Nacht lauert. Nestor tut sein Bestes, um den König aus seiner Mutlosigkeit zu reißen. Hektor werde niemals siegen, behauptet er fest, denn das sei keineswegs Zeus' Plan. Hektor werde rasch Schwierigkeiten bekommen, wenn Achill sich nur bewegen ließe. Natürlich werde er mit Agamemnon gehen und auch die anderen großen Fürsten wecken – Odysseus, Idomeneus, beide Ajaxe und Meges. Allerdings, sagt Nestor, müsse er sich über Menelaos beschweren, der schlafe, während sein Bruder um Hilfe bitte:

Aber ihn, den geliebten und edlen Freund Menelaos,
Schelt ich fürwahr, und wiewohl du mir eifertest, nimmer verberg ich's,
Daß er schläft, und allein dir zugewendet die Arbeit.
Ziemt' es ihm doch, arbeitend die sämtlichen Fürsten Achaias
Anzuflehn; denn die Not umdrängt uns, ganz unerträglich!
[10:114–118]

Agamemnon verteidigt seinen Bruder. Es sehe zwar in der Tat so aus, als zaudere Menelaos, aber das stimme nicht. Er warte lediglich auf Befehle seines Bruders. Diesmal sei er sogar als erster zu Agamemnon gekommen. Nun sei er unterwegs, um Ajax und Idomeneus zu wecken.

Nestor steht auf, zieht einen dicken Mantel an und greift nach dem mächtigen Bronzespeer. Er geht zu Odysseus' Zelt und weckt ihn durch lautes Rufen. Ungehalten stolpert Odysseus heraus und schimpft zurück: Wer ist der Unmensch, der alle mit seinem Geschrei aufweckt? Und was ist überhaupt los? Als Nestor erklärt, sie seien dabei, einen Kriegsrat zusammenzurufen, geht Odysseus zurück in sein Zelt, hängt sich den großen Schild um und macht sich mit Nestor und Agamemnon auf den Weg zu Diomedes' Zelt. Sie finden ihn schlafend auf seinem Lager inmitten seiner Leute. Ohne Zeit zu verlieren, weckt Nestor ihn mit einem Tritt. Ganz verschlafen beklagt Diomedes sich über die rüde Behandlung: Kann Nestor nicht ein einziges Mal Ruhe geben? Dennoch steht er auf, wirft sich sein Löwenfell über, ergreift seine Lanze und geht mit, weitere Krieger zu wecken.

AJAX / AJAS

Homer unterscheidet den großen Ajax, den Sohn Telamons, und den kleinen Ajax, der ein Sohn des Oileus ist. Die beiden Namensvetter sind nicht verwandt.

Nestors Plan

Als die Männer bei den Wachen ankommen, erweist sich Agamemnons Befürchtung als unbegründet, denn alle sind auf ihrem Posten. Der Feind ist so nah, dass sie es nicht wagen zu schlafen. So sind sie gleich hellwach, als sich Schritte nähern. Erleichtert klettert Nestor über den künstlichen Graben. Die Übrigen folgen ihm bis zu einer Lichtung weit entfernt vom Massengrabhügel. Es ist dieselbe Stelle, an der Hektor bei Einbruch der Dunkelheit seinen Streitwagen wenden musste. Sie setzen sich dicht beieinander hin, und Nestor erklärt seinen Plan. Einer von ihnen soll sich ins trojanische Lager schleichen. Vielleicht gelingt es ja, einen Nachzügler abzufangen und zum Reden zu bringen oder insgeheim Gespräche zu belauschen. So können sie vielleicht herausfinden, was die Trojaner planen: Angriff oder Abzug?

Zunächst meldet sich niemand freiwillig, bis sich schließlich Diomedes rührt: Die Aufgabe sei ganz nach seinem Geschmack, aber er fühle sich sicherer mit einem Gefährten. Nun will natürlich jeder mit Diomedes gehen: beide Ajaxe, Menelaos, Meriones, Nestors Sohn Thrasymedes und Odysseus, der stets für Geheimoperationen zu haben ist. Agamemnon hat plötzlich Angst um seinen Bruder und sagt Diomedes, er solle sich aussuchen, wen er wolle, aber nicht nur der Schicklichkeit halber unbedingt einen ranghohen Mann wählen:

> *Tydeus' Sohn Diomedes, du meiner Seele Geliebter,*
> *Selbst nunmehr zum Genossen erwähle dir, welchen du wünschest,*
> *Aller umher den besten, dieweil so viele bereit sind.*
> *Doch nicht täusche das Herz die Ehrfurcht, daß du den bessern*
> *Übergehst, und den schlechtern aus blöder Scheu dir gesellest,*
> *Schauend auf edleren Stamm, und wer erhabner an Macht sei.*
> [10:234–239]

Diomedes hat sich längst für Odysseus entschieden, wen sonst? Schließlich ist Odysseus ein tapferer, geschickter Kämpfer, der schnell und beherzt auch knifflige Situationen meistert und in Athenes Gunst steht. Genau der Richtige, um sich hinter die feindlichen Linien zu stehlen und heil wieder zurückzukehren. Odysseus fällt Diomedes barsch ins Wort: Genug der Lobreden, sie sollten jetzt lieber gehen, denn es wird spät und die Sterne verblassen schon. Die beiden bewaffnen sich, Diomedes mit Schwert, Schild und Helm, Odysseus mit Pfeil und Bogen. Meriones leiht Odysseus seinen eigenen kostbar mit Eberzähnen besetzten Helm, den er von seinem Vater bekommen hat. Als sie sich auf den Weg machen, schickt Athene ihnen als Zeichen einen Reiher, den sie zwar nicht sehen können, doch hören sie seinen Schrei und fühlen sich ermutigt. Sie bitten Athene um gutes Gelingen und versprechen ihr reiche Opfergaben. Dann verschwinden die beiden mächtigen Krieger in der Nacht wie zwei Löwen. Durch Blutlachen und zwischen Toten schleichen sie auf die trojanischen Linien zu.

Hektors Spion

Auch im trojanischen Lager verbringen die meisten eine schlaflose Nacht, denn Hektor hat allen verboten zu schlafen und stattdessen einen Kriegsrat einberufen. Auch er will einen Spion hinter die feindlichen Linien schicken. Er soll zu den Schiffen schleichen und herausfinden, wie gut bewacht sie sind und ob die Griechen ihre Abreise vor-

ODYSSEUS' HELM

Es handelt sich um einen stabilen, dicht anliegenden Lederhelm, der mit Filz ausgekleidet und außen mit Reihen schimmernder Eberzähne verstärkt ist. Autolykos (Odysseus' Großvater) stahl den Helm einst dem Amyntor (dem Vater von Phoinix); Autolykos gab ihn an Amphidamos weiter, dieser an Molos, der ihn seinerseits seinem Sohn Meriones vermachte. Als dieser ihn Odysseus leiht, schließt sich der Kreis, was Odysseus wahrscheinlich als gutes Omen deutet.

bereiten. Da er seine Leute kennt, bietet er als Belohnung einen Streitwagen und zwei der schönsten Pferde an, die sie erbeuten.

Lange herrscht Schweigen, dann meldet sich ein Freiwilliger, doch zu Hektors Pech ist dies kein Diomedes oder Odysseus, sondern ein verschlagener Bursche namens Dolon: Er sei bereit, wenn Hektor schwöre, ihm dafür Wagen und Pferde Achills zur Belohnung zu geben:

> *Aber wohlan, den Zepter erhebe mir, heilig beschwörend,*
> *Daß du jenes Gespann und den erzumschimmerten Wagen*
> *Schenken mir willst, das ihn trägt, den untadligen Peleionen*.*
> *Nicht umsonst auch werd ich dir spähn, noch gegen Erwartung.*
> *Denn so weit ihr Lager durchwander ich, bis ich erreiche*
> *Selbst Agamemnons Schiff, wo vielleicht sein werden die Fürsten,*
> *Heilsamen Rat zu raten der Heimkehr oder des Kampfes.*
> [10:321–327]

**Peleione = Achilles*

Erpicht, den Spion loszuschicken, schwört Hektor bei seinem Herrscherstab, obwohl er weiß, dass es ein leeres Versprechen ist. Dolon jedoch reicht das, und er greift nach seinem Bogen, wirft sich ein Wolfsfell als Mantel über, setzt seinen Otterfellhelm auf und macht sich auf den Weg. Es ist ein Abschied für immer. Er bewegt sich behände, aber nicht schnell genug, um Odysseus' scharfen Augen zu entgehen. Er entdeckt ihn und stößt Diomedes an: Das ist genau, was sie suchen! Flüsternd verabreden sie, dass sie den Mann an sich vorbeigehen lassen, ihm dann in den Rücken fallen und ihn auf das griechische Lager zutreiben. Sie kauern sich im Dunkeln zwischen die Leichen und warten.

Dolon läuft arglos an ihnen vorbei. Plötzlich hört er hinter sich Schritte und bleibt verzagt stehen. Schon bereut er sein leichtfertiges Angebot und redet sich ein, es seien nur zwei Trojaner, die ihm sagen sollen, dass seine Mission nicht mehr nötig ist. Dann erkennt er, dass die beiden Griechen sind, und rennt um sein Leben, doch sie stellen ihn wie Jagdhunde einen flüchtigen Hasen. Dolon hat die griechischen Linien fast erreicht, als Diomedes ihn anruft und seine Lanze nach ihm wirft, jedoch absichtlich vorbeizielt, so dass sie nur seine Schulter streift und vor ihm in den Boden fährt. Dolon bleibt abrupt stehen und steht nun schlotternd vor Angst vor Odysseus und Diomedes, die jeder einen Arm packen. Der arme Kerl bricht in Tränen aus und fleht um sein Leben. Er bietet hohes Lösegeld, denn sein Vater sei reich und tue alles, nur damit sein Sohn am Leben bleibe.

DOLON

Der Spion Dolon ist ein nichtsnutziger trojanischer Jüngling, der als schnell, aber hässlich gilt, während die meisten Krieger als „göttlich" beschrieben werden. Er ist der einzige Sohn eines reichen Vaters und hat fünf Schwestern. Er meldet sich als Spion, weil er auf reiche Belohnung hofft. Als Odysseus und Diomedes ihn fangen, glaubt er, seines Vaters Geld werde ihn loskaufen, und verspricht ihnen Messing, Gold und Eisen, wenn sie ihn gehen lassen. Im wohlhabenden Troja war es nicht ungewöhnlich, dass junge Männer gekidnappt wurden, um von ihren Vätern ein ansehnliches Lösegeld zu erpressen.

ILOS

Ilos war der Sohn von Tros und Kallirhoe, einer Tochter des Flusses Xanthos, und Gründer von Ilion (Troja). Beim Bau der Stadt bat er Zeus um ein Zeichen, dass er recht daran tat, und Zeus sandte ihm das Palladium, ein hölzernes Standbild der Athene. Man glaubte, so lange das Palladium sicher im eigens gebauten Tempel stand, könne Ilion nicht fallen. Ilos war der Vater von Laomedon und Großvater des Priamos.

Odysseus lächelt freundlich. Dolon solle sich nicht sorgen – sie dächten nicht im Traum daran, ihn zu töten. Er brauche ihnen lediglich zu sagen, was er vorhabe: Warum schleicht er im Dunklen umher? Etwa, um kostbare Rüstungen zu stehlen? Hat Hektor ihn geschickt, die Griechen auszuspionieren? Oder will er nur als Held dastehen?

Sei getrost; kein Todesgedank umschwebe das Herz dir!
Aber sage mir jetzt und verkündige lautere Wahrheit:
Warum gehst du allein vom Lager hinab zu den Schiffen,
Jetzt in der finsteren Nacht, da andere Sterbliche schlafen?
Willst du einen berauben der Leichname hier auf dem Schlachtfeld?
Oder sandte dich Hektor, daß wohl bei den Schiffen du alles
Spähetest? Oder bewog dein eigenes Herz dich zu gehen?
[10:383–389]

Dolon stottert und jammert, Hektor habe ihn damit geblendet, dass er Achills Streitwagen und Pferde als Belohnung bekommen solle. Kleinlaut gibt er zu, ein Spion zu sein. Odysseus lächelt ihn begütigend an. Dolon sei ein echter Held, meint er, denn er riskiere alles für Achills Wagen und Pferde, obwohl er sie doch gar nicht würde bändigen können, denn das sei selbst für Achill nicht leicht, für einen Wurm wie Dolon aber schlicht undenkbar. Es sei Zeit, einige Fragen zu beantworten: Wo ist Hektor? Wo hat er seine Rüstung? Und wo seinen Streitwagen? Wo und wie sind die trojanischen Wachposten verteilt? Was haben sie als Nächstes vor? Werden sie bleiben, wo sie sind, oder in die Stadt zurückkehren? Mit zitternder Stimme erzählt Dolon ihnen alles, was er weiß: Hektor hält Kriegsrat und hat keine Wachposten aufgestellt, weil im Lager alle wach sind:

Hektor berief nun alle des Heers ratgebende Fürsten,
Rat mit ihnen zu halten am Mal des göttlichen Ilos,
Abgewandt vom Geräusch. Doch die Wachen, o Held, die du forschest?
Keine gesonderte schirmt das Kriegsheer oder bewacht es.
Rings, wo Troer sich Glut anzündeten, welchen es not ist,
Diese warten der Hut und ermahnen sich untereinander,
Wach zu sein. (…)
[10:414–420]

Dolon lamentiert über die Verbündeten, die doch kamen, um Troja zu helfen, sich aber einfach schlafen gelegt haben. Die haben gut reden, denn sie haben keine Familien in der Stadt. Odysseus horcht auf. Wo lagern denn diese Alliierten? Dolon erklärt es ihm genau und kommt plötzlich auf die Idee, durch Bestechung mit heiler Haut davonzukommen. Wenn Odysseus und Diomedes richtig fette Beute machen wollen, rate er ihnen, die gerade eingetroffenen Thraker zu überfallen, denn die seien so gut wie schutzlos:

Dort am Ende des Heers sind neu ankommende Thraker,
Hingestreckt um Eioneus' Sohn, den herrschenden Rhesos,
Dessen Rosse die schönsten und größesten, die ich gesehen,
Weißer denn blendender Schnee und hurtiges Laufs wie die Winde.
Auch sein Geschirr ist köstlich mit Gold und Silber geschmücket.
Rüstungen auch aus Golde, gewaltige, Wunder dem Anblick,
Trägt er daher; kaum ziemt es den sterblichen Erdebewohnern
Solches Gerät zu tragen, vielmehr unsterblichen Göttern.
[10:434–441]

Dolon fleht die beiden an, ihn entweder mit zu ihren Schiffen zu nehmen oder einfach zu fesseln und zu lassen, wo er ist. Sie können ja selbst überprüfen, ob er die Wahrheit sagt. Doch nun, da ihm der clevere Odysseus alle Informationen abgeluchst hat, ist Diomedes an der Reihe. Dolon sei verloren, erklärt er kurz und bündig. Wenn sie ihn freiließen, käme er ja morgen wieder zum Spionieren oder Kämpfen: Er müsse sterben. Dolon bettelt um sein Leben, doch erbarmungslos holt Diomedes aus und schlägt ihm mitten im Satz mit einem Streich den Kopf ab, dass er in den Staub rollt. Diomedes und Odysseus reißen dem Toten Rüstung, Helm und Mantel ab und strecken sie laut rufend zum Himmel, um sie Athene, der Göttin der Kriegsbeute, zu weihen. Dann verstecken sie die Sachen in einem Tamariskenstrauch und markieren die Stelle für später. Erneut beten sie zu Athene, sie möge sie sicher zum Lager der Thraker führen.

Das Gemetzel unter den Thrakern

Odysseus und Diomedes gehen rasch weiter, steigen über Leichen, Rüstungsteile und blutgefüllte Gräben. Da entdecken sie den thrakischen Vorposten. Die Männer schlafen fest, ihre Waffen liegen sauber aufgereiht neben ihnen und den Pferden. In ihrer Mitte schläft ihr König Rhesos. Neben ihm stehen, an einen goldenen Streitwagen gebunden, zwei wunderschöne Schimmel, die Odysseus als diejenigen erkennt, die Dolon ihnen beschrieb. Er drängt Diomedes:

THRAKIEN

Land auf dem Festland nördlich des Hellesponts, in dem Gebiet, das heute zu Griechenland, Bulgarien und der Türkei gehört. Dort lebten die Thraker, starke Verbündete Trojas.

Dies ist dir, Diomedes, der Mann, und dieses die Rosse,
Welche zuvor uns Dolon bezeichnete, den wir getötet.
Aber wohlan, nun zeige die Tapferkeit; denn dir geziemt nicht,
Hier untätig zu stehn mit den Rüstungen! Löse die Rosse;
Oder du töte die Männer und mir sei die Sorge der Rosse.
[10:477–481]

Erfüllt von Athenes Kampfgeist fällt Diomedes über die Thraker her wie ein Löwe über eine Schafherde. Wild das Schwert schwingend, tötet er die schlaftrunkenen Männer und metzelt zwölf Thraker nieder, bis das Lager im Blut schwimmt. Den noch schlafenden, aber von Alpträumen geplagten Rhesos tötet er als Letzten. Während Diomedes wütet, zerrt Odysseus die Toten aus dem Weg, denn er will Platz für die schönen Pferde schaffen, die sonst womöglich angesichts von Leichen und Blutgeruch scheuen würden. Er löst die Riemen vom Streitwagen und bindet ihre Zügel zusammen. Dann springt er auf den Rücken des einen und schlägt es mit seinem Bogen, bis er beide Pferde in Sicherheit gebracht hat. Er pfeift leise nach Diomedes, der inmitten der Toten steht und überlegt, was nun geschehen soll. Sollen sie den gleißenden Streitwagen und die kostbare Rüstung erbeuten? Oder noch ein wenig bleiben und weitere Thraker abschlachten? Die Göttin Athene jedoch spricht zu Diomedes und drängt sie, zu den Schiffen zurückzukehren, bevor andere Götter das Blutbad entdecken und den Trojanern zu Hilfe kommen. Diomedes verliert deshalb keine Zeit, springt auf das andere Pferd, und galoppiert zusammen mit Odysseus zu den sicheren Schiffen.

Athene hat guten Grund für ihre Warnung: Auf dem Olymp hält Apollon Wache. Er sieht, dass Athene Diomedes und Odysseus hilft. Erzürnt eilt er zu den Thrakern und weckt Rhesos' Verwandten Hippokoon, der erschrocken erwacht und durch sein lautes Wehklagen andere Trojaner zu ihrem Lager lockt, wo sie fassungslos vor dem Gemetzel stehen.

Zurück bei den Schiffen

Odysseus und Diomedes halten nur inne, um ihre Beute aus dem Tamariskenstrauch zu bergen, und reiten dann eilends zu den Schiffen weiter. Nestor hört den Hufschlag und fürchtet einen Überfall. Schon beklagt er, dass sie ihre besten Kämpfer in den Tod geschickt hätten, da erscheinen stolzgeschwellt die beiden Spione. Ihre Kameraden frohlocken und klopfen ihnen auf die Schulter. Nestor stellt die Frage, die allen auf der Seele brennt:

Sprich, preisvoller Odysseus, erhabener Ruhm der Achaier,
Wie doch diese Ross' ihr erbeutetet? Ob ihr ins Lager
Eindrangt, oder vielleicht ein begegnender Gott sie euch darbot?
Wunderbar gleicht ihr Schimmer den leuchtenden Sonnenstrahlen!
[10:544–547]

So herrliche, silbern glänzende Pferde hat Nestor noch nie gesehen, dabei hat er, wie alle wissen, schon einiges erlebt. Die Rösser seien doch bestimmt das Geschenk eines Gottes?

Odysseus lacht und klopft Nestor auf die Schulter: Natürlich nicht, denn Geschenke der Götter sind noch viel, viel besser. Diese Tiere jedoch hätten sie einem thrakischen König abgenommen, den Diomedes ebenso erschlagen habe wie zwölf weitere Thraker und einen nichtsnutzigen Spion, den sie aufgegriffen hätten. Eine höchst erfolgreiche Nacht!

Ganz trunken vor Stolz über ihren Erfolg, in den Ohren noch das Jubeln ihrer Kameraden, reiten Odysseus und Diomedes zu Diomedes' Zelt weiter, binden dort die Pferde fest, füttern und tränken sie. Odysseus verstaut die Beute auf seiner Galeere und weiht sie Athene. Dann waschen die beiden sich im Meer Schweiß und Blut des Kampfes ab und reiben sich mit Öl ein. Schließlich setzen sie sich zum Frühstück, nicht ohne zuvor ihrer Schutzgöttin Athene Trankopfer dargebracht zu haben.

11. Gesang

DIE HELDENTATEN AGAMEMNONS

Agamemnon in der Schlacht

DIE SITUATION

Bei Tagesanbruch des dritten Tages der Schlacht schickt Zeus Eris, die Göttin des Streits, zu den Schiffen der Griechen, um Kampflust in ihnen zu wecken. Als Agamemnon jedoch verwundet wird, geraten die Griechen wieder ins Hintertreffen, bis Patroklos endlich beschließt, Achill nochmals zu Hilfe zu rufen.

Zeus sendet Eris, die schreckliche Göttin des Streits, zur griechischen Flotte. Von Odysseus' Schiff aus hält sie das Symbol des Krieges hoch und stößt dazu einen grausigen Schlachtruf aus, der die Herzen der Griechen mit Blutdurst füllt:

Hier nun stand die Göttin und schrie, machtvoll und entsetzlich,
Laut in Achaias Heer und rüstete jegliches Mannes
Busen mit Kraft, rastlos im Streite zu stehn und zu kämpfen.
Allen sofort schien süßer der Krieg, als wiederzukehren
In den gebogenen Schiffen zum lieben Lande der Väter.
[11:10–14]

Freudig legt Agamemnon seine strahlende Rüstung an, nimmt sein Schwert und befiehlt seinen Truppen, sich auf die Schlacht vorzubereiten. Die Krieger reihen ihre Streitwagen vor dem griechischen Verteidigungsgraben auf und drängen nach vorn. Oben auf der Hochebene formieren sich die Trojaner zugleich rings um Hektor, dessen bronzener Harnisch im Morgenlicht glänzt. Dann stürmen beide Seiten voran und schlagen Breschen in die feindlichen Reihen wie Schnitter in ein Getreidefeld. Entzückt verfolgt Eris, die Göttin des Streits, die Schlacht, während die übrigen Götter des Olymps Zeus Vorwürfe machen, weil er die Trojaner triumphieren lässt.

Beide Seiten kämpfen den ganzen Vormittag, ohne dass eine von ihnen die Oberhand gewinnt. Gegen Mittag dann durchbrechen die Griechen die trojanischen Reihen, und Agamemnon sprengt durch die Lücke, rechts und links Hiebe austeilend. Jeden Trojaner, der sich ihm in den Weg stellt, tötet er, darunter auch Isos und Antiphos, zwei Söhne des Priamos, die im selben Streitwagen fahren. Dann sieht er einen anderen Wagen führerlos umherschleudern. Darin kauern verängstigt die Brüder Peisandros und Hippolochos, Söhne des Trojaners Antimachos, der seinerzeit im Kriegsrat

Als Oberbefehlshaber der Griechen und ihrer Verbündeten führt Agamemnon seine Armeen in die Schlacht, um Spartas Ehre für seinen Bruder Menelaos und all diejenigen wiederherzustellen, die Beistand für die entführte Königin Helena schworen.

dafür stimmte, die beiden griechischen Botschafter Odysseus und Menelaos zu töten. Nun fällt Agamemnon wie ein Löwe über die beiden her, dass sie ihn um Gnade anflehen und ihm hohes Lösegeld bieten, wenn er sie nur am Leben lässt. Doch Agamemnon kennt kein Erbarmen, sondern will sie für den Verrat ihres Vaters büßen lassen. So sticht er Peisandros die Lanze durch die Brust, und als Hippolochos vom Wagen springt, um den toten Bruder zu beschützen, schlägt er ihm Arme und Kopf ab, dass der Rumpf wie ein Baumstamm über das Schlachtfeld rollt:

Wie wenn vertilgendes Feuer in nie gehauene Waldung
Fällt, dann wirbelnd der Sturm es umherträgt und bis zur Wurzel
Stämm' und Gezweig hinsinken, gerafft von des Feuerorkans Wut:
Also vor Atreus' Sohn Agamemnon sanken die Häupter
Fliehender Troer umher (…)
[11:155–159]

Zeus beschützt Hektor weiterhin vor Lanzen, Steinen und aufwirbelndem Staub, doch Agamemnon lässt nicht nach: Mit bluttriefenden Händen führt er den griechischen Angriff an und treibt die Trojaner zu ihren Stadttoren zurück. Fast hat Agamemnon schon das Skäische Tor erreicht, als Zeus auf dem Berg Ida Blitze bereitlegt und seine Botin Iris mitten ins Kampfgewühl zu Hektor schickt. Sie sagt ihm, solange er Agamemnon vorrücken sehe, solle er Widerstand leisten, aber zurückweichen. Sobald er aber sehe, dass Agamemnon verletzt zu seinem Wagen eile, werde Zeus ihm die Kraft geben, weiter zu töten und sich den Weg zu den griechischen Schiffen freizuschlagen.

Hektor hört die Botschaft und hält sich daran: Er treibt seine Trojaner zum Kampf an. Die Schlacht tobt grausam weiter, und an den Toren wenden die Trojaner sich um und leisten heftigen Widerstand. Die Griechen drängen mit vermehrter Kraft nach vorn, allen voran Agamemnon. Als erster Trojaner fordert ihn Iphidamas heraus: Agamemnon schleudert seine Lanze nach ihm, verfehlt ihn jedoch. Iphidamas nutzt die Gelegenheit, um Agamemnon unterhalb des Brustharnischs in den Bauch zu stechen, doch trifft die Lanze dessen Silbergürtel, so dass sich die Spitze verbiegt. Agamemnon zieht den Schaft zu sich hin und versetzt Iphidamas einen tödlichen Hieb. Während er jedoch dadurch abgelenkt ist, dem toten Feind die Rüstung abzunehmen, sticht ihm Koon, entsetzt über den Tod seines Bruders Iphidamas, unvermittelt seine Lanze durch den Unterarm.

Außer sich vor Wut ersticht Agamemnon Koon mit seinem eigenen Speer, während sie noch um Iphidamas' Leichnam kämpfen, und schlägt Koon den Kopf ab. Doch die Verletzung durch Koons Lanze ist schwer: Solange das Blut fließt, wütet Agamemnon weiter unter den Trojanern, doch als die Blutung nachlässt, setzen auch die

Schmerzen ein und werden immer schlimmer, bis er schließlich auf seinen Streitwagen springt und zu den Schiffen zurückfährt, nicht ohne seine Männer zum Weiterkämpfen anzutreiben.

Freunde, des Volks von Argos erhabene Fürsten und Pfleger,
Ihr nun hemmt zurück von den meerdurchwandelnden Schiffen
Diesen entsetzlichen Streit, da mir Zeus' waltende Vorsicht
Nicht gewährt, die Troer den ganzen Tag zu bekämpfen!
Sprach's; da geißelte jener die schöngemähneten Rosse
Hin zu den räumigen Schiffen; und nicht unwillig entflohn sie.
Beide mit schäumender Brust und besprengt von unten mit Staube,
Trugen sie fern aus der Schlacht den qualenduldenden König.
[11:276–283]

SKÄISCHES TOR

Das Skäische Tor ist Schauplatz vieler Gefechte. Es ist das Zeremonientor in der Nordwestseite der Stadtmauer, nahe der Zitadelle. Der Überlieferung nach ist es der einzige Schwachpunkt der Verteidigungsanlagen von Troja, da es von Sterblichen gebaut wurde und zu schwach geriet. Das Tor, das Hektor und Paris auf ihrem Weg in die Schlacht durchqueren, wird nur geöffnet, wenn die Stadt sich im Krieg befindet.

Hektor nutzt die Gunst der Stunde

Hektor sieht es und erkennt seine Chance. Er sammelt seine Truppen und ruft, nun, da der beste griechische Kämpfer fort sei, habe ihm Zeus den Sieg in Aussicht gestellt. Er befiehlt seinen Männern, den Griechen geradewegs entgegenzufahren, und stürmt selbst in vorderster Reihe los. Wie ein Orkan fällt er in die gegnerischen Reihen ein und treibt sie vor sich her zu den Schiffen zurück. Schon bald verwandelt sich geordneter Rückzug in heillose Flucht.

Odysseus drängt Diomedes, mit ihm gemeinsam Widerstand zu leisten, denn es wäre unverzeihlich, wenn Hektor die Schiffe einnähme. Diomedes stimmt sofort zu, meint aber, sie könnten die Stellung nicht lange halten. Er glaubt, Zeus habe längst beschlossen, die Trojaner siegen zu lassen. Trotzdem gelingt es den beiden mächtigen Kriegern, die vorrückenden Trojaner zu stoppen und den Griechen einen Aufschub zu verschaffen.

Im Schlachtgetümmel sieht Hektor, dass Odysseus und Diomedes die Griechen anfeuern, und wirft sich ihnen mit einem gewaltigen Schlachtruf entgegen, seine Truppen dicht hinter ihm. Diomedes zielt mit seiner Lanze nach Hektors Kopf, doch sie streift nur den Helm, den der von Apollon erhielt, ohne das Metall zu durchschlagen. Für einen Augenblick sinkt Hektor dennoch benommen zu Boden. Diomedes kämpft sich durch das Gewühl zu ihm durch, um ihn zu töten, doch bevor er ihn erreicht, hat

MEDIZIN

Ebenso wie sein Bruder Podaleirios ist Machaon Arzt und Heiler der griechischen Armee und insofern auch Vorreiter der antiken griechischen Medizin. Er ist der Sohn des Gottes Asklepios, dessen Tempel die ersten Hospitäler waren, da die Patienten dort schlaf- und traumfördernde Heilkräuter erhielten. In der Antike verwendete man Kräuter, um die „Säfte" des Körpers im Gleichgewicht zu halten. Machaon setzt Kräuter und Kräutersalben ein, um die Wunden seiner Kameraden zu heilen.

Hektor sich schon erhoben und ist zu seinem Streitwagen zurückgekehrt. Diomedes brüllt ihm wütend nach:

Wieder entrannst du dem Tode, du Hund! Schon nahte Verderben
Über dein Haupt; allein dich errettete Phöbos Apollon,
Den du gewiß anflehst, ins Geklirr der Geschosse dich wagend!
Doch bald mein ich mit dir zu endigen, künftig begegnend,
Würdiget anders auch mich ein unsterblicher Gott zu begleiten!
Jetzo eil ich umher zu den übrigen, wen ich erhasche!
[11:362–367]

Diomedes kehrt ins Getümmel zurück und beginnt, einem Gegner die Rüstung abzunehmen, als ihn Paris entdeckt und sorgfältig mit seinem Bogen zielt. Er schießt einen Pfeil ab, der Diomedes' rechten Fuß trifft und geradewegs hindurch bis in die Erde fährt. Paris jubelt und schreit, er wünschte, er hätte Diomedes gleich getötet, um die Trojaner endgültig von ihm zu befreien.

Diomedes jedoch hat vor Paris keine Angst. Obwohl verwundet, verhöhnt er ihn, weil er sich so laut brüste, dabei habe er ihm nur einen Kratzer am Fuß zugefügt; im Nahkampf jedoch habe er keinerlei Chance:

Kraftlos spielt das Geschoß des nichtsgeachteten Weichlings!
Traun, wohl anders von mir, und ob nur ein wenig es fasse,
Dringt ein scharfes Geschoß, und sofort zu den Toten gesellt es!
Seiner Vermählten daheim sind umher zerrissen die Wangen
Und die Kinder verwaist; mit Blut die Erde befleckend,
Modert er; und des Gevögels umschwärmt ihn mehr, denn der Weiber!
[11:390–395]

Odysseus eilt Diomedes zu Hilfe und sieht, wie er sich den Pfeil aus dem Fuß zieht. Unter Schmerzen humpelt Diomedes zu seinem Wagen und fährt zu den Schiffen zurück. Ganz allein gelassen, überlegt Odysseus, was er tun soll: sich zurückzuziehen und als Feigling dastehen oder an Ort und Stelle getötet werden? Schon bald ist er von eifrigen jungen Trojanern umzingelt, die sich auf ihn stürzen wie Hunde auf einen Eber. Odysseus kann mehrere von ihnen niederstrecken, doch gelingt es einem, ihm mit der Lanze den Schild zu durchbohren und ihn an den Rippen zu verletzen. Odysseus stößt daraufhin eine wildes Gebrüll aus, so dass der Angreifer entsetzt flieht, doch es nützt ihm nichts, denn Odysseus sticht ihm die Lanze zwischen die Schulterblätter. Seine eigene Wunde ist nur oberflächlich, doch als er die Speerspitze herauszieht, schießt das Blut heraus, so dass die Trojaner erneut auf ihn eindringen. Nun entscheidet sich Odysseus zum Rückzug und ruft laut um Hilfe. Menelaos hört ihn und schickt den großen Ajax zu ihm. Bei dessen Erscheinen flüchten die Trojaner, und Menelaos nimmt Odysseus beim Arm und führt ihn durch das Getümmel zurück.

Während Ajax unter den Trojanern wütet, kämpft Hektor weiter links vom Schlachtfeld am Ufer des Xanthos mit seinem Bruder Paris, der nun Machaon, einen der gewaltigsten griechischen Krieger, mit einem dreischneidigen Pfeil in die rechte Schulter stoppt. Auf Drängen seiner Mitstreiter, die Machaons Bedeutung als erfahrener Arzt kennen, heißt Nestor ihn in seinen Streitwagen einsteigen und bringt ihn zurück zu den Schiffen. Dann hört Hektor von einem seiner Offiziere, dass Ajax anderswo wie ein Berserker kämpft, und macht sich rasch auf den Weg vom Rand des Schlachtfelds mitten ins Getümmel hinein, wo Ajax wütet. Die Hufe der Pferde und die Räder seines Wagens lassen das Blut all der Leichen aufspritzen, die er unterwegs passiert. Als Hektor naht, ziehen sich die Griechen etwas zurück, und selbst der gewaltige Ajax hält inne:

Jeder Krieger trägt einen Schild, meist mit einer persönlichen Darstellung. Er besteht in der Regel aus mehreren Lagen dickem Leder, die miteinander verklebt und manchmal durch Holz oder Metall verstärkt wurden. Der Schild, den Hephaistos für Achill schmiedet, ist ganz aus Metall.

Zeus der Allmächtige sandte nun Furcht in die Seele des Ajas.
Starrend stand und warf er den lastenden Schild auf die Schulter,
Flüchtete dann, umschauend im Männergewühl, wie ein Raubtier,
Rückwärts häufig gewandt, mit langsam wechselnden Knien.

[11:544–547]

Missmutig macht sich Ajax auf den Weg zu den Schiffen. Gelegentlich wendet er sich zu seinen Verfolgern um, doch letztlich rückt er ab, während ein Hagel trojanischer Pfeile und Lanzen von seinem riesigen Schild abprallt. Sein Freund Eurypylos sieht das Geschehen und eilt ihm zu Hilfe. Paris sieht ihn auf die Trojaner einhauen, spannt seinen Bogen und trifft ihn in den Oberschenkel. Der tapfere Eurypylos muss nun forthumpeln, drängt aber seine Mitstreiter, Ajax weiter beizustehen.

Patroklos erkundet die Lage

Schließlich trifft Nestors Streitwagen mit dem verwundeten Machaon bei den Schiffen ein. Achill beobachtet es und ruft Patroklos herbei. Dieser eilt zu ihm – es ist der Anfang seines Verderbens. Achill sagt, es sehe nun so aus, als kämen die Griechen auf

Knien gerutscht, um ihn um Hilfe anzuflehen. Er beauftragt Patroklos herauszufinden, ob der Verwundete Machaon ist, denn er, Achill, habe sein Gesicht nicht erkennen können.

Patroklos macht sich auf und erreicht Nestors Schiff, gerade als Machaons Wunde mit einer Heilsalbe behandelt wird. Patroklos erklärt, Achill habe ihn gesandt und er müsse sofort zurück und Bericht erstatten, denn wie alle wissen, ist sein Herr nicht gerade für seine Geduld bekannt. Nestor erwidert zornig, warum Achill denn so besorgt um einen von vielen Kriegern sei, und zählt eine lange Liste griechischer Verluste auf:

(...) Alle die Tapfern
Liegen umher bei den Schiffen, mit Wurf und Stoße verwundet!
Wund von Geschoß ist Tydeus' Sohn, der Held Diomedes;
Wund von der Lanz' Odysseus der Herrliche, und Agamemnon;
Auch Eurypylos traf ein fliegender Pfeil in die Lende.
Diesen anderen bracht' ich selber nur jüngst aus der Feldschlacht,
Als der Senne Geschoß ihn verwundete. Aber Achilleus
Hegt, zwar tapfer, mit uns nicht Mitleid oder Erbarmung!
[11:658–665]

Nochmals beklagt Nestor, dass er nicht mehr der junge Krieger ist, der er einst war. Er erinnert Patroklos an das, was sein Vater ihm vor der Abreise nach Troja sagte: Er möge stets daran denken, dass er zwar nicht so edel und stark wie Achill sei, aber immerhin der Ältere der beiden, und ihm deshalb ein Vorbild sein solle. Nestor bittet Patroklos, Achill zur Rückkehr in den Kampf zu überreden. Zumindest solle Achill Patroklos und den Myrmidonen erlauben, den Griechen beizustehen. Nestor rät Patroklos zu einer Kriegslist:

Agamemnon und Menelaos sind mit Zeus verschwägert und können deshalb zu Recht seine Unterstützung erwarten. Zeus und Leda sind die Eltern von Helena, der Ehefrau des Menelaos. Helenas Schwester Klytaimnestra ist die Frau von dessen Bruder Agamemnon, Elektra eine ihrer Töchter.

Dir auch geb er das Waffengeschmeid im Kampfe zu tragen,
Ob, dich für ihn ansehend, vielleicht vom Kampfe die Troer
Abstehn und sich erholen die kriegrischen Männer Achaias
Ihrer Angst; wie klein sie auch sei, die Erholung des Krieges.
Leicht auch könnt ihr, noch frisch, die ermüdeten Männer im Angriff
Rückwärts drängen zur Stadt, von den Schiffen hinweg und Gezelten.
[11:798–803]

Nestors Worte bewegen Patroklos, und er eilt zurück zu Achill. Als er an Odysseus' Schiff vorüberkommt, trifft er Eurypylos, dem der Schweiß von der Stirn rinnt und das Blut aus der Beinwunde schießt. Erschrocken fragt Patroklos, ob die Schlacht verloren ist, und Eurypylos entgegnet, die Sache sei aussichtslos. Die meisten griechischen Führer seien tot oder verwundet. Er bittet Patroklos, ihn zu seinem Schiff zurückzubringen, da die Ärzte alle noch auf dem Schlachtfeld oder selbst verwundet seien. Patroklos erinnert sich an seine Botschaft für Achill, hilft aber zunächst dem hinkenden Eurypylos, legt ihn auf den Boden und versorgt seine Wunde.

MYRMIDONEN

Die Elitekrieger unter Achill kommen wie dieser aus Thessalien auf dem griechischen Festland. Zu Beginn der *Ilias* sitzen sie ebenso wie ihr schmollender Anführer müßig herum. Ihre Tapferkeit und ihr Kampfgeschick machen die Myrmidonen zu Furcht einflößenden Gegnern. Es hieß, ihr Volk sei entstanden, als Zeus aus Ameisen (grch.: *myrmex*) Menschen schuf, damit sie Achills Onkel Telamon Gesellschaft leisteten. Sie gelten auch als erstes Volk, das Segelschiffe baute.

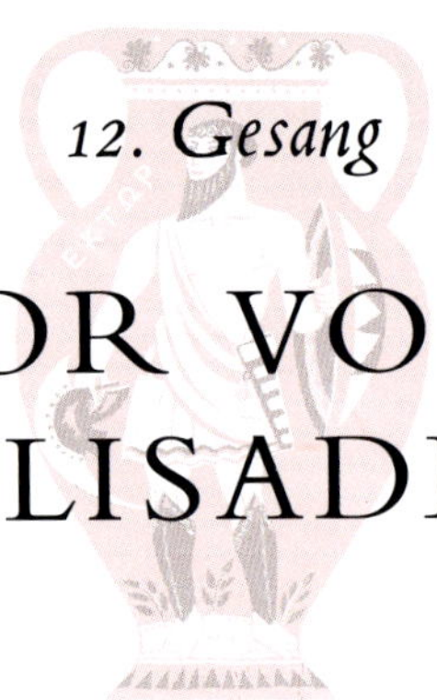

12. Gesang

HEKTOR VOR DEN PALISADEN

Die Trojaner greifen an

> **DIE SITUATION**
>
> Während Patroklos durch den verwundeten Eurypylos aufgehalten wird, droht der Ansturm der Trojaner die Griechen zu überrennen. Angeführt von Hektor und Sarpedon durchbrechen sie die griechischen Befestigungen und stürmen auf die an Land gezogenen Schiffe der Griechen zu.

Die hölzernen Verteidigungsanlagen vor der griechischen Flotte dröhnen unter dem Aufprall der trojanischen Geschosse. Brüllend wie ein erzürnter Löwe treibt Hektor seine Leute zum Kampf an.

(…) Doch jetzo war Schlacht und Getümmel entbrannt rings
Um den gewaltigen Bau, und der Türme geworfene Balken
Donnerten. Argos' Volk, von Kronions Geißel gebändigt,
Drängte sich eingehegt bei den schwarzen gebogenen Schiffen,
Bange vor Hektors Wut, des stürmenden Schreckengebieters.
Jener stritt, wie zuvor, mit dem Ungestüm des Orkanes.
[12:35–40]

Die Griechen sitzen in der Falle zwischen ihren Befestigungen und dem von Zeus angestachelten Hektor. Für die Trojaner ist es an der Zeit, ihre Truppen gegen die hölzernen Schanzwerke anstürmen zu lassen. Doch obwohl Hektor durch die Reihen der Trojaner schreitet und sie vorwärts drängt, wagt keiner mit seinem Streitwagen – auch Hektors Wagenlenker nicht – den Graben zu durchqueren. Immer wieder scheuen die Pferde zurück.

Tatsächlich: Welch ein Wagnis! Der Rand des Grabens kragt auf ganzer Länge über, zudem ist er auf griechischer Seite durch eine Reihe spitzer Pfähle bewehrt. Vor den Palisaden ist zu wenig Platz, als dass die Krieger vom Streitwagen steigen und kämpfen könnten. Doch während die Pferde den Graben nicht zu durchqueren wagen, sind die Krieger zu Fuß dazu bereit, und schon bald drängt Polydamas Hektor zu dieser Taktik. Es sei so gut wie unmöglich, erklärt er, den Graben mit Streitwagen zu überwinden, und selbst wenn es einigen Trojanern gelänge, die andere Seite zu erreichen, würden sie dort von den Griechen vernichtet.

Aber wohlan, wie ich rede das Wort, so gehorchet mir alle.
Laßt die Ross' am Graben, gehemmt von den Wagengenossen;
Wir dann, Streiter zu Fuß, mit ehernen Waffen gerüstet,
Drängen uns all um Hektor, und folgen ihm. Doch die Achaier
Stehn uns nicht, wenn jenen das Ziel des Verderbens daherdroht.

[12:75–79]

Als Hektor dem Plan des Polydamas zustimmt, springen die trojanischen Krieger in voller Rüstung von ihren Streitwagen und formieren sich zu fünf Gruppen. Die größte Schar führen Hektor und Polydamas an. Die trojanischen Krieger ziehen ihre Reihen zu einer geschlossenen Schlachtordnung zusammen.

Nur ein trojanischer Heerführer, Asios, weigert sich, Streitwagen und Wagenlenker zurückzulassen, und rückt mit seinem Trupp auf einem Übergang vor, den die Griechen beim Rückzug benutzen. Das Tor in den Palisaden findet er noch offen, um den zurückweichenden Griechen Einlass zu gewähren. Überzeugt, dem Sieg zum Greifen nah zu sein, stürmen Asios und seine Männer mit Schlachtrufen auf das Tor zu. Doch dort stellen sich ihnen zwei griechische Helden vom Kriegervolk der Lapithen entgegen: Polypoites und Leonteus, die beim Anblick der anrückenden Trojaner hinter dem Festungswall hervorgeeilt sind. Wie wilde Eber angesichts einer Meute von Jägern und Hunden teilen sie Hiebe nach allen Seiten aus, unterstützt von den Männern über ihnen auf der Palisadenmauer, die Steine auf die Angreifer hinabschleudern. Helme und Rüstungen krachen, als die Felsbrocken sie treffen. So wild kämpfen die Lapithen, dass die Trojaner innehalten müssen, und der verzweifelte Asios verflucht Zeus dafür, dass er den Griechen gestattet, ihre Stellung so hartnäckig zu halten. Zeus jedoch begünstigt Hektor und hat nicht vor, dem Asios den Ruhm zu lassen.

Als die trojanischen Truppen die übrigen Tore in den Palisaden erreichen, prasselt ein Hagel aus steinernen Geschossen auf sie herab, während die Griechen ihre Schiffe erbittert verteidigen. Alle auf Seiten der Griechen stehenden Götter, die vom Olymp zusehen, sind verzweifelt, doch das Blatt scheint sich zu ihren Gunsten zu wenden. Die beiden Lapithen setzen den Kampf mit aller Macht fort: Sie töten viele von denen, die voreilig dem Wagen des Asios gefolgt sind, und rauben den Toten die Rüstung.

STREITWAGEN

Das Kriegshandwerk ist in der *Ilias* Sache von Fürsten. Auf beiden Seiten gibt es auch Fußsoldaten, doch die Furcht erregenden Waffen sind in der Hand reicher Krieger. Auf dem Schlachtfeld lassen sie sich in von vier Pferden gezogenen Streitwagen von einem Brennpunkt zum nächsten kutschieren. Der Großteil der Armee besteht aus diesen Kriegern und ihren Wagenlenkern. Sie haben entscheidenden Anteil am Ausgang der Schlacht.

Ein schlechtes Omen

Die von Polydamas und Hektor geführten Trojaner warten noch am Graben und sind verunsichert, denn sie haben einen Adler von links vor der Armee herfliegen sehen. In den Klauen hielt er eine blutrote Schlange – eindeutig ein schlechtes Vorzeichen. Die Schlange wand sich in der Luft und biss schließlich den Adler in den Hals, so dass er sie fallen ließ. Nun ringelt sie sich zwischen den entsetzten Trojanern auf der Erde, und bei ihrem Anblick wagt Polydamas, sich Hektor zu widersetzen: Er rät ihm, nicht weiter zu den Schiffen vorzudringen, denn so wie der Adler es mit seiner Beute nicht bis zu seinem Nest schaffte, werden auch die Trojaner zwar vielleicht zu den Schiffen durchbrechen können, aber dann heillos zurückgeschlagen werden.

Hektor ist zornig und fährt Polydamas an, er sei von Sinnen. Er erinnert ihn an Zeus' Versprechen und höhnt über die Idee, das Verhalten irgendwelcher Vögel zu beobachten. Das einzige Omen, an dem ihm gelegen sei, sei der Kampf um sein Land:

Doch was zitterst denn du vor Kampf und Waffengetümmel?
Sänken wir anderen auch an den rüstigen Schiffen Achaias,
Alle getötet, umher; dir droht kein Schrecken des Todes!
Denn dir ward kein Herz, ausharrend den Feind und die Feldschlacht!
Wo du mir aber dem Kampf dich entziehn wirst oder der andern
Einen vom Krieg abwenden, durch törichte Wort' ihn verleitend;
Schnell von meiner Lanze durchbohrt verlierst du das Leben!
[12:244–250]

Mit diesen Worten stürmt Hektor los, und seine Leute folgen ihm mit ohrenbetäubenden Schlachtrufen. Von den Bergen aus sendet Zeus ihnen einen Sturm hinterher, der ihren Gegnern den Staub in die Augen treibt und sie blind macht. Von diesem Zeichen der Götter ermutigt, verdoppeln die Trojaner ihre Anstrengungen, die Mauer zu durchbrechen. Sie reißen an Zinnen und Brustwehr und hebeln die Stützpfeiler aus. Doch jedes Mal, wenn sie eine Bresche geschlagen haben, füllen sie die Griechen mit Schilden und schleudern Steine auf die unten versammelten Feinde hinab.

Entlang den Palisaden feuern die beiden Ajaxe die Verteidiger an und geben denen Befehle, die den Kampf aufgeben wollen. Sie verbieten allen, zu den Schiffen zurückzukehren: Es gibt nur einen Weg, und der führt nach vorn. Noch immer hoffen sie auf Zeus' Hilfe, den Angriff abzuwehren. Ein Hagel von Felsbrocken erfüllt die Luft, geschleudert von den Trojanern und zurückgeworfen von den Griechen, dass die Palisadenwand in ihrer ganzen Länge widerhallt. Der Kampf tobt heftig, aber keine Seite will nachgeben.

Sarpedons große Stunde

Der trojanische Verbündete Sarpedon, ein lykischer Fürst, glaubt, kühnes Handeln sei nun erforderlich. Seinen großen Schild vor sich haltend und zwei Lanzen schwingend, sucht er seinen Freund, den Lykier Glaukos, und bedrängt ihn, dem Ruf gerecht zu werden, den beide im lykischen Heer haben:

Trautester, könnten wir ja durch dieses Kampfes Vermeidung,
Immerdar fortblühen, unsterblich beid und unalternd,
Weder ich selbst dann stellte mich unter die vordersten Kämpfer,
Noch ermuntert ich dich zur männerehrenden Feldschlacht.
Aber da gleichwohl drohn unzählbare Schrecken des Todes
Rings und keiner entflieht der Sterblichen, noch sie vermeidet:
Auf, daß wir anderer Ruhm verherrlichen oder den unsern!
[12:322–328]

Mit diesen Worten führen Sarpedon und Glaukos gemeinsam das mächtige lykische Kontingent auf die Mauer zu.

Der Verteidiger dieses Mauerstücks, Menestheus, sieht sie entsetzt näher kommen und sendet eine dringende Botschaft an beide Ajaxe: Sie seien alle dem Tod geweiht. Der große Ajax folgt dem Boten zusammen mit seinem Halbbruder, dem Bogenschützen Teukros. Als sie bei Menestheus ankommen, rennen die Lykier bereits wie eine schwarze Wolke gegen die Brustwehr an. Ajax erreicht die Zinnen und schlägt dem ersten Lykier, den er sieht, einen dicken Felsbrocken auf den Kopf, zerschmettert ihm Helm und Schädel, so dass der Mann tot von den Zinnen fällt wie ein Turmspringer. Teukros' Pfeil trifft Glaukos in den Arm, doch der springt von der Mauer herab, damit von den Griechen keiner sieht, dass er verwundet ist.

Sarpedon ist entsetzt, aber zum Zaudern ist keine Zeit. Er ersticht den nächststehenden Griechen mit seiner Lanze und schiebt den Mann mit dem Lanzenschaft über die Zinnen hinab, so dass seine Rüstung rasselt. Dann greift er nach der Brüstung, zieht kräftig und reißt die Mauer ein Stück ein, so dass eine breite Bresche für seine Waffenbrüder entsteht.

Ajax und Teukros merken, von wo die größte Gefahr droht, und konzentrieren sich beide auf Sarpedon selbst. Zeus schützt ihn vor Teukros' Pfeil, der nur den glänzenden Brustgurt trifft, doch Ajax' Hieb gegen seinen Schild hält ihn für eine Weile in Schach. Er ruft den ihm folgenden Lykiern zu:

SARPEDON

Sarpedon ist lykischer Fürst und Alliierter der Trojaner. Allerdings ist er Sohn des Zeus und einer sterblichen Mutter namens Laodameia. Deshalb steht er unter dem Schutz der Götter, und als Zeus den Dingen notgedrungen ihren Lauf lassen und zusehen muss, dass Patroklos Sarpedon tötet, wäscht Apollon seinen Leichnam, salbt ihn mit Ambrosia und trägt ihn nach Lykien, wo er in Ehren bestattet wird.

DIE PALISADEN

Wenn die Trojaner die Oberhand haben, drohen sie jedes Mal, die Schiffe zu verbrennen, mit denen die Griechen nach Troja gelangt sind. Die an den Strand gezogenen Schiffe zu vernichten, würde den endgültigen Sieg bedeuten, denn nicht einmal die Verwundeten könnten mehr heimkehren. Deshalb bauen die Griechen in einem großen Halbkreis um ihre Schiffe Wälle und Befestigungsanlagen mit befestigten Toren. Außen herum verläuft ein Graben als Hindernis für Reiter und Streitwagen. So entsteht Troja gegenüber eine Art Stadt.

Lykier, o wie vergesset ihr doch des stürmenden Mutes!
Schwer ja ist's mir allein, und wär ich der tapferste Streiter,
Durchzubrechen die Mauer und Bahn zu den Schiffen zu öffnen!
Auf denn, zugleich mir gefolgt! denn mehrerer Arbeit ist besser!
[12:409–412]

Doch während sie zur Bresche hinaufstürmen, die ihr Anführer geschlagen hat, werden auch die Verteidiger verstärkt, und im verzweifelten Kampf, der nun folgt, gewinnt keine Seite die Oberhand. Blut tränkt die Brüstung in ihrer ganzen Länge von beiden Seiten.

Trotz des Blutbads ist keine Entscheidung abzusehen. Keine Seite kann sich durchsetzen. Die Trojaner drängen tapfer weiter vor, aber den Griechen gelingt es, die Mauer wirksam zu verteidigen. Dann plötzlich gibt Zeus Hektor den lang ersehnten Vorteil: Als Erster durchbricht er die griechische Verteidigungslinie und als Erster ist er auch innerhalb ihrer Mauern. Von dort brüllt er seinen Männern zu und treibt den Rest der Armee an, sie sollen die Verteidigungsanlagen abreißen und die Schiffe in Brand setzen:

Auf, ihr reisigen Troer, hinan! Durchbrecht der Argeier
Mauer, und werft in die Schiffe die schreckliche Flamme des Feuers!
[12:440–441]

Jeder einzelne Krieger im trojanischen Heer hört ihn: Alle erstürmen die Palisaden und klettern mit ihren Lanzen in der Hand hinauf. Hektor ergreift einen gewaltigen Felsbrocken, der an einem Ende breit, am anderen aber spitz zulaufend ist und den normalerweise nur zwei ausgewachsene Männer hätten tragen können. Er aber hebt ihn mühelos, weil Zeus ihn leicht für ihn macht. So steht Hektor vor dem Haupttor, die

Beine gespreizt, um sein ganzes Gewicht in den Wurf legen zu können. Dann schleudert er den Stein in die Mitte des Tors, so dass beide Flügel aus den Angeln gerissen werden. Die Bohlen zerschmettern, die Riegel innen geben nach. Wie das personifizierte Grauen springt Hektor durch die Öffnung, eine Lanze in jeder Faust, und seine Rüstung leuchtet in der Abendsonne wie ein verheerendes Feuer:

Schmetternd zerbrach er die Angeln umher, und es stürzte der Marmor
Schwer hinein, dumpf krachte das Tor; auch die mächtigen Riegel
Hielten ihm nicht, und die Bohlen zerspalteten hiehin und dorthin,
Unter des Steines Gewalt. Und es sprang der erhabene Hektor
Furchtbar hinein, wie das Grauen der Nacht; er strahlt' in des Erzes
Schrecklichem Glanz, der ihn hüllt', und zwo hellblinkende Lanzen
Schüttelt' er. Schwerlich hätt' ein Begegnender jetzt ihn gehemmet,
Außer ein Gott, da er sprang in das Tor, wutfunkelnden Blickes. [12:459–466]

Nur ein Gott könnte Hektor in diesem Moment noch aufhalten. Er wendet sich zu seiner Armee um und treibt sie an, ihm über die Mauer zu folgen. Im Nu haben sie hinter ihm her die griechischen Verteidigungsanlagen überrannt, die als Einziges ihre Schiffe beschützen. Manche kämpfen sich geradewegs durch das Tor. In Panik flüchten die Griechen zu ihren Schiffen zurück, während der Kampf erneut voll entbrennt. Ein Ende ist noch lange nicht in Sicht.

Die Krieger beider Seiten sind in verschiedenen Waffengattungen geübt. Speere dienen dem Kampf aus der Ferne, zudem tragen diese Krieger Schwerter und Streitäxte für den Nahkampf. Bogenschützen sind meist nur leicht bewaffnet und gerüstet, denn sie bleiben außerhalb der Reichweite von Speerwürfen oder Lanzenstößen.

13. Gesang

POSEIDONS ZORN

DIE SITUATION

Nachdem Zeus Hektor bis zu den Schiffen hat vordringen lassen, verlässt er das Schlachtfeld. Der Meeresgott Poseidon ist empört über den Verrat seines Bruders Zeus an den Griechen und eilt ihnen zu Hilfe. Die Schlacht tobt weiter, als beide Seiten von den göttlichen Brüdern angestachelt werden.

Der Meeresgott mischt sich ein

Als die Trojaner die am Strand liegenden Schiffe bedrängen, findet Zeus, dass er das Thetis gegebene Versprechen eingelöst hat, und wendet sich vom Schlachtfeld ab. Dass sich ein anderer Gott einmischen könnte, kommt ihm nicht in den Sinn. Sein Bruder Poseidon jedoch, der Gott der Meere und Erdbeben, beobachtet alles vom höchsten Gipfel von Samothrake aus. Als er sieht, dass die Griechen überrannt werden, wird er wütend auf Zeus. Er stürmt den Berg hinunter und taucht zu seinem riesigen Palast auf dem Meeresgrund hinab. Dort spannt er die Pferde ein, legt seine Rüstung an und eilt in voller Fahrt zu den griechischen Schiffen vor Troja. Die Wogen teilen sich vor ihm, und er fährt so schnell, dass die Bronzeachse seines Streitwagens nicht einmal nass wird. In einer Unterwasserhöhle zwischen Imbros und Tenedos versteckt er den Wagen, bindet die Pferde an und marschiert zu Fuß zum umkämpften griechischen Lager weiter.

Wie ein Orkan bedrängen die Trojaner die Griechen, als Poseidon dem Meer entsteigt. Angestachelt von Hektors Kampfgeist stoßen sie schreckliche Schlachtrufe aus. Es geht um die Schiffe, und so sucht Poseidon in Gestalt des Sehers Kalchas sogleich die beiden Ajaxe auf. Er drängt sie, sich ganz auf die schwächste Stelle zu konzentrieren, wo Hektor wütet. Poseidon ist sicher, dass Stärke und Geschick beider Ajaxe zusammen Hektor vernichten könnten, mag diesen auch Zeus selbst antreiben:

Hier nur sorg ich am meisten und fürchte mich, was uns betreffe,
Wo der Rasende dort wie ein brennendes Feuer voranherrscht,
Hektor, der sich entsprossen von Zeus dem Allmächtigen rühmet!
Gäbe doch euch in die Seel ein Unsterblicher diesen Gedanken,
Selbst entgegenzustehn mit Gewalt und andre zu reizen!
Traun, wie eifrig er strebt, hinweg von den Schiffen Achaias
Drängtet ihr ihn, wenn gleich der Olympier selbst ihn erwecket!

[13:52–58]

Poseidon, der Gott des Meeres und aller Gewässer, durchquert die Fluten in einem goldenen Wagen, der von unsterblichen Schimmeln gezogen wird, und gilt auch als Gott der Pferde. Achills Hengste Balios und Xanthos waren ein Hochzeitsgeschenk Poseidons an Achills Vater Peleus. Poseidon ist ein streitbarer Gott, der sich häufig mit Hera, Athene und Zeus zankt.

Bei diesen Worten berührt Poseidon sie mit seinem Stab, und gleich fühlen sie ihren Mut zurückkehren. Die beiden stürmen in die Schlacht zurück. Der kleine Ajax vermutet, dass dies ein göttlicher Funke sei, und beide fühlen die Stärke Poseidons durch ihre Adern bis in ihre Waffen fließen, als sie sich ins Getümmel stürzen.

Poseidon geht durch die Reihen der Griechen und gibt ihnen den Mut zurück, den sie angesichts der übermächtigen Trojaner verloren hatten. Nun scharen sie sich um die beiden Ajaxe zu zwei dichten Schlachtformationen, die Schulter an Schulter, Schild an Schild, so eng beieinander stehen, dass sich ihre Helme berühren. Von Kampfgeist und Wut beseelt, stehen sie wie ein Mann. Wie eine Lawine rollen die Trojaner auf sie zu, an ihrer Spitze Hektor, der tödliche Hiebe austeilend durch ihre Reihen stürmt, als wolle er sich geradewegs ins Meer stürzen. Doch die Sturmwelle der Trojaner prallt gegen eine massive Wand von Schilden und zerbricht unter dem todbringenden Hagel griechischer Lanzenstiche und Schwerthiebe. Hektor weicht zurück. Sogleich ruft er seinen Männern zu, sich neu zu formieren, denn Zeus sei auf ihrer Seite:

Troer, und Lykier ihr und Dardaner, Kämpfer der Nähe,
Haltet euch! Traun, nicht lange bestehn vor mir die Achaier,
Nahen sie gleich miteinander in Heerschar wohlgeordnet;
Sondern bald vor dem Speer entweichen sie, wo mich in Wahrheit
Trieb der erhabenste Gott, der donnernde Gatte der Here!
[13:150–154]

Der große und der kleine Ajax greifen Hektor an

Priamos' Sohn Deiphobos löst sich aus den Reihen und greift an. Meriones' Lanze trifft seinen Schild in der Mitte, bricht jedoch am Schaft ab. Fluchend läuft Meriones zurück, um sich eine neue Lanze zu holen. Der grausame Bogenschütze Teukros bringt Imbrios, einen von Priamos' treuesten Verbündeten, zu Fall, und im Nu ist der große Ajax bei ihm und tötet ihn mit einem Lanzenstich hinter dem Ohr. Teukros eilt, sich seine Trophäe zu nehmen. Hektor wirft seine Lanze nach ihm, doch der flinke Bogenschütze weicht aus, so dass die Lanze Amphimachos trifft, den Enkel Poseidons, und ihm die Brust aufreißt. Nun ist Hektor erpicht auf seine Trophäe, aber Ajax sticht mit seiner Lanze nach ihm. Die Spitze gleitet am Harnisch ab, doch ist der Hieb so stark, dass Hektor beiseite gestoßen wird. Die Griechen haben nun Zeit, ihre Toten aus dem Getümmel zu schleifen. Während man Amphimachos zum Lager zurückträgt, werfen sich die beiden Ajaxe auf Imbrios' Leichnam wie Löwen auf einen Ziegenkadaver. Sie heben ihn hoch und reißen ihm in der Luft die Rüstung ab. Als Rache für Amphimachos' Tod trennt der kleine Ajax der Leiche den Kopf ab und schleudert ihn wie einen Ball über das Schlachtfeld Hektor vor die Füße.

Poseidon ist außer sich: Sein eigener Enkel von Hektor niedergemetzelt? Er durchquert das Lager der Griechen und begegnet dem großen Wagenlenker Idomeneus. Ihm tritt Poseidon in Gestalt des ätolischen Feldherrn Thoas entgegen und spricht ihn, rasend vor Wut, sogleich an: Was ist aus der Drohung der Griechen geworden, Troja zu vernichten – alles nur eitles Geschwätz? Wenn Idomeneus von diesem Ausbruch überrascht ist, zeigt er es nicht, sondern antwortet, soweit er sehen könne, sei dies nicht die Schuld eines Sterblichen, sondern das Werk von Zeus' unergründlichem Willen, und Thoas möge nur nicht den Mut verlieren:

Keinen fesselt die Furcht, die entseelende; keiner, von Trägheit
Laß, entzieht des Kampfes Gefahren sich, sondern es wird wohl
Also beschlossen sein vom allmächtigen Sohne des Kronos,
Daß hier ruhmlos sterben von Argos fern die Achaier.
Thoas, wohlan! du warst ja vordem ausharrenden Mutes
Und ermahnst auch andre, wo jemand säumen du sahest,
Drum laß jetzo nicht ab und ermuntere jeglichen Streiter!

[13:224–230]

In Thoas' Gestalt verflucht Poseidon alle Feiglinge, sie seien Aas für streunende Hunde. Er und Idomeneus sollten sich rüsten und Seite an Seite in die Schlacht ziehen. Wenn selbst Feiglinge sich durchsetzen könnten, sofern sie sich zusammentäten, wie viel mehr könnten dann erfahrene Kämpfer wie sie erreichen? Mit diesen Worten geht Poseidon weiter durch die Reihen.

Angestachelt erreicht Idomeneus sein Zelt, legt die Rüstung an, ergreift zwei Lanzen und geht dann zu seinem Stellvertreter Meriones, der zurückgekehrt ist, um sich eine frische Lanze zu holen. Um Zeit zu sparen, bietet ihm Idomeneus eine aus seinem Beutegut an, dann ziehen die beiden grimmig in die Schlacht und sprechen unterwegs ihre Taktik ab. Die Mitte der Palisaden ist gut gesichert, denn Teukros und beide Ajaxe wehren jeden Versuch Hektors Schlag für Schlag ab. Der große Ajax gibt sich niemandem geschlagen, ob Mensch oder Gott. Die kretischen Feldherren entscheiden sich für die linke Flanke:

AMPHIMACHOS

Poseidons Enkel ist der Sohn des Kteatos, der einst Herakles bezwang, jedoch später von ihm getötet wurde. Amphimachos war einer von Helenas Freiern und führt deshalb die Epeier in den Trojanischen Krieg. Hektor tötet ihn und weckt damit den Zorn Poseidons.

IDOMENEUS

Der König von Kreta ist ein Enkel des Minos und Verbündeter Agamemnons. Er befehligt die 80 kretischen Schiffe. Er ist ein berühmter Wagenlenker und einer der erfolgreichsten Krieger, obwohl älter als die meisten griechischen Feldherren. Er gehört zu den Kämpfern im Trojanischen Pferd und kehrt nach dem Fall Trojas unversehrt nach Kreta zurück. Einigen Quellen zufolge muss er jedoch in einem Sturm Poseidon versprechen, das Erste zu opfern, das ihm bei seiner Heimkehr begegnet – seinen eigenen Sohn.

Aber ein Mann scheucht nimmer den Telamonier Ajas,
Keiner, der sterblich ist und Frucht der Demeter genießet,
Auch durchdringlich dem Erz und gewaltigen Steinen des Feldes.
Selbst vor Achilleus nicht, dem Zerschmetterer, möcht er weichen,
Im stillstehenden Kampf; denn im Lauf wetteifert ihm niemand,
Dort denn eil uns zur Linken der Heerschar, daß wir in Eile
Sehn, ob wir anderer Ruhm verherrlichen oder den unsern!
[13:321–327]

Als die Trojaner die beiden in ihren schimmernden Rüstungen sehen, greifen sie sie unter Gejohle an, und nun tobt ein heftiger Kampf, ein Wirrwarr von wütenden Männern, rasselnden Schwertern, Lanzen und verwundeten Körpern, glänzenden Harnischen – einem solchen Chaos sind nur die bewährtesten Krieger gewachsen.

Und so kämpfen Zeus und Poseidon gegeneinander, Menschen als Waffen missbrauchend. Zeus tritt offen für die Trojaner ein, denn ein vorläufiger Sieg Hektors wird Achills späteren Triumph umso großartiger machen. Vernichten will er die Griechen jedoch nicht, sondern lediglich das Thetis und ihrem eigensinnigen Sohn gegebene Versprechen einlösen. Poseidon dagegen steht ganz im Bann seines älteren, mächtigeren Bruders. In Gestalt eines Kriegers durchstreift er unerkannt die griechischen Reihen und stachelt die Männer an. Gnadenlos spannen die Götter über beide Seiten den Fallstrick des Krieges aus, viele Kämpfer sinken in die Knie und sterben.

Idomeneus wütet unter den Feinden

Panik verbreitend pflügt Idomeneus durch die trojanischen Reihen. Othryoneus, der aus Liebe zu Priamos' Tochter Kassandra Troja zu Hilfe kam, stößt er seine Lanze durch Schild und Rüstung tief in den Bauch. Als Idomeneus ihn fortschleppt, greift dessen Gefährte Asios ihn an, doch der Kreter reagiert schnell und sticht ihm die Lanze durch die Kehle, so dass Asios schreiend vor Schmerz vom Wagen stürzt. Sein Lenker ist zu erschrocken, um anzuhalten, und wird von Nestors Sohn Antilochos wie ein Heuballen mit einer Forke aus dem Wagen gehebelt.

Deiphobos schwört Vergeltung für Asios und schleudert die Lanze nach Idomeneus, der jedoch den großen Schild rechtzeitig hebt, so dass die Spitze an seinem Rand abprallt und Hypsenor genau in die Leber trifft. Deiphobos jubelt, denn so bleibt Asios' Tod wenigstens nicht ungerächt. Die Griechen weinen, und Antilochos eilt herbei, um Hypsenors Leiche mit dem Schild zu schützen und in Sicherheit zu bringen.

Idomeneus aber wütet weiter, bemüht, so viele Trojaner wie eben möglich ins Jenseits zu befördern, und koste es sein eigenes Leben. Durch Zufall stößt er auf Alkathoos, den Schwager des Äneas. Von Poseidons Kraft beseelt, stößt Idomeneus dem Fürsten die Lanze ins Herz und tötet ihn auf der Stelle. Als der Trojaner zu Boden sinkt, den noch zitternden Lanzenschaft in der Brust, verhöhnt Idomeneus Deiphobos. Der steckt nun in der Zwickmühle: Soll er Hilfe herbeiholen oder dem arroganten Kreter das Maul stopfen? Er entscheidet sich für Hilfe und sucht Äneas. Er findet ihn fernab vom Getümmel müßig am Rand des Schlachtfelds, denn Äneas ist verstimmt, weil Priamos ihn bei weitem nicht mit der gebührenden Ehre behandelt. Deiphobos durchbricht sein Selbstmitleid und drängt ihn, mitzukommen und den Leichnam seines Verwandten schützen zu helfen. Seine Worte stacheln Äneas' Kampfgeist an, und gemeinsam attackieren sie Idomeneus, doch angriffslustig wie ein wilder Eber hält der Kreter seine Stellung. Der alte Kämpe ist jedoch viel zu kampferprobt und klug, um sich in nutzlosem Heroismus aufzureiben, und ruft seine Kameraden zu Hilfe – Aphareus, Deipyros, Askalaphos, Meriones und Antilochos eilen herbei.

Kommt, o Freund', und beschützt mich einzelnen! Schrecken ergreift mich
Vor des raschen Äneias' Herannahn, der mich bestürmet,
Der ein Gewaltiger ist, in der Feldschlacht Männer zu töten;
Auch noch blüht ihm Jugend in üppiger Stärke des Lebens.
Wären wir doch an Alter so gleich uns, wie an Gesinnung:
Bald würd ihn Siegsehre verherrlichen oder mich selber!
[13:481–486]

Idomeneus' Kameraden halten schützend ihre Schilde vor ihn, doch Äneas' Hilferuf leisten mehr Männer Folge. Rings um den gefallenen Alkathoos kämpft jeder nach Kräften. Idomeneus und Äneas versuchen, sich gegenseitig zu treffen. Äneas gelingt der erste Wurf, doch weicht Idomeneus aus, so dass Äneas' Lanze im Boden stecken bleibt. Dann schleudert der Kreter seinen Speer, verfehlt Äneas aber und schlitzt stattdessen dem Trojaner Oinomaos den Bauch auf. Dem Sterbenden reißt Idomeneus die blutige Lanze wieder aus dem Leib, doch fehlt ihm die Kraft, ihm auch die Rüstung abzunehmen, denn die Feinde hauen gnadenlos auf ihn ein. Schritt für Schritt zieht Idomeneus sich zurück, und Deiphobos versucht sein Glück ein zweites Mal. Wieder verfehlt er Idomeneus, seine Lanze trifft stattdessen Askalaphos. Dieser ist zwar ein Sohn des Kriegsgottes Ares, doch sitzt sein Vater mit den anderen Göttern auf dem Olymp, durch Zeus' Willen zur Untätigkeit verdammt, und hört die Todesqualen seines Sohnes nicht.

POSEIDON

Poseidon ist Zeus' Bruder und Herr über alle Gewässer. Er löst Erdbeben aus. Im Trojanischen Krieg unterstützt er eifrig die Griechen und greift ein, um sie vor Zeus zu schützen. Poseidon hasst die Trojaner, weil er einst als Gefangener von König Laomedon die Stadtmauern bauen musste und dieser ihm den vereinbarten Lohn dafür schuldig blieb. Poseidon gibt Zeus letztlich immer nach, jedoch äußerst unwillig, da er sich von ihm nicht als gleichrangig, sondern wie ein Untergebener behandelt fühlt.

Deiphobos streift dem Alkathoos den Helm vom Kopf, doch Meriones springt auf ihn zu und durchbohrt ihm mit der Lanze den Arm, so dass Deiphobos schreiend den Helm fallen lässt, als Meriones die Lanze zurückreißt. Stöhnend und blutend wird Deiphobos von seinem Bruder Polites aus dem Getümmel gezerrt. Für die anderen jedoch geht der Kampf weiter: Äneas schneidet dem Aphareus so tief in die Kehle, dass ihm der Kopf zur Seite fällt; Antilochos durchtrennt dem Thoon das Rückgrad, so dass er hilflos zu Boden sinkt, und als Antilochos dem Toten die kostbare Rüstung abstreift, beschützt ihn Poseidon. Asios' Sohn Adamas rammt Antilochos seine Lanze in den Schild, doch Poseidon lässt sie zersplittern. Adamas versucht nun zu fliehen, doch Meriones ist schneller und durchspießt ihm den Bauch, so dass er zu Boden geht, den Lanzenschaft mit beiden Händen greifend und sich windend wie ein Stier, der sich gegen die Fesseln sträubt. Meriones reißt ihm die Lanze aus den Eingeweiden und macht so seiner Qual ein Ende. Aus Rache lässt Helenos dem Deipyros sein mächtiges Schwert auf den Kopf krachen, dass ihm der Helm zerspringt.

Da erscheint Menelaos und greift Helenos mit wilden Schlachtrufen und frisch geschliffener Lanze an, als dieser gerade einen Pfeil einlegt. Gleichzeitig lassen beide ihre Geschosse fliegen: Helenos' Pfeil trifft Menelaos mitten in die Brust, prallt jedoch harmlos am Harnisch ab; Menelaos jedoch hat auf die Hand des Trojaners gezielt und trifft sie genau, so dass die Lanze das Fleisch am polierten Bogen festnagelt. Helenos weiß, dass sein Bogenarm damit nutzlos ist, und zieht sich zurück. Menelaos stößt derweilen dem Peisandros sein Schwert mitten ins Gesicht, so dass ihm die Nase zerschmettert und beide Augäpfel blutüberströmt in den Staub fallen. Peisandros krümmt sich und stürzt, und Menelaos stellt dem Toten in Triumphpose einen Fuß auf die Brust und prahlt, alle Trojaner würden genauso elend zu Tode kommen wie dieser, wenn sie die griechischen Schiffe nicht in Ruhe ließen. Wissen sie nicht, wann es Zeit zum Aufgeben ist? Merken sie nicht, dass sie nur deshalb überhaupt die Schiffe erreicht haben, weil Zeus ihnen eine Zeit lang beistand? Ist ihre Blutrünstigkeit denn grenzenlos?

Alles wird man ja satt, des Schlummers selbst und der Liebe,
Auch des süßen Gesangs und bewunderten Reigentanzes:
Welche doch mehr anreizen die sehnsuchtsvolle Begierde
Als der Krieg; doch die Troer sind niemals satt des Gefechtes!
[13:636–639]

Menelaos streift dem toten Peisandros die Rüstung ab und wirft sie seinen Kameraden zu, damit sie sie zu den Schiffen tragen. Als er sich zurück ins Gewühl stürzt, entgeht er knapp einem Speerwurf Harpalions. Meriones jedoch, der Menelaos beschützte, tötet den paphlagonischen Fürsten mit einem wohl gezielten Pfeil.

Hektor sammelt seine Truppen

Von alldem hat Hektor, der in der Frontmitte kämpft, nichts mitbekommen. Er weiß nicht, dass seine Männer von den Griechen mit Poseidons Hilfe niedergemetzelt werden. Er selbst kämpft verbissen weiter am Durchbruch der Palisadenwand, um zu den Schiffen des Ajax und des Protesilaos zu gelangen. In immer neuen Wellen attackieren die trojanischen Gespanne die Schwachstelle gegen den Widerstand von Böotern, Ioniern und Epeiern. Sie können Hektor aufhalten, aber nicht vertreiben; selbst den von Menestheus geführten Athenern gelingt dies nicht. Die beiden Ajaxe kämpfen Seite an Seite, unterstützt von ihren treuen Kameraden. Die Lokrer kämpfen ohne schwere Rüstung und ohne Helm, nur mit Schleuder, Pfeil und Bogen bewaffnet, und stehen deshalb abseits des Getümmels und lassen beständig tödliche Pfeile auf die Gegner hageln.

Als es so aussieht, als würden die Trojaner zur Stadt zurückgedrängt, spricht Polydamas offen zu Hektor und zwingt ihn, die Lage nüchtern zu sehen. Nur weil Hektor glaubt, mit Zeus' Hilfe unbesiegbar zu sein, gilt dies nicht für alle anderen Krieger. Ihre strategische Position wird unhaltbar, sie müssen sich zurückziehen, die Taktik überdenken und entscheiden, ob sie in der Hoffnung auf Zeus' Hilfe weiter vordringen oder sich zur Neuformation zurückziehen wollen. Schließlich ist jederzeit damit zu rechnen, dass Achill in die Schlacht zurückkehrt. Polydamas ist dafür, die Truppen zu sammeln:

Weiche demnach und berufe die Edelsten alle des Volkes;
Daß wir vereint für alles entscheidenden Rat ausdenken:
Ob wir hinein uns stürzen ins Heer vielrudriger Schiffe,
So uns ein Gott willfährig den Sieg schenkt, ob wir anitzo
Heim von den Schiffen ziehn, unbeschädiget! Denn ich besorge
Traun, uns wägen zurück die gestrige Schuld die Achaier
Reichlich, dieweil bei den Schiffen der unersättliche Krieger
Harrt, der schwerlich hinfort sich ganz enthält des Gefechtes.
[13:740–747]

Hektor hört zu und befiehlt Polydamas, an Ort und Stelle zu bleiben und die Truppen zu sammeln. Dann stürmt er durch die Reihen auf der Suche nach seinen getreuen Feldherren – Deiphobos, Helenos, Othryoneus, Asios und Adamas. Sie alle findet er nicht, wohl aber Paris, der seine Männer antreibt. Zornig fährt er seinen Bruder an, wo denn alle Feldherren seien:

HELENOS

Sohn des Priamos und Zwillingsbruder Kassandras. Ebenso wie sie erhielt er von Apollon die Gabe der Weissagung. Helenos sagt den Fall Trojas voraus, falls sein Bruder Paris nach Sparta gehe. Gegen Kriegsende, das in der *Ilias* nicht geschildert wird, wird Helenos gefangen genommen und prophezeit den Griechen, sie könnten siegen, indem sie die heilige Statue der Athene raubten, Achills Sohn Neoptolemos und den Bogenschützen Philoktetes herbeiholten und das hölzerne Pferd bauten. Einige Zeit nach dem Krieg heiratet er Hektors Witwe Andromache.

Weichling, an Schönheit ein Held, weibsüchtiger, schlauer Verführer,
Sprich, wo Deiphobos ist und des herrschenden Helenos Stärke,
Adamas, Asios' Sohn, samt Asios, Hyrtakos' Sohne?
Auch Othryoneus wo? Nun sank herab von dem Gipfel
Ilios türmende Stadt, nun naht dein grauses Verhängnis!
[13:769–773]

Paris erwidert gelassen, Hektor beschuldige ihn zu Unrecht, denn er und seine Leute halten ihre Stellung trotz aller Schwierigkeiten. Alle Feldherren, die Hektor sucht, sind entweder tot oder verwundet und nutzlos für die Schlacht. Hektor müsse sie schon selbst führen und sie würden ihm gern folgen, solange ihre Kraft reiche:

Führe nunmehr, wohin dein Herz und Mut es gebietet,
Wir mit freudiger Seele begleiten dich; nimmer auch sollst du
Unseres Muts vermissen, soviel die Kraft nur gewähret!
Über die Kraft kann keiner, auch nicht der Tapferste, kämpfen!
[13:784–787]

Die kühnen Worte machen Hektor die Neuigkeiten etwas erträglicher. Paris folgt seinem Bruder zurück ins Getümmel, wo Polydamas inzwischen die Verbündeten gesammelt hat, darunter einige willkommene neue Kämpfer aus Askanien. Die neue trojanische Front überrollt die Griechen wie eine Sturmflut, allen voran Hektor. Er fordert sie heraus und verhöhnt sie, um ihnen Angst einzujagen. Der große Ajax schließlich nimmt die Herausforderung an, tritt hervor und starrt Hektor verächtlich an. Denkt er wirklich, er könne sie einschüchtern, obwohl jeder weiß, dass sie nur durch Zeus' Zutun die Oberhand haben? Die Schiffe wird Hektor niemals erreichen, eher werde Troja brennen:

Komm, Unglücklicher, komm! Warum doch schreckest du also
Argos' Volk? Wir sind nicht unerfahrene Krieger,
Sondern Zeus mit der Geißel des Wehs bezwang die Achaier.
Sicherlich wohl im Herzen erwartest du auszutilgen
Unsere Schiffe; doch rasch sind auch uns die Hände zur Abwehr!
Traun, weit eher vielleicht wird eure bevölkerte Feste
Unter unseren Händen besiegt und zu Boden getrümmert!
[13:810–816]

Hektor brüllt nach Kräften zurück: Ein aufgeblasener Schwätzer sei Ajax! Die Griechen würden allesamt vor ihren eigenen Schiffen sterben, und Hektor persönlich werde Ajax in Stücke reißen und den Aasgeiern vorwerfen. Mit einem jubelnden Schlachtruf führt Hektor den Angriff an, seine Männer dicht hinter ihm. Doch selbst angesichts Trojas Elite weichen die Griechen keinen Zentimeter. Der Schlachtlärm der tapferen Armeen steigt zum Himmel bis in die Hallen der Götter hinauf.

14. Gesang

HERA VERFÜHRT ZEUS

DIE SITUATION

Die Griechen versuchen ein letztes Aufbäumen. Auf dem Olymp bemerkt Hera, dass Poseidon gegen den Befehl seines Bruders seine Griechen anfeuert, und beschließt, ihren Gatten mit dem ältesten Trick der Welt zu blenden. Während Zeus also anderweitig beschäftigt ist, gibt sich der Meeresgott den Griechen zu erkennen und führt sie selbst in eine Attacke. Als Ajax Hektor außer Gefecht setzt, wirkt Troja auf einmal verwundbar.

Agamemnons Verzweiflung

In seinem Zelt, wo er den verletzten Machaon versorgen ließ, hört Nestor den Schlachtenlärm, eilt hinaus und erschrickt über den Anblick: Die Palisadenwand ist durchbrochen, seinen Kameraden setzen die Trojaner gnadenlos zu. Um ihn herum wird gekämpft und gestorben. Bestürzt überlegt Nestor, was zu tun ist – soll er auf seinen Streitwagen springen und sich ins Gewühl stürzen oder Agamemnon suchen gehen?

Als er sich gerade zu Letzterem entschlossen hat, entdeckt Nestor drei Gestalten, die müde den Strand entlanghinken: Agamemnon, Odysseus und Diomedes. Sie haben sich in ihren Schiffen vom Kampf ausgeruht und wollen sich nun einen Überblick über den Stand der Dinge verschaffen. Schwer auf ihre Lanzen gestützt, beobachten sie das Schlachten. Als Agamemnon Nestor nahen sieht, ergreifen ihn erneut Zweifel: Warum wendet sich Nestor von der Schlacht ab? Ist Hektor schon dabei, die Schiffe zu verbrennen, wie er geschworen hat? Den König befällt abgrundtiefe Verzweiflung. Niemand will mehr kämpfen, nicht einmal, um die Schiffe zu retten; alle werden ihn hassen, wie Achill es jetzt schon tut:

Ach ich sorg, es vollende sein Wort der stürmende Hektor,
Wie er vordem mir gedroht im Rat der versammelten Troer:
Eher nicht von den Schiffen gen Ilios wiederzukehren,
Eh er in Glut die Schiffe verbrannt und getötet sie selber.
Also redete jener; und nun wird alles vollendet.
Götter, gewiß sie alle, die hellumschienten Achaier,
Hegen mir Groll im Herzen und hassen mich, gleich wie Achilleus;
Daß sie dem Kampf sich entziehn um die ragenden Steuer der Schiffe!
[14:44–51]

Hera verführt Zeus, um ihn vom Trojanischen Krieg abzulenken, während Poseidon den Griechen gegen Hektor hilft. Zeus hat viele Gespielinnen, auf die Hera äußerst eifersüchtig ist.

Nestor muss Agamemnon beipflichten, denn tröstende Worte hat er nicht. Er vermutet, sogar Zeus könne sie nun nicht mehr retten. Doch selbst jetzt gibt Nestor nicht auf: Ein Plan muss her. Vielleicht hilft eine geschickte Strategie, wo brutale Gewalt nichts ausrichtet.

Erneut knickt Agamemnon ein: Es ist hoffnungslos. Die Palisadenwand, auf die sie ihre ganze Hoffnung gesetzt hatten, ist zerstört, der Graben mit dem Blut ihrer Krieger gefüllt. Die Verluste sind unhaltbar, und Zeus wird sie allesamt töten. Wenn es nach Agamemnon geht, dann stehlen sie sich alle einfach fort, am besten bei Nacht und Nebel:

Aber wohlan, wie ich rede das Wort, so gehorchet mir alle.
Welche Schiffe zunächst am Rande des Meers wir gestellet,
Nehmen wir all und ziehn sie hinab in die heilige Meerflut,
Hoch auf der Flut mit Ankern befestigend, bis uns herannaht
Öde Nacht, wo alsdann auch zurück sich hält vom Gefechte
Trojas Volk; drauf ziehn wir die sämtlichen Schiff' in die Wogen.
Denn nicht Tadel verdient's, der Gefahr auch bei Nacht zu entrinnen!
Besser, wer fliehend entrann der Gefahr, als wen sie ereilet!
[14:74–81]

Agamemnon mag es an Führungsqualitäten mangeln, doch wird sein Geschick als Lanzenwerfer nie angezweifelt. Bei den Wettspielen anlässlich Patroklos' Totenfeier erkennt Achill ihm den Preis im Speerwerfen zu, denn er ist der Beste von allen.

Odysseus starrt ihn finster an, denn er traut seinen Ohren nicht. Was für ein Befehl! Agamemnon ist verachtenswert und unwürdig, eine Armee so tapferer Männer zu führen. Bei Nacht und Nebel sollen sie sich davonmachen, nachdem bei der Belagerung Trojas so viele ihr Leben gelassen haben? Was für ein König ist das, der auf Zeus' göttlichen Ratschluss herrscht und nun empfiehlt, sie sollen weglaufen? Hat Agamemnon den Verstand verloren? Er wolle den Trojanern den Sieg ja auf dem Silbertablett präsentieren! Kein griechischer Krieger werde noch kämpfen, wenn er die Schiffe davonsegeln sähe.

Jetzo tadl ich dir gänzlich den Einfall, welchen du vorbringst! |
Mitten in Schlacht und Getümmel die schöngebordeten Schiffe |
Nieder ins Meer zu ziehen, ermahnest du, daß noch erwünschter |
Ende der Troer Geschick, die so schon siegen an Stärke, |
Und uns Tod und Verderben zerschmettere! Denn die Achaier |
Halten nicht aus das Gefecht, wann ins Meer wir die Schiffe hinabziehn |
Sondern voll Angst umschauend vergessen sie alle der Streitlust!
[14:95–101]

Angesichts dieser Tirade gibt Agamemnon sofort klein bei. Natürlich hat Odysseus Recht, aber was sollen sie sonst tun? Hat jemand eine Idee?

Wieder ist es Hitzkopf Diomedes, der jüngste der Feldherren, der sich zu Wort meldet, doch diesmal ist sein Rat umsichtig. Sie sind allesamt verwundet und wären im Nahkampf keine große Hilfe, doch sie können ja in der vordersten Reihe die anderen anfeuern, sich solidarisch zeigen und ihnen Mut einflößen. Das ist besser als nichts, und so machen sie sich unter Agamemnons Führung auf den Weg.

Poseidon hat zugesehen und eilt nun an Agamemnons Seite und ermutigt den kleinlauten, betrübten König. Bestimmt genieße Achill jetzt seine Genugtuung – ein Gott werde ihn schon verderben. Doch ihn, Agamemnon, haben die Götter nicht aufgegeben, denn schon bald werde er mit eigenen Augen sehen, wie die Trojaner den Rückzug zur Stadt antreten. Dann stößt Poseidon einen wilden Schlachtruf aus, so laut wie zehntausend Männer, und weckt im Herzen jedes einzelnen Griechen frischen Kampfesmut.

Heras Ränke

Von ihrem goldenen Thron oben auf dem Olymp aus sieht Hera erfreut, dass ihr Bruder Poseidon ihre geliebten Griechen anstachelt. Dann blickt sie zu Zeus hinüber, der auf dem Berg Ida sitzt, ohne auf die Schlacht zu achten, und ist verärgert. Wie kann sie helfen? Kommt sie gegen die Macht des Göttervaters überhaupt an? Da fällt ihr ein, dass sie als Frau ja ihre eigenen Waffen besitzt. Sie beschließt, sich herauszuputzen und als schöne, pflichtbewusste Ehefrau zu ihm zu gehen. Mit etwas Glück wird Zeus sie glühend begehren: Schließlich hat er sie früher auch unwiderstehlich gefunden, da kann es doch nicht schwer sein, ihn erneut in Versuchung zu führen! Später dann soll er – mit ihrem Zutun – befriedigt in tiefen, möglichst langen Schlaf fallen, damit Poseidon Gelegenheit hat, den Griechen zum Sieg zu verhelfen.

Der Plan gefällt Hera, und so schließt sie sich ein und macht sich bereit für eine Schlacht, die sie sicher gewinnen wird. Sie badet und salbt sich mit duftenden Ölen, frisiert ihr schönes dunkles Haar und legt ein prachtvolles Gewand an, dessen Stoff Athene gewoben hat. Hinzu kommen ein mit Quasten geschmückter Gürtel, glitzernde Ohrgehänge und ein Schleier. So herausgeputzt, tritt sie in die goldene Halle hinaus, zieht Aphrodite in eine Ecke, wo sie keiner der anderen Götter hören kann, und bittet sie um einen Gefallen, auch wenn sie im Krieg auf gegnerischen Seiten stehen. Aphrodite sagt bereitwillig zu, schließlich ist Hera Königin des Olymps. Hera lügt

HERA

Die Königin des Olymps ist Zeus' älteste Schwester und zugleich seine Gattin. Sie ist eifersüchtig auf seine vielen Geliebten und deren Kinder und lehnt sich oft gegen seine Autorität auf. Vor Troja steht sie nach Kräften den Griechen bei und riskiert damit Zeus' Zorn. Hera hasst die Trojaner, weil Paris sie demütigte, als er den Apfel „der Schönsten" Aphrodite gab.

HERAKLES

Herakles ist der Sohn von Zeus und Alkmene. Hera ist rasend eifersüchtig auf ihn und versucht vergebens, ihn bereits in der Wiege zu töten. Sie gibt sich alle Mühe, ihn zu vernichten. Er hadert mit den Trojanern, denn nachdem er Laomedons Tochter Hesione vor einem Seeungeheuer rettete, versagte ihm der trojanische König den vereinbarten Lohn. Als er seine Werke vollendet hatte, kehrte Herakles deshalb zurück und zerstörte die Stadtmauern mit Hilfe von Telamon, dem Vater des großen Ajax.

ebenso frech wie glaubhaft: Sie bittet Aphrodite um den Zauber der Liebe und Sehnsucht für ihre Pflegemutter Tethys, denn diese habe mit ihrem Mann Okeanos bösen Streit, der die beiden entzweit habe. Sie selbst wünsche sich nichts mehr, als die beiden zu versöhnen, damit sie sich wieder lieben. Geschickt schreibt sich Hera selbst ein unanfechtbares Motiv zu: Sie will, dass die beiden sie ehren.

Könnt ich jenen das Herz durch freundliche Worte bewegen,
Wieder zu nahn dem Lager, gesellt zu Lieb und Umarmung,
Stets dann würd ich die teure, geehrteste Freundin genennet.
[14:208–210]

Wie könnte die Göttin der Liebe diese Bitte abweisen, noch dazu, wenn sie von der Himmelskönigin selbst kommt? Sofort nimmt Aphrodite den Gürtel ab, den sie stets trägt, und gibt ihn Hera: Es ist der Zaubergürtel, in den Liebe und Begehren eingestickt sind wie zärtliche Worte, die Männern den Verstand rauben:

Da, verbirg' in dem Busen den bunt durchschimmerten Gürtel,
Wo ich des Zaubers Reize versammelte. Wahrlich du kehrst nicht
Sonder Erfolg von dannen, was dir dein Herz auch begehret.
[14:219–221]

Hera lächelt, denn nun kann nichts mehr schief gehen. Sie bindet sich den Gürtel um, und während Aphrodite zurück in die Halle geht, eilt sie nach Lemnos auf halbem Wege zwischen Troja und dem Olymp. Dort sucht sie Hypnos auf, den Gott des Schlafes, den Zwillingsbruder des Todes. Sie ergreift seine Hand und schmeichelt ihm schamlos. Dann bittet sie ihn, er solle Zeus in Schlaf versetzen. Als herrliche Belohnung soll er dafür einen von Hephaistos geschmiedeten goldenen Thron erhalten.

Schnell die leuchtenden Augen Kronions unter den Wimpern
Schläfre mir ein, nachdem uns gesellt hat Lieb und Umarmung.
Deiner harrt ein Geschenk, ein schöner, unalternder Sessel,
Strahlend von Gold; ihn soll mein hinkender Sohn Hephästos
Dir bereiten mit Kunst, und ein Schemel sei unter den Füßen;
Daß du behaglich am Mahl die glänzenden Füße dir ausruhst.
[14:236–241]

Der Schlaf muss lachen: Das kann nicht Heras Ernst sein. Er kann jedes Wesen in Schlaf versetzen, nicht aber Zeus. Er hat dies schon einmal auf Heras Geheiß getan, als sie Herakles töten wollte, doch Zeus hatte ihn mit unnachsichtiger Strenge verfolgt, so dass er nur entkam, indem er in die sichere Nacht floh.

Hera legt sich ins Zeug: Der Schlaf sei übervorsichtig. Sicher werde Zeus es weniger übel nehmen, wenn Hera sich in den Krieg zwischen Sterblichen einmische, als wenn es wie damals um seinen Sohn ginge. Außerdem bietet sie Hypnos eine noch schönere Belohnung, nämlich Pasithea zur Frau. Damit trifft Hera ins Schwarze, denn in die jüngste der Grazien ist der Schlaf schon seit Jahren verliebt. Aber er will sich absichern: Hera soll beim Fluss Styx und bei den Titanen schwören, dass Pasithea ihm gehören wird. Rasch besiegeln sie ihre Abmachung und machen sich gleich auf den Weg zum Ida. Der Schlaf langt zuerst dort an, schlüpft unbemerkt an Zeus vorbei und klettert auf eine Tanne, wo er sich als Nachtrabe zwischen den Ästen niederlässt.

Hera steigt den Berg hinauf, so dass Zeus sie sehen muss. Als er sie erblickt, erwacht in ihm unbändiges Verlangen nach ihr, zumal ihm das erste Mal einfällt, als er mit ihr schlief. Er fragt sie, wohin sie so eilig gehe. Wo sind ihr Wagen und ihre Pferde? Bescheiden tischt Hera ihm dieselbe Lüge auf wie Aphrodite: Sie sei unterwegs, um die Ehe von Okeanos und Tethys zu kitten. Ihr Wagen stehe am Fuß des Berges, und sie sei nur gekommen, um Zeus' Zustimmung zu erbitten. Schließlich soll er doch nicht denken, sie tue etwas hinter seinem Rücken! Zeus nimmt ihre Hand und lächelt verführerisch: Wozu die Eile? Das hat doch Zeit bis morgen! Will sie nicht lieber mit ihm ins Bett gehen? Sie mache ihn ganz verrückt, so wie sie in diesem Moment habe er noch keine Göttin oder Sterbliche begehrt, mit der er je geschlafen habe – nicht einmal Hera selbst, wie er sie zuvor kannte.

Hera tut ganz überrascht. Will der große Zeus etwa mitten auf dem kahlen Bergrücken mit ihr schlafen, wo alle sie sehen können? Das wäre ja unanständig! Können sie nicht wenigstens in Zeus' Schlafzimmer gehen? Doch Zeus mag nicht länger warten. Er will sie in goldene Wolken hüllen, die so dicht sind, dass kein Sonnenstrahl sie durchdringt. So kann sie niemand sehen, aber es muss jetzt sofort sein. Während Zeus Hera umarmt, wirbeln Wolken um sie her, Blumen erblühen und grünes Gras sprießt, wo sie sich hinlegen, eingehüllt in goldene Schwaden. Schon bald, das Verlangen gestillt und alle Leidenschaft verraucht, liegt Zeus in Heras Armen in tiefem, wohligem Schlummer. Der Schlaf hat sein Werk vollbracht.

DIE CHARITEN

Die Chariten (Grazien) sind kleine Gottheiten im Umfeld der Aphrodite. Ihre Namen und Anzahl werden unterschiedlich angegeben, doch sind es stets mindestens drei. Sie verkörpern Schönheit, Sanftmut und Freundschaft. Pasithea, die Hera Hypnos verspricht, ist möglicherweise Homers Erfindung. Die Eltern der Chariten waren vermutlich Zeus und Eurynome, eine Tochter von Okeanos und Tethys.

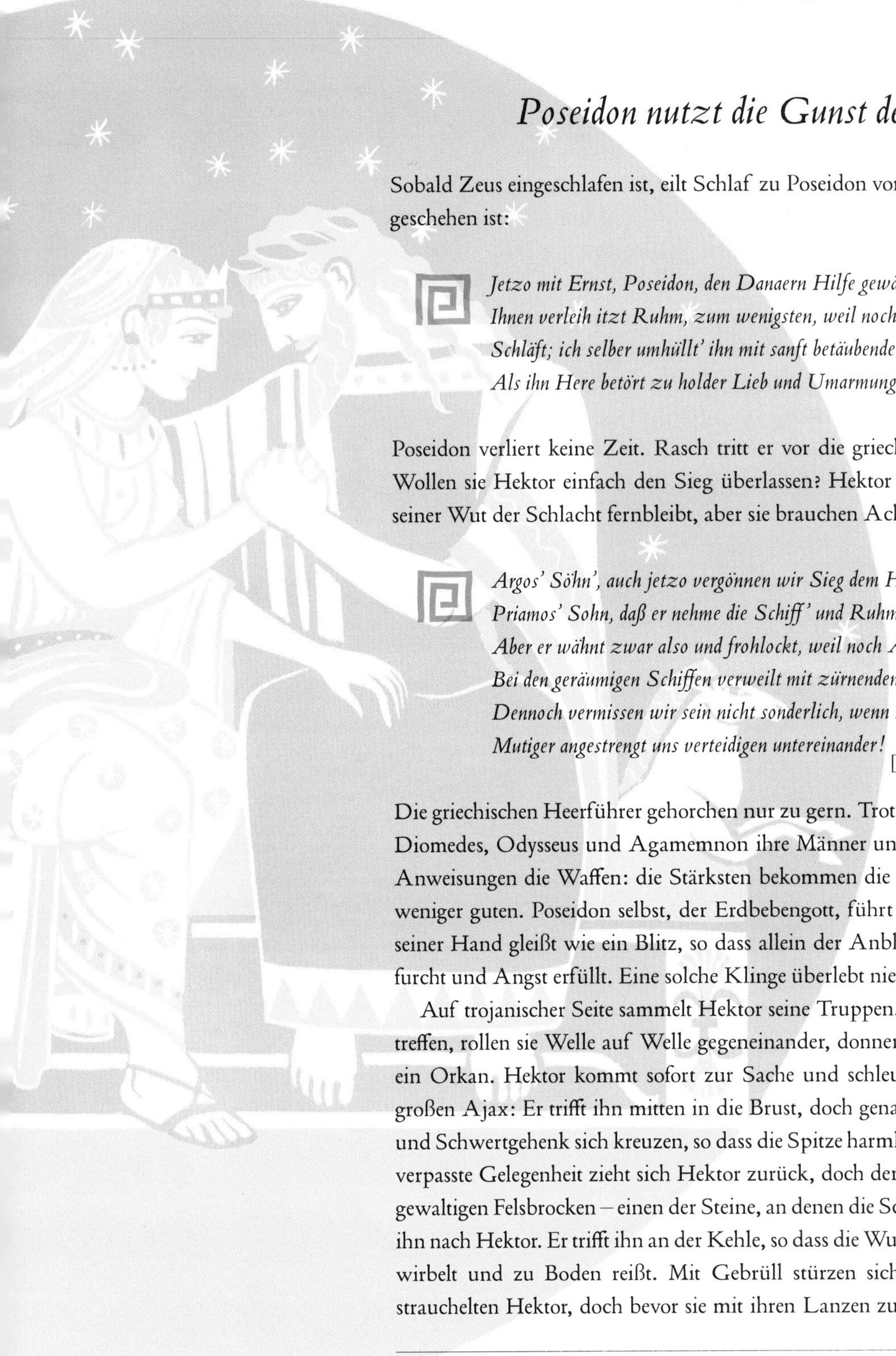

Poseidon nutzt die Gunst der Stunde

Sobald Zeus eingeschlafen ist, eilt Schlaf zu Poseidon vor Troja und erzählt ihm, was geschehen ist:

Jetzo mit Ernst, Poseidon, den Danaern Hilfe gewähret!
Ihnen verleih itzt Ruhm, zum wenigsten, weil noch Kronion
Schläft; ich selber umhüllt' ihn mit sanft betäubendem Schlummer,
Als ihn Here betört zu holder Lieb und Umarmung.
[14:357–360]

Poseidon verliert keine Zeit. Rasch tritt er vor die griechischen Truppen und hetzt: Wollen sie Hektor einfach den Sieg überlassen? Hektor zählt darauf, dass Achill in seiner Wut der Schlacht fernbleibt, aber sie brauchen Achill nicht:

Argos' Söhn', auch jetzo vergönnen wir Sieg dem Hektor,
Priamos' Sohn, daß er nehme die Schiff' und Ruhm sich gewinne?
Aber er wähnt zwar also und frohlockt, weil noch Achilleus
Bei den geräumigen Schiffen verweilt mit zürnendem Herzen.
Dennoch vermissen wir sein nicht sonderlich, wenn nur wir andern
Mutiger angestrengt uns verteidigen untereinander!
[14:364–369]

Die griechischen Heerführer gehorchen nur zu gern. Trotz ihrer Wunden mobilisieren Diomedes, Odysseus und Agamemnon ihre Männer und verteilen gemäß Poseidons Anweisungen die Waffen: die Stärksten bekommen die besten, die Schwächeren die weniger guten. Poseidon selbst, der Erdbebengott, führt sie an. Das Langschwert in seiner Hand gleißt wie ein Blitz, so dass allein der Anblick die Sterblichen mit Ehrfurcht und Angst erfüllt. Eine solche Klinge überlebt niemand.

Auf trojanischer Seite sammelt Hektor seine Truppen. Als die beiden Fronten sich treffen, rollen sie Welle auf Welle gegeneinander, donnernd wie ein Waldbrand oder ein Orkan. Hektor kommt sofort zur Sache und schleudert seine Lanze nach dem großen Ajax: Er trifft ihn mitten in die Brust, doch genau an dem Punkt, wo Schild und Schwertgehenk sich kreuzen, so dass die Spitze harmlos abprallt. Wütend über die verpasste Gelegenheit zieht sich Hektor zurück, doch der erzürnte Ajax ergreift einen gewaltigen Felsbrocken – einen der Steine, an denen die Schiffe vertäut sind – und wirft ihn nach Hektor. Er trifft ihn an der Kehle, so dass die Wucht des Aufpralls ihn herumwirbelt und zu Boden reißt. Mit Gebrüll stürzen sich die Griechen auf den gestrauchelten Hektor, doch bevor sie mit ihren Lanzen zum Zuge kommen, eilen ihm seine Gefährten Agenor, Polydamas, Äneas, Sarpedon und Glaukos sowie all ihre Männer zu Hilfe. Sie bilden einen undurchdringlichen Wall aus Schilden um ihren Feldherrn, in dessen Schutz er aus dem Getümmel zu seinem Wagen getragen wird.

Jubelnd darüber, dass der trojanische Heerführer außer Gefecht ist, gehen die Griechen erneut zum Angriff über, allen vorweg der kleine Ajax: Er sticht Satnios die Lanze in die Seite und wirft ihn um. Griechen und Trojaner scharen sich um den Leichnam, und Polydamas, auf Rache erpicht, spießt dem böotischen Feldherrn Prothoenor die Lanze in die Schulter und höhnt, nun habe er eine Krücke, auf die gestützt er direkt in den Hades gelange. Der große Ajax wirft seinen Speer nach dem jubelnden Polydamas. Der Trojaner weicht jedoch aus, und die Lanze trifft Archelochos und durchtrennt ihm die Wirbelsäule oben am Hals. Nun ist Ajax derjenige, der jubelt, denn sein Opfer ist einer der vielen Söhne des Antenor, einem von Priamos' vertrautesten Beratern. Eine gelungene Rache für Prothoenor!

Schlag um Schlag tauschen die Krieger aus. Auf beiden Seiten fließt Blut, und jeder versucht, die gefallenen Gefährten zu rächen. Der Grieche Peneleos wirft seine Lanze nach Akamas, der sich umdreht und flieht, doch trifft der Speer statt dessen den Ilioneus ins Auge und durchbohrt ihm den Kopf bis zum Genick. Peneleos nimmt sein scharfes Schwert und schlägt Ilioneus den Kopf ab, der mitsamt dem Helm zu Boden fällt, die Lanze noch in der Augenhöhle steckend. Peneleos ergreift den Schaft, hält die Trophäe hoch in die Luft wie eine grausige Mohnkapsel und höhnt:

Meldet mir dies, ihr Troer, Ilioneus' Vater und Mutter,
Daß sie den glänzenden Sohn daheim im Palaste betrauern!
Denn auch nicht des Promachos Weib, des Sohns Alegenors,
Heißt den trauten Gemahl willkommen hinfort (…)
[14:501–504]

Ohne Hektor an ihrer Spitze kommt es den Trojanern erstmals in den Sinn, sie könnten unterliegen. Sie bekommen es mit der Angst.

Wie also ist der Stand, seit Poseidon das Schlachtglück zugunsten der Griechen wendete? Der große Ajax hat Hyrtios getötet, den Befehlshaber der Mysier; Antilochos hat Phalkes und Mermeros auf dem Gewissen, Meriones Morys und Hippotion. Teukros hat Periphetes und Prothoon erschlagen, Menelaos den Hyperenor. Der kleine Ajax jedoch hat die meisten Feinde erledigt, denn keiner kann so schnell fliehen, dass er ihn nicht einholte.

„KLEINER" AJAX

Der Sohn des Oileus gehörte einst zu den Freiern Helenas. Er führt ein Kontingent von 40 Schiffen aus Lokris. Er heißt „kleiner" Ajax, weil er kleinwüchsig ist, doch ist er ein sehr tapferer Krieger und vor allem ein geschickter Bogenschütze und schneller Läufer. Seine Arroganz allerdings nimmt die Götter gegen ihn ein, vor allem Athene, deren Tempel er nach dem Fall Trojas entweiht. Sie überredet Zeus und Poseidon, auf der Heimfahrt sein Schiff sinken zu lassen, so dass er ertrinkt.

15. Gesang

ZEUS WENDET DAS BLATT

DIE SITUATION

Gerade als die Griechen die Oberhand gewinnen, erwacht Zeus von seinem Schlummer. Als er sieht, was auf dem Schlachtfeld geschieht, tobt er vor Zorn und droht allen Göttern, die je wieder seine Pläne durchkreuzen, Schreckliches an. Poseidon gibt klein bei und lässt die Griechen im Stich. Apollon aber treibt Hektor an und schützt die Trojaner mit Zeus' Ägis. Schritt für Schritt werden die Griechen zurückgedrängt, bis sie von ihren Schiffen aus kämpfen.

Streit unter den Göttern

Die Griechen treiben die Trojaner zurück, über die spitzen Pfähle und über den Graben hinweg, und schlachten sie in Massen ab. Doch dann erwacht Zeus – er springt auf, sieht fassungslos die Trojaner zurückweichen und Poseidon an der Spitze der Griechen triumphieren. Hektor ist außer Gefecht und ringt schwer nach Atem. Zeus stellt Hera zur Rede: Was hat sie getan?

> *Traun, dein böser Betrug, arglistige, tückische Here,*
> *Hemmte den göttlichen Hektor vom Streit und erschreckte die Völker!*
> *Doch wer weiß, ob nicht wieder des schlauersonnenen Frevels*
> *Erste Frucht du genießest, von meiner Geißel gezüchtigt!*
> [15:14–17]

Hat sie vergessen, wie er sie und all ihre Helfer bestrafte, als sie versuchte, seinen Sohn Herakles zu vernichten? Falls nicht, werde er ihr gern die Einzelheiten ins Gedächtnis rufen. Sie brauche nicht zu denken, ihre Verführungskünste würden sie nun retten. Bebend vor Angst, gibt Hera sich geschlagen, versucht aber dennoch, sich aus der Affäre zu ziehen. Bei allem, was heilig ist – Erde, Himmel, Styx, Zeus selbst, sogar das noch warme Ehebett – schwört sie, dass sie Poseidon nicht angestachelt hat, den Griechen beizustehen. Auslöser muss seine eigene Wut gegen die Trojaner gewesen sein, oder Mitleid für diejenigen, die ihn verehren … Hätte sie es gewusst, hätte sie selbstverständlich versucht, ihn davon abzubringen und zu zwingen, Zeus' Befehle zu achten.

Zeus lächelt diabolisch: Um klarzustellen, wer von den Göttern das Sagen hat, befiehlt er Hera, zum Olymp zu gehen und ihm die Götterbotin Iris und Apollon zu schicken. Nochmals erläutert Zeus Hera seinen ebenso großartigen wie schrecklichen Plan: Er hilft den Trojanern, die Griechen zurückzudrängen, bis Achill wieder kämpft. Achill tötet Hektor, dann werden die Trojaner mitsamt ihrer Stadt restlos vernichtet, und Achill gewinnt ewigen Ruhm. Genau das hat Zeus Thetis versprochen, und dafür wird Zeus sogar seinen eigenen Sohn Sarpedon opfern:

Daß die Fliehenden bang in des Peleiaden Achilleus
Ruderschiffe sich stürzen. Er heißt dann seinen Patroklos
Aufstehn; doch ihn erlegt mit dem Speer der strahlende Hektor,
Nahe vor Ilios' Mauern, nachdem er der Jünglinge viele
Ausgetilgt, auch meinen erhobenen Sohn Sarpedon.
Ihn dann rächend erschlägt den göttlichen Hektor Achilleus.
[15:63–68]

Bis Achill jedoch wieder kämpft und Hektor fällt, soll kein Gott – und keine Göttin – zugunsten der Griechen einen Finger rühren.

Bestürzung auf dem Olymp

Eilends macht sich Hera auf den Weg zum Olymp, nur weg von Zeus. Als sie eintrifft, belagern die übrigen Götter sie neugierig, doch sie weist alle ab und spricht nur mit Themis, die ihr einen Becher Wein gibt. So gestärkt, setzt Hera sich auf ihren Thron und spricht mit grimmiger Miene: Sie müssen verrückt gewesen sein, sich gegen Zeus

Zeus gestattet den Göttern, Partei zu ergreifen, und die olympischen Götter nutzen den Krieg, um alte persönliche Rechnungen zu begleichen.

zu wenden, denn er schert sich nicht um sie. Ares etwa hat offenbar noch gar nicht bemerkt, dass sein Sohn Askalaphos gerade in der Schlacht gefallen ist!

> *Törichte, die wir mit Zeus so gedankenlos uns ereifern*
> *Oder sein Tun zu stören uns abmühn, nahend mit Worten*
> *Oder mit Macht! Er sitzet von fern und achtet nicht unser,*
> *Unbesorgt; denn er dünkt sich vor allen unsterblichen Göttern*
> *Weit an Kraft und Gewalt den erhabensten sonder Vergleichung.*
> *Duldet denn, was auch immer des Unheils jedem er sendet.*
> *Eben nur ward, ich meine, dem Ares Jammer bereitet;*
> [15:104–110]

Entsetzt schlägt sich Ares auf die Hüften und brüllt. Nun könne ihm niemand verdenken, dass er seinen Sohn rächen will – soll Zeus ihn doch mit einem Blitz zerschmettern, dass er im Staub zwischen toten Sterblichen endet! Ohne nachzudenken legt Ares seine Rüstung an und befiehlt seinen Knechten Deimos und Phobos – Grauen und Entsetzen –, seinen Streitwagen bereit zu machen. Die übrigen Götter sind starr vor Schreck, nur Athene springt auf und reißt Ares den Helm vom Kopf, nimmt ihm den Schild vom Arm und die Lanze aus der Faust. Hat er den Verstand verloren? Begreift er nicht, was Hera gerade gesagt hat? Er werde lediglich erreichen, dass Zeus sein Spiel mit den Sterblichen abbricht und stattdessen die Götter allesamt vernichtet. Sie können nicht jeden Sterblichen retten, und es sind schon größere Männer als Ares' Sohn gestorben: Er muss es hinnehmen. Athene schiebt Ares zurück auf seinen Thron. Die Götter schweigen. Bedrückt sendet Hera Iris und Apollon wie befohlen zu Zeus.

Poseidon muss abziehen

Iris und Apollon fliegen zum Ida und treffen dort Zeus in besserer Laune an, nun da ihm alle wieder gehorchen. Er schickt Iris zu Poseidon mit dem Befehl, sofort aufzuhören und heimzugehen. Falls er sich weigert, soll Iris ihn daran erinnern, dass Zeus der Erstgeborene und weitaus mächtigere Gott ist. Als Iris ihre Botschaft überbringt, fährt Poseidon aus der Haut: Zeus wagt es, ihn einschüchtern zu wollen? Zeus, Hades und er sind gleichrangig, jedem von ihnen gehört ein Drittel der Welt. Er gehorcht seinem Bruder nicht wie ein Kind:

Nimmer folg ich demnach Zeus' Ordnungen, sondern geruhig
Bleib er, wie stark er auch ist, in seinem beschiedenen Dritteil.
Nicht mit den Armen fürwahr, wie den Zagenden, schrecke mich jener!
Seine Töchter vielleicht und Söhn' auch möcht er mit Anstand
Durch hochfahrende Worte bedräun, die er selber gezeuget;
Denn sie werden aus Zwang auf jedes Gebot ihm gehorchen!
[15:194–199]

Diplomatisch fragt Iris, ob sie Zeus diese grobe Abfuhr wirklich überbringen solle. Hat Poseidon die Erinnyen vergessen, die stets auf Seiten der Älteren stehen? Es sei keine Schande, sich anders zu besinnen.

Widerwillig lenkt Poseidon ein: Es sei gut, wenn ein Bote weiß, was sich schickt. Er werde sich diesmal fügen, obwohl es ihn ärgert, wenn Zeus den Herrn herauskehrt. Iris soll ihm aber auch eine Botschaft überbringen: Falls Zeus letztendlich den Griechen den Sieg verwehrt und Troja verschont, wird Poseidons Zorn unaufhaltsam sein.

Dennoch möcht ich für jetzt, obgleich unwillig, ihm weichen.
Aber ich sage dir an und beschließ im Herzen die Drohung:
Wo er zum Trotz mir selbst und der Siegerin Pallas Athene,
Hermes, und der Here zum Trotz, und dem Herrscher Hephästos,
Ilios' Feste verschont, die erhabene, und die Vertilgung
Nicht beschleußt noch schenkt des Sieges Gewalt den Achaiern;
Wiss' er dann, daß ewig unheilbarer Zorn uns entflammt!
[15:211–217]

Gekränkt und noch immer wütend auf seinen hochfahrenden Bruder, kehrt Poseidon der Schlacht den Rücken und taucht ins Meer hinab. Bei seinem Weggang bebt die Erde, und die griechischen Krieger fühlen sich plötzlich elend und allein.

DIE GÖTTLICHEN BRÜDER

Zeus, Poseidon und Hades sind die Hauptsöhne von Rhea und Kronos. Letzterer verschlang alle seine Kinder, damit sie ihm nicht die Macht streitig machten. Rhea gelang es jedoch, ihren Jüngsten – Zeus – zu schützen. Er wiederum rettete alle übrigen, und alle gemeinsam töteten den Vater. Die Welt wurde dreigeteilt: Zeus erhielt den Himmel, Poseidon das Meer und Hades die Unterwelt. Die Erde und die Sterblichen auf ihr gehören allen gemeinsam. Die Brüder sind zwar eigentlich gleichrangig, doch beansprucht Zeus für sich eine Vorrangstellung, weil er als Erster gerettet wurde.

DIE ÄGIS

Der heilige Schild ist Zeus' Eigentum, wird jedoch in der *Ilias* abwechselnd von Athene und Apollon für beide Seiten benutzt, um zu zeigen, dass sie in Zeus' Auftrag handeln. Athene trägt die Ägis manchmal um den Hals geschlungen, also ist sie nicht starr, sondern biegsam wie ein Kettenhemd. Das Wort bedeutet Ziegenfell. Die Ägis wird oft als glänzend beschrieben und ist mit Quasten besetzt. In der Mitte ist ein Abbild der Meduse – Gorgo. Wird sie geschwungen, macht die Ägis Lärm wie tausend Gewitter und flößt dem Feind große Angst ein.

Apollon zieht mit Hektor in die Schlacht

Als Poseidon verschwindet, schickt Zeus Apollon mit seinem grausigen Schild, der mit Quasten besetzten Ägis, zu Hektor, um ihn anzustacheln.

Auf! du nimm in die Hände die quastumbordete Ägis;
Diese mit Macht herschütternd, erschrecke das Herz der Achaier.
Aber du selbst, Ferntreffender, sorg um den strahlenden Hektor;
Denn so lang erhebe den Mut ihm, bis die Achaier
Fliehend daher die Schiff' und den Hellespontos erreichet.

[15:229–233]

Apollon findet Hektor am Fluss, inzwischen wieder sitzend und bei Bewusstsein, wenn ihm das Atmen auch noch immer schwer fällt. Er dachte schon, er liege im Sterben. Apollon befiehlt ihm, seine Streitwagen und Lenker bereitzustellen, denn mit Apollon an der Spitze müssten sie geradewegs bis zu den Schiffen durchbrechen. Dies weckt Hektors Lebensgeister sofort wieder, und er springt auf wie ein junger Hengst, der Stuten wittert. Unermüdlich läuft er auf und ab und stellt seine Truppen auf.

Siegesgewiss drängen die Griechen in dichter Formation vor, doch als sie plötzlich Hektor scheinbar wie neu geboren und kraftvoller denn je vor sich sehen, bekommen sie Angst, ihr Mut sinkt rasch. Nur ein Krieger behält einen kühlen Kopf: Der junge Ätoler Thoas versucht, sie zusammenzuhalten. Hektor mag ja wiederbelebt worden sein, doch das ist ein Grund mehr, ihn endgültig zu bezwingen. Sie sollen das Fußvolk zu den Schiffen zurückschicken, aber diejenigen, die sich selbst als Helden bezeichnen, sollen gemeinsam die freche trojanische Bedrohung aus der Welt schaffen:

Aber wohlan, wie ich rede das Wort, so gehorchet mir alle.
Heißt die Menge des Volks zu unseren Schiffen zurückziehn;
Selbst nur, so viele wir uns die Tapfersten rühmen des Heeres,
Laßt uns stehn, um zuerst dem Ungestüm zu begegnen,
Alle die Lanzen erhöht. Ich meine ja, wie er auch wütet,
Wird er im Herzen sich scheun, der Danaer Schar zu durchbrechen.

[15:294–299]

Der große Ajax, Idomeneus, Teukros, Meriones, Meges und ihre Gefährten stellen sich in dichter Formation auf und halten die Lanzen bereit, doch schon kommen die Trojaner angesprengt. Vorweg stürmt Apollon mit Zeus' Furcht erregendem Schild in den ausgestreckten Händen, der von Hephaistos geschmiedeten Ägis, die bei Göttern und Menschen Entsetzen auslöst. Ein Hagel von Lanzen und Pfeilen setzt ein, doch die Griechen weichen nicht, bis Apollon nahe genug ist, um ihnen in die Augen zu schauen. Als er die Ägis schüttelt, verlässt sie schlagartig der Mut, und sie stolpern in blinder Panik umher wie Vieh, das bei Nacht von wilden Tieren überfallen wird.

Die Palisaden fallen

Die griechische Formation löst sich auf, nun kämpft Mann gegen Mann. Die Trojaner sind wie besessen: Innerhalb weniger Minuten fallen Arkesilaos, Stichios, Jasos, Mekistheus, Echios, Klonios, Deiochos und Medon, der Bruder des kleinen Ajax. Und während die Trojaner den Toten die Waffen rauben, flüchten die übrigen Griechen verstört durch den Graben und zurück hinter ihre brüchige Mauer. Hektor

Apollon führt den Angriff der Trojaner an und benutzt dabei die Ägis des Zeus, um die Griechen zu blenden, taub zu machen und zu ängstigen. Mauern, Palisaden und Graben sind keine Hindernisse für den Gott, der sie mit einem achtlosen Fußtritt wegfegt und so Hektor und seinen Männern den Weg zu den Schiffen frei macht.

schreit seine Männer an, keine Zeit mit Plündern zu vergeuden: Sie müssen weiter voran und die Schiffe in Brand setzen! Er treibt sie weiter, und alle folgen Apollon, der voraneilt und im Vorübergehen mühelos die Erdwälle des griechischen Grabens niederreißt und eine Furt schafft, die breit genug für den trojanischen Sturmangriff ist. Als sie die Palisaden erreichen, zertritt Apollon die Wand wie ein Kind eine Sandburg. Entsetzt und verzweifelt sehen die Griechen ihr Werk vernichtet und damit auch jede Hoffnung.

Alles wendet sich in heilloser Flucht zurück zu den Schiffen, zitternd vor Angst und Stoßgebete zum Himmel sendend. Nestor fleht Zeus an, an all die Opfer zu denken, die er ihm gebracht hat, und nicht zuzulassen, dass die Griechen schändlich überrannt werden. Zeus hört ihn und schickt einen Blitz, doch die Trojaner missverstehen ihn als Signal für sich und kämpfen nur umso erbitterter. Schon erreichen ihre Streitwagen die erste Reihe der Schiffe und zwingen die Griechen, auf ihre Decks zu klettern und von dort mit den langen Spießen weiterzukämpfen, die sonst Seeschlachten vorbehalten sind.

Patroklos ist noch in Eurypylos' Zelt und versorgt dessen Wunden, doch als er den Tumult hört, springt er auf: Er muss zu Achill und ihn endlich zum Kämpfen überreden, nun da der Feind die Schiffe erreicht hat.

Hektor im Zweikampf mit Ajax

Der Kampf steht unentschieden. Die Griechen sind in der Minderzahl und können die Trojaner nicht abwehren, doch diesen fällt es schwer, zwischen den eng stehenden Schiffen zu kämpfen. Mitten im Gewühl stehen sich Hektor und der große Ajax gegenüber. Sie kämpfen um Ajax' Schiff. Hektors Vetter Kaletor kommt mit einer brennenden Fackel angerannt und will schon Feuer legen, wird jedoch von Ajax' Lanze gestoppt. Hektor ruft den anderen zu, Kaletors Leiche zu schützen, und wirft seinerseits den Speer nach Ajax, verfehlt ihn jedoch. Die Lanze tötet Ajax' Bruder Lykophron. Sofort schreit Ajax nach Teukros, der eine ganze Salve von Pfeilen auf die Trojaner abschießt. Er trifft Polydamas' Wagenlenker Kleitos, konzentriert sich dann jedoch ganz auf Hektors auffallenden Bronzehelm. Teukros hätte ihn auch getroffen und die Schlacht damit entschieden, doch zerreißt Zeus seine Bogensehne, so dass der Pfeil harmlos zu Boden fällt. Teukros ist verärgert, dass die Götter ihre eigenen Waffen gegen die Griechen richten. Er wirft den nutzlosen Bogen fort, greift sich Lanze und Schild und stellt sich neben Ajax.

Als Hektor sieht, dass Teukros seine Lieblingswaffe hinwirft, weiß er, dass die Götter in der Tat auf seiner Seite sind, und nutzt die Gelegenheit, um die Kampfmoral seiner Männer zu stärken. Der Sieg ist den Trojanern sicher:

Troer und Lykier ihr und Dardaner, Kämpfer der Nähe!
Seid nun Männer, o Freund', und gedenkt des stürmenden Mutes
Um die gebogenen Schiffe! Denn schon mit den Augen ersah ich
Einem tapferen Manne zerstört das Geschoß von Kronion.
Leicht ja erkannt wird Zeus' obwaltender Schutz von den Menschen,
(Jenen sowohl, die er hoch mit glänzendem Ruhme verherrlicht,
Als die er niederbeugt, und nicht zu verteidigen achtet):
Wie nun Argos' Völker er schwächt, uns aber beschirmt.
Auf, zum Kampf um die Schiffe mit Heerskraft! Welcher von euch nun
Tod und Schicksal erreicht, mit Wurf und Stoße verwundet,
Sterbe! Nicht ruhmlos ist's, für des Vaterlandes Errettung
Sterben; in Wohlfahrt läßt er die Gattin zurück und die Kinder,
Und sein Haus und Erb' unbeschädiget, wann die Achaier
Heimgekehrt in den Schiffen zum lieben Lande der Väter!

[15:486–499]

Ajax versucht, Hektors Rede mit eigenen Anfeuerungsrufen zu übertönen. Wollen die Griechen zusehen, wie Hektor ihre Schiffe verbrennt? Wollen sie etwa zu Fuß nach Hause gehen? Wenn nicht, dann sollen sie schleunigst kämpfen. Hektor meint es ernst, es ist weiß Gott keine Einladung zum Tanz:

Hofft ihr vielleicht, wenn die Schiffe gewinnt der gewaltige Hektor,
Daß dann jeder zu Fuß heimkehr in der Väter Gefilde?
Höret ihr nicht, wie laut er die feindlichen Scharen ermuntert,
Hektor, der schon die Schiffe mit Glut zu verbrennen daherstürmt?
Nicht zum Tanze fürwahr ermahnt er sie, sondern zum Kampfe!
Uns erscheint nun nirgend ein besserer Rat und Entschluß mehr,
Als hinein in den Feind mit gewaffneter Hand uns zu stürzen!

[15:504–510]

Nun, da beide Seiten aufgestachelt sind, beginnt das Blutbad von neuem, Mann gegen Mann: Hektor tötet den Schedios, Ajax den Laodamas, einen Sohn Antenors; der Trojaner Polydamas metzelt Otos dahin, während Meges auf ihn zielt, jedoch Kroismos trifft; Meges und Menelaos bringen gemeinsam den besten trojanischen Speerwerfer, Dolops, zu Fall, und stürzen sich auf ihn, um ihm die Rüstung zu

LANGSPIESSE

Als Ajax an Deck des Schiffes kämpft, kann er dazu keine normalen Waffen benutzen, denn sie wären zu kurz, um Angreifer abzuwehren. Stattdessen verwendet er Lanzen mit Bronzespitze, die eigens für den Seekrieg lang und schwer sind. Meist werden sie von zwei und mehr Männern geführt, doch Ajax ist so stark, dass er ganz allein dazu in der Lage ist.

rauben. Hektor und Melanippos eilen zu seiner Verteidigung, während Ajax seine Männer aufruft, fest zu stehen und dicht beisammen zu bleiben, damit ihre Schilde eine massive Mauer bilden. Angespornt von Menelaos, springt Antilochos aus den Reihen und schaut sich mit gezückter Lanze nach Melanippos um, trifft ihn, wird jedoch von Hektor von der Leiche vertrieben.

Entschlossen, seinen Willen durchzusetzen, beseelt Zeus die Trojaner und entmutigt zugleich die Griechen. Hektor soll endlich die Schiffe in Brand setzen, damit er sein Versprechen Thetis gegenüber einlösen kann. Sobald die Schiffe brennen, wird er die Trojaner schändlich zurückwerfen und den Griechen den Ruhm lassen. So treibt er Hektor an, obwohl dieser bereits selbst hitzig genug ist: Wie Ares höchstpersönlich wirkt er, mit blitzenden Augen, die furchtbare Lanze fest in der Faust. Zeus schützt seinen Favoriten umso inniger, da er weiß, dass Hektors Tage gezählt sind. Nicht mehr lange wird es dauern, bis er Achill gegenübersteht.

Hektor erreicht die Schiffe

Die Griechen formieren sich neu, können jedoch gegen Hektors Wut nichts ausrichten, der wie ein Orkan scheinbar von allen Seiten auf sie einstürmt. So gut sie können, weichen sie ihm aus, doch als Periphetes über seinen eigenen Schild stolpert und stürzt, stößt Hektor dem Liegenden die Lanze ins Herz. Keiner seiner Gefährten wagt es, die Leiche zu schützen, solche Angst haben alle vor dem trojanischen Helden.

Nach und nach drängen die Trojaner die Griechen von der ersten Reihe der Schiffe bis zu ihren Zelten zurück. Dort kehrt etwas Ordnung ein, denn von Scham und Angst getrieben, formieren die Griechen sich neu. Nestor ermuntert sie:

Seid nun Männer, o Freund', und Scham erfüll' euch die Herzen,
Scham vor anderen Menschen! Noch mehr erinnre sich jeder
Seines Weibs, und der Kinder, des Eigentums, und der Eltern,
Welchem sie leben sowohl als welchem bereits sie gestorben!
Ihrenthalb, der entfernten, beschwör ich jetzo euch flehend,
Tapfer den Feind zu bestehn, und nicht zur Flucht euch zu wenden!
[15:661–666]

Doch da vertreibt Athene den Nebel, und ein gleißendes Licht fällt auf das Schlachtfeld. In grausiger Klarheit sehen die Griechen nun Hektor mit seinen Männern und alle Truppen, die hinter ihnen aufmarschieren, und es stockt ihnen das Blut in den Adern.

DIE FLOTTE

Rund tausend Schiffe segelten nach Troja, doch nicht alle gleichzeitig. Wie sie auf den Strand gezogen wurden, bleibt in der *Ilias* vage. Sie alle liegen mit dem Heck zum Land, stets bereit zur Wasserung, und vermutlich in mehreren Reihen. Die Agamemnon, Odysseus und Diomedes gehörenden Schiffe landeten als erste vor Troja und liegen deshalb vermutlich weit oben am Strand, während der Rest der Flotte zu beiden Seiten nah beieinander liegt, so dass das Kämpfen dazwischen schwierig ist.

Nur der große Ajax springt unbeeindruckt auf das nächstgelegene Schiffsdeck und ergreift einen der langen Spieße, die für die Seeschlacht dienen. Damit springt er von Schiff zu Schiff wie ein wagemutiger Reiter vom Rücken eines Pferdes zum nächsten, die er zuvor zusammengebunden hat, und feuert dabei in einem fort seine Männer an, ihre Schiffe und Zelte zu verteidigen.

Wie ein Raubvogel fällt Hektor über die Schiffe her; seine Männer sind voller Tatendrang, als wären sie gerade erst in die Schlacht gezogen. Er spürt, dass Zeus' große Hand ihn vorantreibt. Die Trojaner glauben, dem Sieg nahe zu sein. Die Griechen jedoch kämpfen weiter, obwohl sie sicher sind, allesamt sterben zu müssen, aber wenigstens Ruhm wollen sie ernten. Rings um die Schiffe brandet ein Meer von Kriegern, doch längst wird nicht mehr mit Lanzen und Pfeilen gekämpft, denn nun ist es Zeit für Messer, Kurzschwerter und Beile. Der blutige Sand ist übersät mit geborstenen Klingen. Schließlich erreicht Hektor das Schiff, das Protesilaos gehörte, und hängt sich mit beiden Armen an den Knauf des hohen Hecks. Er brüllt seinen Leuten zu, die Schiffe seien erobert, nun müsse Feuer her. Von Anfang an war er sicher, dass er nur durch die Eroberung der Schiffe gewinnen könne – und nun glaubt der arme Tor, Zeus gewähre ihm den glorreichen Sieg:

Feuer her, und erhebt in stürmendem Drange den Schlachtruf!
Uns nun sendete Zeus den Tag, der alle vergütet,
Daß wir die Schiff' einnehmen, die trotz den Unsterblichen landend
Uns so viel Unheiles gebracht, durch die Zagheit der Greise,
Welche, so oft zu kämpfen ich strebt um die ragenden Steuer,
Immer mich selbst abhielten und Kriegsvolk mir versagten.
Aber hat auch dann uns betört Zeus' waltende Vorsicht
Unseren Sinn; doch jetzo ermahnt er selbst und gebietet!
[15:718–725]

Die Trojaner stürmen gegen die Schiffe an. Ajax wird vom Heck zum Vorderdeck getrieben und hält sich am Mast fest, während er mit der langen Lanze jeden vertreibt, der es wagt, sich dem Schiff mit einer Fackel zu nähern. Wütend schreit er die Feinde an und ermutigt seine Kameraden: Sie sind allein, nur das Meer im Rücken, Fremde in einem fremden Land, ohne umwallte Stadt als Schutz. Er kämpft wie ein Rasender und spießt jeden auf, der ihm nahe kommt – allein zwölf Männer durchbohrt er, als sie versuchen, sein Schiff in Brand zu setzen.

16. Gesang

DER TOD DES PATROKLOS

Patroklos versucht, Achill umzustimmen

DIE SITUATION

Während die Schlacht um die Schiffe tobt, geht Patroklos zu Achill und berichtet ihm, welche Katastrophe den Griechen droht. Achill ist bereit, Patroklos und die Myrmidonen als Verstärkung zu schicken, warnt Patroklos jedoch, nicht bis zur Stadt vorzudringen, da er einen feindlich gesonnenen Gott treffen könnte. In der Hitze des Gefechts vergisst Patroklos diese Warnung und büßt dafür mit seinem Leben.

Eurypylos und die griechischen Schiffe hinter sich lassend, betritt Patroklos weinend Achills Zelt. Dieser ist verwundert, ihn wie ein kleines Mädchen in Tränen aufgelöst zu sehen, und fragt ihn nach dem Grund. Gibt es schlechte Nachrichten von zu Hause? Oder trauert Patroklos, weil die Griechen nun abgeschlachtet werden, weil Agamemnon so frech war, ihren besten Kämpfer zu beleidigen? Betrübt erzählt Patroklos Achill von den grauenhaften Verlusten der Griechen. Er macht seinem Freund sogar Vorwürfe, weil er diese Schande nicht verhindert:

> *Denn sie alle bereits, die vordem die tapfersten waren,*
> *Liegen umher bei den Schiffen, mit Wurf und Stoße verwundet.*
> *Wund von Geschoß ist Tydeus' Sohn, der Held Diomedes,*
> *Wund von der Lanz Odysseus, der Herrliche, und Agamemnon;*
> *Auch Eurypylos traf ein fliegender Pfeil in die Lende.*
> *Dieser pflegen umher vielkundige Ärzte mit Heilung,*
> *Lindernd die Qual. Du aber bist ganz unbiegsam, Achilleus!*
> *Nie doch fülle der Zorn die Seele mir, welchen du hegest,*
> *Starker, zu Weh! (…)* [16:23–31]

Patroklos bittet Achill, ihn wenigstens mit einigen Myrmidonen in die Schlacht ziehen zu lassen und ihm seine Waffen zu leihen, damit die Trojaner glauben, Achill sei zurückgekehrt. Mit dieser Bitte besiegelt Patroklos selbst sein Schicksal.

Achill ist von den Neuigkeiten über das Vorrücken der Trojaner bestürzt, und obwohl er darauf beharrt, alles sei Agamemnons Schuld, erinnert er sich sehr wohl an sein Versprechen, den Griechen zu helfen, wenn sie bis zu den Schiffen zurückgedrängt würden. So erfüllt Achill Patroklos' Wunsch. Er weiß, dass die Trojaner die Schiffe

Hektor tötet Patroklos, jedoch mit Unterstützung Apollons, der Patroklos den Helm abschlägt, die Lanze zerbricht und seinen Schildgurt lockert, so dass er wehrlos ist. Doch erst als Euphorbos Patroklos in den Rücken sticht, kommt Hektor zum Zug.

Hektor und seine Truppen durchbrechen schließlich die feindlichen Linien und setzen eines der Schiffe in Brand, wie es Hektor die ganze Zeit vorhatte. Ohne ihre Schiffe wäre den Griechen jeder Rückzug und Nachschub abgeschnitten, so dass die Trojaner sie nach Belieben abschlachten könnten.

nicht erreicht hätten, wenn sie seinen Helm im Gewühl hätten schimmern sehen. Nun aber hört Achill nicht einmal mehr den erbärmlichen Agamemnon Befehle rufen – die einzige Stimme, die man vernimmt, gehört Hektor. So beauftragt Achill Patroklos, seine Ehre zu retten, damit die Griechen ihm die schöne Briseis zurückgeben. Dann jedoch warnt er Patroklos: Er solle zwar die Feinde von den Schiffen vertreiben, aber um keinen Preis über die Ebene bis zur Stadt vordringen, denn dann könne er einem Gott zum Opfer fallen, der den Trojanern geneigt ist. Achill will sichergehen, dass seinem lieben Freund nichts geschieht.

Während Achill und Patroklos reden, erkennt der große Ajax, dass er seine Stellung auf dem Heck seines Schiffs nicht mehr halten kann. Seine Schulter schmerzt vom Abwehren der Lanzenstöße und Pfeile mit dem Schild, und er ist schweißgebadet. Da schlägt Hektor mit einem Hieb seiner Lanze die Spitze ab, und Ajax begreift, dass die Götter auf Seiten der Trojaner stehen. Er zieht sich zurück, aber die Trojaner rücken mit Fackeln nach. Sogleich brennt das Schiff vom Bug bis zum Heck.

Beim Anblick der Flammen drängt Achill Patroklos, seine Rüstung anzulegen, und ruft seine Myrmidonen zusammen. Stück für Stück legt Patroklos Achills glänzenden Brustharnisch und die eng anliegenden Beinschienen an und setzt schließlich den mit Pferdehaarbusch gekrönten Helm auf, legt sein Schwert um und hängt sich den Schild über die Schulter. Nur die gewaltige Lanze lässt er liegen, denn die kann nur Achill selbst schwingen. Bald sind die Myrmidonen zum Abmarsch bereit und stellen sich hinter Patroklos' Wagen auf. Achill richtet das Wort an sie alle und erinnert sie an ihre eigenen Drohungen gegen die Trojaner, während er der Schlacht fernblieb. Nun ist Gelegenheit, sie wahr zu machen. Dann holt Achill aus einem verzierten Kästchen einen kostbaren Becher für Trankopfer, gießt etwas Wein auf die Erde und bittet Zeus, Patroklos den Trojanern eine Niederlage beibringen und unversehrt heimkehren zu lassen:

(...) O gesell ihm Siegsruhm, Herrscher der Welt Zeus!
Stärke sein Herz im Busen mit Tapferkeit, daß nun auch Hektor
Lernen mög, ob allein auch den Kampf zu tragen verstehe
Unser Waffengenoß, ob nur dann die unnahbaren Händ' ihm
Wüten, wann ich ihm zugleich eingeh ins Getümmel des Ares!
Aber sobald von den Schiffen er Streit und Getöse verdränget;
Unverletzt mir alsdann in die rüstigen Schiffe gelang' er,
Samt dem Waffengeschmeid und den nah anstürmenden Freunden!
[16:241–248]

Achill legt den Becher zurück und schaut zu, wie die Myrmidonen vorrücken. Patroklos ermahnt sie, Achill Ehre zu machen und Agamemnon zu beschämen, weil er ihrem Befehlshaber nicht den gebührenden Respekt zollt.

Die Rückkehr der Myrmidonen

Auf dem Schlachtfeld angekommen, stürmen die Myrmidonen mit wilden Schlachtrufen gegen die Trojaner. Als diese Patroklos in seiner glänzenden Rüstung sehen, glauben sie fest, der schreckliche Achill sei zurück, und bekommen es mit der Angst. Jeder Trojaner schaut sich insgeheim nach einem Fluchtweg um. Als die Myrmidonen in Reichweite der Trojaner kommen, schleudert Patroklos seine Lanze und löst damit eine Panik aus, die die Trojaner von den brennenden Schiffen zurücktreibt. Patroklos

PATROKLOS

Der griechische Krieger wächst bei Achills Vater auf und wird Achills engster Freund und Vertrauter. Patroklos kämpft tapfer gegen die Trojaner, bis Achill sich schmollend zurückzieht. Patroklos bleibt bei ihm, überredet Achill jedoch dann dazu, wenigstens ihn an seiner Stelle in die Schlacht ziehen zu lassen – mit katastrophalen Folgen. In der Unterwelt werden die beiden wieder vereint.

GLAUKOS

Wie Sarpedon ist auch Glaukos ein lykischer Fürst und deshalb Verbündeter der Trojaner. In der Schlacht trägt er eine goldene Rüstung, wie es dem Enkel des legendären Helden Bellerophon geziemt (siehe Seite 64). Sowohl Sarpedon als auch Glaukos fallen im Trojanischen Krieg, jedoch schließt Glaukos zuvor noch Freundschaft mit dem griechischen Krieger Diomedes und tauscht die Rüstung mit ihm.

und seine Männer löschen das Feuer und lassen die verkohlten Schiffe zurück, um die Trojaner zu verfolgen.

Einer nach dem anderen werden die Feldherrn in der vordersten Reihe von den Griechen überwältigt, und alle ringsum verlieren den Mut. Der große Ajax ist entschlossen, Hektor mit seiner Lanze zu treffen, doch wird der Trojaner von seinen durchgehenden Pferden davongetragen. Hinter ihm her eilt der Rest seiner Armee in ungeordnetem, panischem Rückzug über den Verteidigungsgraben hinweg:

Alle nunmehr sind ihnen gedrängt die flutenden Ströme,
Viel Abhäng' auch verschwemmen die schroff aushöhlenden Wasser;
Und in das finstere Meer mit lautem Geräusch sich ergießend,
Taumeln sie hoch vom Gebirg'; und verheert sind die Werke der Menschen:
Also die troischen Rosse, da laut mit Geräusch sie dahinflohn.
[16:389–393]

Hinter den Trojanern her stürmt Patroklos und treibt die Griechen an, den Feind durch den aufwirbelnden Staub zu verfolgen. Wagenlenker werden herausgeschleudert und zermalmt, als ihre Gespanne in wilder Hast die Wagen ins Schleudern bringen. Achills herrliche Pferde – ein Geschenk der Götter – tragen Patroklos sicher mit einem Satz über den Graben, hinter Hektor her, doch dessen rasende Pferde tragen ihn rasch außer Reichweite.

Mit seinem schnellen Vorstoß schneidet Patroklos einigen lykischen Kontingenten den Weg ab. Er lässt Hektor ziehen und treibt die Lykier zum Schlachtfeld nahe den Schiffen vor sich her. Dort macht er kurzen Prozess und tötet einige der führenden Trojaner als Rache für gefallene Kameraden. Er erschlägt Euryalos, Pronoos, Erymas und Amphoteros. Der unselige Thestor hockt in seinem Wagen, doch er hat im Gewühl des Rückzugs den Verstand verloren und wird nun von einer Lanze mitten ins Gesicht getroffen und vom Wagen gestoßen. Als der lykische Feldherr Sarpedon sieht, wie seine Männer abgeschlachtet werden, springt er vom Wagen und stellt sich dem mächtigen Krieger entgegen, der so viel Wirren unter seinen Gefährten stiftet. Patroklos sieht ihn, springt auch ab und tritt ihm entgegen.

Vom Olymp aus erkennt Zeus voller Mitleid, dass sein Sohn kurz davor steht, das Leben zu lassen. Voller Sorge erwägt er, ob er ihn nach Lykien in Sicherheit entrücken soll, doch Hera ermahnt ihn, er dürfe das Schicksal nicht herausfordern. Sarpedons Tod sei beschlossene Sache, und wenn Zeus auf diese Weise eingreife, würden die übrigen Götter dasselbe Recht für ihre eigenen Söhne fordern. Also schaut Zeus tatenlos zu, unfähig, mehr als blutigen Regen als Tribut für seinen Sohn zu senden.

Während Zeus das tut, rammt Patroklos Sarpedons Gefährten die Lanze in den Bauch. Sarpedon wirft seinen Speer, verfehlt jedoch Patroklos und trifft eines der Pferde, das in den Staub fällt. Doch Patroklos' nächster Wurf trifft Sarpedon mit tödlicher Wucht in die Brust, so dass er wie ein gefällter Baum krachend zu Boden fällt. Mit seinem letzten Atem drängt er seinen Gefährten Glaukos, die Lykier zu rufen und seine Leiche zu schützen:

Aber sodann auch selber für mich mit dem Erze gekämpfet!
Denn dir werd ich hinfort zur Schmach und dauernden Schande
Sein durch alle Geschlechter in Ewigkeit, wo die Achaier
Mir die Waffen entziehn, der im Kreis der Schiffe dahinsank!
Auf denn, heran mit Gewalt, und ermuntere jeglichen Streiter!
[16:497–501]

Mit diesen Worten stirbt Sarpedon. Patroklos stellt ihm den Fuß auf die Brust und reißt die tödliche Lanzenspitze samt Eingeweiden heraus. Glaukos hat Sarpedons Aufruf voller Grausen gehört, kann jedoch nichts tun, da er selbst durch die Armwunde von Teukros' Pfeil behindert ist. Er kann lediglich zu Apollon beten, dass dieser die Blutung stillt. Wenn schon Zeus keinen Finger rührt, um seinen Sohn zu retten, dann wird Glaukos zumindest mit seinen Lykiern Sarpedons Leichnam beschützen.

Apollon erhört Glaukos' Bitte, stillt Blutung und Schmerz und füllt ihn mit frischer Kraft. Glaukos sammelt die lykischen Truppen und treibt sie zu größeren Anstrengungen an, eilt dann jedoch fort, um weitere trojanische Feldherren zu suchen. Er findet Hektor und seine Offiziere hinter den Linien und schilt sie dafür, dass sie ihre Verbündeten vergessen, die doch ihr Leben für sie opfern. Glaukos berichtet ihnen von Sarpedons Tod und fleht sie an, seinen Leichnam zu schützen.

Da Sarpedon einer der besten Krieger der ganzen Armee war, sind die Trojaner angesichts seines Todes zutiefst betrübt. Unter Hektors Führung stürmen sie zurück in die Schlacht, um ihn zu rächen. Zugleich treibt Patroklos die Griechen an, Sarpedon noch im Tode dafür zu bestrafen, dass er als erster die Palisaden erklomm, indem sie seinen Leichnam schänden und ihm die Rüstung rauben. Als beide Seiten erbittert um die Leiche kämpfen, hüllt Zeus das Schlachtfeld in Dunkelheit und macht dadurch alles noch schlimmer.

Zunächst können die Trojaner die Griechen zurückdrängen, doch dann schlägt Hektor einem der tapfersten Myrmidonen mit einem Stein den Schädel ein. Der erzürnte Patroklos rast daraufhin derart durch die Reihen, dass selbst Hektor zurücktaumelt. Während die Kämpfer Sarpedons verstümmelten Leichnam wie Fliegen umschwärmen, überlegt Zeus auf dem Olymp, was mit Patroklos geschehen soll.

Patroklos' tödlicher Fehler

EUPHORBOS

Der trojanische Krieger ist ein Sohn des Panthoos und spielt eine wichtige, wenn auch hinterlistige Rolle bei Patroklos' Tod. Hinterrücks greift er den Griechen an, als dieser von den Göttern betäubt wird, und versteckt sich dann sofort wieder in der anonymen Masse der Kämpfenden. Ihm selbst allerdings ergeht es nicht besser. Menelaos tötet Euphorbos, nimmt dessen Schild mit zurück nach Mykene und stiftet ihn dem Tempel der Hera.

Vorläufig gestattet Zeus Patroklos, die Trojaner zur Stadt zurückzudrängen. Hektor flößt er Feigheit ein, so dass er auf seinen Wagen springt und die Trojaner aufruft zu fliehen, solange sie können. Das trifft selbst die Lykier ins Mark, und auch sie flüchten und lassen Sarpedons Leichnam zurück, so dass die Griechen ihm seine bronzene Rüstung abstreifen können. Dann sendet Zeus Apollon zur Erde, um den Leichnam seines geliebten Sohnes zurück in sein Heimatland zu schaffen.

Nun gibt Zeus Patroklos leichtsinnigen Mut ein, so dass er den Rat Achills vergisst und den Trojanern und Lykiern wider besseres Wissen quer über die Ebene nachsetzt. Er hat so viel Energie, dass er vielleicht sogar die Stadt erstürmt hätte, wäre ihm Apollon nicht entgegengetreten. Drei Mal erklimmt Patroklos die Stadtmauer, und drei Mal stößt ihn Apollon wieder herunter. Als er ein viertes Mal ansetzt, warnt ihn Apoll, dass die Stadt nicht durch ihn fallen soll, sondern durch einen besseren Mann. Patroklos erkennt schließlich, dass er einen Gott vor sich hat, und lenkt ein.

Während Hektor unter dem Skäischen Tor wartet und über die beste Vorgehensweise nachsinnt, kommt Apollon verkleidet zu ihm und flüstert ihm ins Ohr, um ihn in den Kampf zurückzulocken, denn er soll Patroklos töten. Mit dem Gott im Rücken befiehlt Hektor seinem Wagenlenker, ins Getümmel zurückzukehren, und fährt nun auf Patroklos zu.

Als die beiden sich gegenüberstehen, hebt Patroklos einen Stein auf und wirft ihn nach Hektors Wagenlenker, seinem Halbbruder Kebriones, und zerschmettert ihm die Stirn, dass ihm die Augäpfel aus den Höhlen in den Staub fallen. Patroklos verhöhnt den Toten:

Wunder doch, wie behende der Mann! Wie leicht er hinabtaucht!
Übt' er die Kunst einmal in des Meers fischreichen Gewässern,
Viele sättigte wahrlich der Mann mit gefangenen Austern,
Hurtig vom Bord abspringend, und stürmt' es noch so gewaltig:
So wie jetzt im Gefild er behend aus dem Wagen hinabtaucht!
Traun, auch im troischen Volk sind unvergleichliche Taucher!
[16:743–748]

Beide Krieger greifen nach Kebriones' Körper, Hektor den Kopf und Patroklos die Füße, während Trojaner und Griechen sich um sie scharen. Steine und Lanzen prallen krachend auf Schilde. Als die Sonne sich dem Horizont zuneigt, gewinnen die Griechen allmählich die Oberhand. Sie ergattern Kebriones' Leiche und reißen ihr die Rüstung vom Leib. Dann stürmt Patroklos drei Mal gegen die Trojaner an und tötet

27 Männer. Doch beim vierten Mal gerät er, ohne es zu bemerken, an Apollon, der sich in dichten Nebel gehüllt mitten im Schlachtfeld verborgen hat.

Er stellt sich hinter Patroklos und schlägt ihm von hinten den Helm vom Kopf, so dass er unter den Pferdehufen davonrollt. Patroklos lässt seine Lanze fallen, die auf dem Boden zerschellt. Zugleich rutscht ihm der Schildgurt von der Schulter. Er ist ein paar Augenblicke lang geblendet und unfähig, sich zu bewegen, doch genau jetzt trifft ihn eine Lanze zwischen den Schulterblättern. Euphorbos hat den Moment erkannt und sie geworfen, springt nun jedoch wieder beiseite. Patroklos versucht zu fliehen, doch Hektor sieht, dass er verwundet ist, und setzt ihm erbarmungslos nach. Durch die Wunde geschwächt, kann Patroklos ihn nicht abwehren, und Hektor rammt ihm die Lanze mitten durch den Bauch, dass die Spitze am Rücken wieder hervortritt.

Patroklos stürzt. Die griechischen Krieger um ihn herum bleiben fassungslos stehen, doch Hektor verhöhnt den am Boden Liegenden, nun werde er keine Gelegenheit mehr haben, die trojanischen Frauen zu Sklavinnen zu machen! Achill mag ja der größte Krieger der Welt sein, doch das hilft Patroklos nun herzlich wenig. In Todesqualen stöhnend, klagt Patroklos, dass nicht Hektor, sondern Zeus und Apollon seinen Tod verursacht haben:

Mich hat böses Geschick und Letos Sohn nur getötet,
Und von Menschen Euphorbos; du dritter nur raubst mir die Waffen.
Eines verkünd ich dir noch, und du bewahr es im Herzen:
Selbst fürwahr nicht lange noch wandelst du, sondern bereits dir
Nahe steht zur Seite der Tod und das grause Verhängnis,
Daß du erliegst vor Achilleus, dem göttlichen Äakiden.
[16:847–852]

Mit diesen Worten stirbt Patroklos, doch Hektor antwortet dennoch. Laut verkündet er, auch Achill werde noch durch seine Lanze sterben:

Was weissagest du mir, Patrokleus, grauses Verderben?
Wer doch weiß, ob Achilleus, der Sohn der lockigen Thetis,
Nicht von meiner Lanze durchbohrt sein Leben verliere?
[16:857–859]

Er setzt den Fuß auf Patroklos' Brust und reißt die Lanze heraus. Dann wendet er sich um und versucht, Patroklos' Wagen mit Achills herrlichen Pferden einzuholen, doch mit Automedon an den Zügeln sind sie rasch außer Reichweite.

17. Gesang

DER KAMPF UM PATROKLOS' LEICHE

Die Verteidigung des Leichnams

DIE SITUATION

Griechen und Trojaner kämpfen um die Leiche des Patroklos und um Achills Rüstung. Hektor erobert schließlich die Rüstung und legt sie selbst an, während es den Griechen gelingt, die Leiche ihres Kameraden zu den Schiffen zurückzutragen.

Menelaos hat Patroklos fallen gesehen und eilt herbei, um seine Leiche mit seinem mächtigen Schild und seiner Lanze zu schützen. Der Trojaner Euphorbos, der Patroklos den ersten Lanzenstoß versetzte und ihn verwundete, erhebt Anspruch auf Patroklos' Rüstung als rechtmäßige Trophäe:

Atreus' Sohn Menelaos, du Göttlicher, Völkergebieter,
Weiche zurück vom Toten und laß mir die blutige Rüstung!
Keiner zuvor der Troer und rühmlichen Bundesgenossen
Hat Patroklos verletzt im Ungestüme der Feldschlacht;
Drum laß mich Siegsehre verherrlichen unter den Troern,
Eh ich dich treff und hinweg dein süßes Leben dir raube!
[17:12–17]

Menelaos hat im Kampf zuvor Euphorbos' Bruder getötet, so dass dieser Grund hat, ihn zu hassen. Er durchsticht Menelaos' Schild mit der Lanze, doch die Spitze verbiegt sich an den zähen Häuten. Zugleich stößt Menelaos seinen eigenen Speer mit aller Gewalt dem Euphorbos in die Kehle, dass dieser leblos zu Boden sinkt, die goldenen Locken blutgetränkt. Als Menelaos beginnt, ihm die Rüstung abzunehmen, wagt es kein Trojaner, ihn daran zu hindern. Auch Apollon sieht es und ersinnt einen Plan, um den Griechen zu stoppen. In Gestalt des Kriegers Mentes ersucht er Hektor, die Jagd nach den unaufhaltsamen göttlichen Pferden Achills aufzugeben und stattdessen Euphorbos' Leichnam zu schützen. Hektor sieht, was passiert ist, und greift Menelaos an. Sein Geschrei bringt die Trojaner zu ihm, die sich ihm an die Fersen heften.

Menelaos ist ratlos. Lässt er Patroklos' Rüstung und Leiche im Stich, verliert er vor den anwesenden Griechen das Gesicht, bleibt er jedoch und tritt gegen Hektor an, wird er von seinen Leuten abgeschnitten. Es wäre zudem vermessen, gegen jemanden zu

Menelaos und der große Ajax beschützen Patroklos' Leiche vor den Trojanern; Achills Rüstung, die Patroklos trug, mussten sie aufgeben, doch retten sie den Leichnam und bringen ihn unversehrt zum griechischen Lager zurück.

Menelaos

kämpfen, der so klar die Götter auf seiner Seite hat. Und so tritt Menelaos notgedrungen den Rückzug an. Als er bei den anderen Griechen in Sicherheit ist, sucht er den großen Ajax und bittet ihn, mit ihm zu Patroklos zurückzueilen. Auch wenn Hektor die Rüstung hat, sollten sie zumindest die Leiche retten und Achill bringen.

Hektor hat in der Tat Patroklos die Rüstung abgestreift und will ihn gerade fortschleppen, um ihm den Kopf abzuschneiden und den Rumpf den Hunden zum Fraß vorzuwerfen. Doch in diesem Moment erscheint Ajax, deckt seinen hoch aufragenden Schild über den Leichnam und verteidigt ihn wie eine Löwin ihre Jungen. Menelaos hilft dabei voller Trauer. Hektor übergibt die prächtige Rüstung rasch einigen Kameraden, die sie in die Stadt tragen sollen, springt selbst auf den Wagen und macht sich davon.

Doch da beschimpft ihn Glaukos als Feigling. Die Lykier kämpfen Seite an Seite mit Hektor für dessen Stadt, doch ist Undank ihr Lohn, denn Hektor hat sogar Sarpedons Leichnam preisgegeben. Auf ein Wort von Glaukos zögen sich alle Lykier zurück und überließen Troja seinem Schicksal. Wenn die Trojaner jedoch Patroklos' Leiche in die Stadt zerren könnten, würden die Griechen sofort Sarpedons sterbliche Hülle dafür herausgeben. aber Hektor sei ja zu feige, um sich Ajax zu stellen.

Der Hohn tut weh. Hektor erwidert, er habe keine Angst vor Ajax, doch Zeus bestimme, was auf dem Schlachtfeld geschieht, so dass selbst der Tapferste flieht. Dann fordert er Glaukos auf, mit ihm zurückzugehen. Dann soll sich zeigen, wer von ihnen ein Feigling ist:

Aber wohlan, tritt näher, mein Freund, und schaue mein Tun an:
Ob ich verzagt erscheine den ganzen Tag, wie du redest,
Ob auch der Danaer manchen, wie heftiger Mut ihn entflammet,
Hemmen ich werde vom Kampf um den hingesunknen Patroklos!
[17:179–182]

Mit diesen Worten eilt Hektor denen nach, die Achills Rüstung forttragen. Er findet sie etwas abseits vom Kampf. Sogleich legt er seine eigene Rüstung ab und die von Achill an. Vom Olymp aus sieht Zeus sein Tun und schüttelt traurig den Kopf. Hektor hat keine Ahnung, wie nah er selbst dem Tode ist. Es war falsch von ihm, Patroklos Achills göttliche Rüstung abzunehmen. Eine Weile noch würde Zeus Hektor den Sieg gönnen, doch er soll den Kampf nicht lebend überstehen. Seine Frau Andromache werde weder die Rüstung bekommen noch ihren Mann je wiedersehen.

Kampf in der Dunkelheit

Der große Ajax

Achills Rüstung zu tragen erfüllt Hektor mit barbarischer Freude. Er sucht seine engsten Verbündeten und verspricht demjenigen, der Patroklos' Leiche Ajax wegnimmt, die Hälfte der Beute. Die Trojaner fallen erneut über den großen Ajax und Menelaos her.

Standhaft wehrt Ajax die Angreifer ab und tötet viele von ihnen, doch fürchtet er allmählich, er und Menelaos würden den Kampf nicht überleben und Patroklos Leichnam werde dann doch noch trojanischen Hunden und Vögeln zum Fraß vorgeworfen. Er bittet Menelaos, einige griechische Feldherren von den Schiffen als Verstärkung zu rufen, und Menelaos stößt einen Schrei aus, der den kleinen Ajax und später Idomeneus herbeieilen lässt, um den Leichnam zu schützen. Hektor, mit Achills Rüstung angetan, führt weiter den trojanischen Vorstoß gegen die griechischen Schilde. Entsetzt über die Vorstellung, Patroklos' Leiche könnte von Hunden gefressen werden, sendet Zeus vom Olymp aus einen Nebel, der die Griechen schützend umhüllt.

Zunächst gelingt es den Trojanern, die Griechen zurückzudrängen, doch als sie den Leichnam fortschleppen wollen, ruft der große Ajax seine Männer zusammen und stürmt durch das Gewühl. Hippothoos, einen der pelasgischen Verbündeten Trojas, trifft er auf den Helm, als er gerade Patroklos' Fuß an seinen Gürtel binden will. Hektor wirft seine Lanze nach Ajax, doch dieser weicht aus. Schon bald jedoch müssen die Trojaner zurückweichen. Als Apollon sieht, dass sie sich zur Flucht wenden, erscheint er verkleidet dem Äneas und rügt die Trojaner für ihre Feigheit. Äneas erkennt den Gott an der Stimme und ruft Hektor zu, Zeus sei noch immer auf ihrer Seite und sie sollten weiter um Patroklos' Leiche kämpfen. Äneas eilt in die vorderste Reihe und kämpft verbissen, doch noch immer gelingt es den Trojanern nicht, die Phalanx der griechischen Schilde zu durchbrechen.

Geschickt weist Ajax seine Leute an, sich selbst zu verteidigen und ihre Stellung zu halten. Dunkelheit fällt über den Kampf um Patroklos' Leichnam, während anderswo auf dem Schlachtfeld helles Tageslicht herrscht:

Doch die anderen Troer und erzumschienten Achaier
Stritten frei in der Helle des Tags; denn es strahlete ringsum
Brennender Sonnenschein und Gewölk beschattete nirgends
Weder Feld noch Gebirg. Auch pflegten sie oft vom Gefechte
Auszuruhn, vermeidend die bitteren Todesgeschosse,
Weit voneinander gestellt. Doch die Mittleren duldeten Jammer

Dort im Dunkel und Kampf, und gequält vom grausamen Erze
Waren die Helden gesamt. (…)
[17:370–377]

ACHILLS PFERDE

Die Pferde, die Achills Streitwagen ziehen, sind so außergewöhnlich, dass es nicht verwundert, wenn Hektor sie für sich haben will. Sie waren ein Hochzeitsgeschenk Poseidons für Achills Vater Peleus. Die Tiere sind extrem schnell und übertreffen alle anderen vor Troja an Schönheit. Zudem sind sie verständig: Als Patroklos fällt, sind sie außer sich vor Trauer und stehen weinend am Rand des Schlachtfelds.

Der Kampf tobt nun in einiger Entfernung der Schiffe, und Achill weiß noch immer nichts vom Tod seines Freundes. Er erwartet, dass Patroklos die Trojaner vertreibt und dann zurückkehrt. Doch Achills Pferde, ein Geschenk der Götter, wissen genau, was geschehen ist, und weinen um ihren zeitweiligen Herrn. Sie weigern sich, zurück zu den Schiffen oder erneut in die Schlacht zu gehen, und stehen reglos mit gesenktem Kopf, so dass ihre Tränen zu Boden rinnen und ihre schönen Mähnen voll Staub sind. Ihr Lenker Automedon mag tun, was er will, sie rühren sich nicht. Zeus schaut mitleidig auf die Pferde hinab und bedauert, dass die Götter sie Sterblichen schenkten, deren Tod die Tiere betrauern müssen. Von allen Geschöpfen der Erde ist keines so elend wie der Mensch. Zeus beschließt, dass er zwar den Trojanern erlauben wird, bis zu den griechischen Schiffen vorzurücken, jedoch Hektor niemals Achills heilige Rösser bekommen soll.

Zeus erfüllt die Herzen der Pferde mit großem Mut, und sie galoppieren zurück in die Schlacht. Automedon kann sie unmöglich lenken und gleichzeitig seine Lanze einsetzen. Als Hektor ihn mit den Zügeln kämpfen sieht, erkennt er die Gelegenheit, die Tiere zu erobern. Er und Äneas sowie zwei Gefährten treten vor, um Automedon anzugreifen, doch Zeus hält sein Versprechen, und Hektors Versuch schlägt fehl. Die beiden Ajaxe, die Patroklos' Leichnam verteidigt haben, eilen Automedon zu Hilfe, und Hektor muss aufgeben, als einer seiner Gefährten fällt.

Die Bergung des Leichnams

Der Kampf um Patroklos' Leiche dauert an. Verteidiger und Angreifer sind gleichermaßen entschlossen, eher zu sterben als aufzugeben. Zeus schickt Athene, um erneut auf Seiten der Griechen einzugreifen, und Menelaos betet zu ihr um die Kraft, für Patroklos zu kämpfen. Erfreut, dass er zuerst zu ihr betet, macht Athene ihn stark und mutig. Apollon drängt wiederum Hektor, den Tod der von Ajax getöteten Kameraden zu rächen. In Achills strahlender Rüstung marschiert Hektor los, begleitet von Blitz und Donner, die Zeus sendet, um zu zeigen, dass das Blatt sich zu Gunsten der Trojaner wendet. Selbst dem großen Ajax wird klar, dass die Lage aussichtslos ist: Zeus steht eindeutig den Trojanern bei. Jede Lanze, die sie werfen, trifft ihr Ziel, während die griechischen Speere wirkungslos zu Boden fallen. Menelaos sieht nicht einmal mehr genug im Dunkeln, um einen Boten mit der schrecklichen Nachricht zu Achill zu senden. Inständig bittet er Zeus, wenigstens das Dunkel zu lichten:

Aber nirgend erscheint mir ein solcher im Heer der Achaier;
Denn rings Dunkel umhüllt sie selber zugleich und die Rosse!
Vater Zeus, o errett aus der dunkelen Nacht die Achaier!
Schaff uns Heitre des Tags und gib, mit den Augen zu schauen!
Nur im Licht verderb uns, da dir's nun also geliebet!
[17:643–647]

Zeus erhört ihn und vertreibt Nebel und Dunkelheit vom Schlachtfeld, so dass die Sonne wieder durchbricht. Es ist nun höchste Zeit, Achill zu informieren, und Menelaos entfernt sich notgedrungen von der Leiche, um einen Boten zu finden. Beim Weggehen ermahnt er die anderen, daran zu denken, wie freundlich Patroklos stets war, und ihn nicht im Stich zu lassen.

Menelaos geht zum Hauptfeld der Schlacht und stößt dort auf Antilochos. Er berichtet ihm von Patroklos' Tod und dem Verlust von Achills Rüstung, und Antilochos ist entsetzt. Unter Tränen läuft er fort, um Achill in Kenntnis zu setzen. Nachdem das erledigt ist, kehrt Menelaos zu Patroklos' Leichnam zurück. Er weiß, dass Achill ohne Rüstung nicht kämpfen kann und sie sich etwas einfallen lassen müssen, um die Leiche zu retten, ohne gleichzeitig ihr eigenes Leben aufs Spiel zu setzen.

Nur noch vier Mann verteidigen die Leiche: Die beiden Ajaxe stehen fest und lenken Hektor und die Trojaner ab, während Menelaos und Meriones Patroklos zu den Schiffen tragen. Als die Trojaner sehen, dass die Leiche hochgehoben wird, heulen sie vor Wut, doch gegen die beiden Ajaxe kommen sie nicht an. Mit ihrer Last kämpfen sich Menelaos und Meriones über das Schlachtfeld zurück zu den Schiffen.

Sie, wie der Mäuler Gespann, mit gewaltiger Stärke gerüstet,
Schwer hinschleppt vom Gebirg' auf steinigem Pfade den Balken,
Oder den ragenden Mast des Meerschiffs; aber ihr Herz wird
Müde zugleich von Arbeit und Schweiß den Angestrengten:
Also trugen gestrengt die Leiche sie. (...)
[17:742–746]

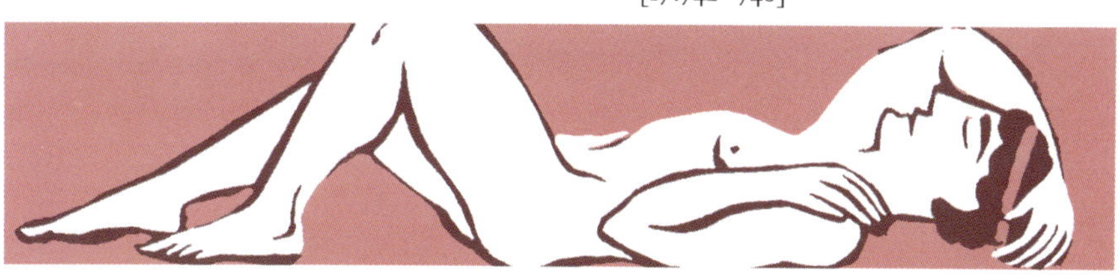

BESTATTUNGS RITEN

Die alten Griechen glaubten, dass sich der „Schatten" eines Menschen nach seinem Tod wie ein Windhauch zu den anderen Toten ins Halbdunkel der Unterwelt gesellt. Dort herrscht Zeus' Bruder Hades. Tote mussten deshalb ordnungsgemäß bestattet werden. Zunächst wurde der Leichnam gewaschen und mit Ölen gesalbt. Freunde und Verwandte kamen und betrauerten ihn, es folgte eine Prozession und dann die eigentliche Beerdigung des Leichnams oder seiner Reste, falls dieser verbrannt wurde. Über dem Grab errichtete man meist einen Hügel, damit die Toten nicht vergessen wurden.

18. Gesang

ACHILLS VERZWEIFLUNG

Eine schreckliche Nachricht

Achill beobachtet die Schlacht mit zunehmender Sorge, vor allem, als er die Griechen plötzlich in Panik zu den Schiffen zurückeilen sieht. Er erinnert sich an die Prophezeiung seiner Mutter, dass die Besten der Myrmidonen in Achills Beisein sterben würden. Dann kommt Antilochos als Bote mit der Nachricht, die seine Befürchtungen bestätigt. Weinend berichtet Antilochos von Patroklos Tod:

> *Wehe mir, Peleus' Sohn, des Feurigen, ach, ein entsetzlich*
> *Jammergeschick vernimmst du, was nie doch möchte geschehn sein!*
> *Unser Patroklos sank; sie kämpfen bereits um den Leichnam,*
> *Nackt wie er ist; denn die Waffen entzog der gewaltige Hektor!*
> [18:18–21]

Achill ist von Trauer überwältigt. Mit beiden Händen ergreift er Staub und häuft ihn sich aufs Haupt, beschmiert sich damit Gesicht und Kleider. Er wirft sich auf den Boden und rauft sich die Haare, während seine Mägde aufgeregt um ihren verzweifelten Herrn herumlaufen. Aus Angst, Achill könne sich das Leben nehmen, ergreift Antilochos seine Hände und hält sie fest.

Achills Mutter Thetis hört sein Wehklagen und versammelt die Nereiden um sich. Betrübt klagt sie, sie werde ihren Sohn nie wieder daheim sehen und er müsse so viel erdulden. Obwohl sie weiß, dass sie ihm nicht helfen kann, beschließt sie, zu ihm zu eilen, um zu erfahren, was ihn so betrübt. Eine nach der anderen folgen die Nymphen ihr über den Strand zu den Schiffen der Myrmidonen, und Thetis bittet ihren Sohn, ihr von seinem Kummer zu erzählen. Schließlich, so mahnt sie ihn, sei seine Bitte an Zeus erfüllt worden: Ohne ihn haben die Griechen auf dem Schlachtfeld einen herben Rückschlag erlitten.

DIE SITUATION

Achill macht sich Sorgen um Patroklos, und als Antilochos seine schlimmsten Befürchtungen bestätigt, ist er vor Trauer wie von Sinnen. Da Hektor seine Rüstung hat, kann er nicht kämpfen, doch vom Rand des Schlachtfelds aus verscheucht Achill die trojanischen Angreifer. Seine Mutter Thetis lässt ihm derweil von Hephaistos eine neue Rüstung schmieden.

Thetis
geht zum
Schmied der
Götter, Hephaistos,
und bittet ihn um eine
neue Rüstung für Achill,
weil Hektor seine dem
Patroklos vom Leib gerissen
und gestohlen hat. Hephaistos
willigt ein und schmiedet Beinschienen, Harnisch und Helm
sowie einen Schild für Achill.
Alles ist mit göttlicher Kraft
getränkt.

Es sei wahr, räumt Achill ein, dass Zeus ihre Bitte erfüllt hat. Doch was ist das jetzt noch wert, nun da Patroklos tot ist?

Aber was frommt mir solches, nachdem mein teurer Patroklos
Mir hinsank, den ich wert vor allen Freunden geachtet,
Wert wie mein eigenes Haupt! Er sank; und die Waffen entzog ihm
Hektor, der ihn erschlug, so gewaltige, Wunder dem Anblick,
Köstliche, welche dem Peleus die ehrenden Götter geschenket,
Jenes Tags, da sie dich dem Sterblichen führten zum Lager.
[18:80–85]

Nun sei es seiner Mutter Schicksal, ihren Sohn zu verlieren, sagt Achill, denn er habe kein Verlangen nach dem Leben mehr. Lediglich Rache an Hektor wolle er nehmen.

Unter Tränen warnt Thetis Achill, Hektors Tod werde auch sein Schicksal besiegeln. Betrübt wie er ist, akzeptiert Achill dies und bereut, dass er untätig war, Patroklos nicht beschützt hat und vor allem, dass er Agamemnon erlaubt hat, Rivalität und Zorn in ihm zu wecken. Doch nun gibt es kein Zurück mehr: Er muss in die Schlacht zurückkehren und den eigenen Tod hinnehmen, dafür jedoch für die ihm verbleibende Zeit Ruhm ernten. Achill bittet seine Mutter, ihn nicht von der Schlacht fernzuhalten, denn er wolle nun nicht mehr abseits stehen.

Thetis nimmt das Unabänderliche hin und stimmt zu, dass Achill seine erschöpften Kameraden vor den Trojanern retten muss, vor allem vor Hektor, der nun in der Rüstung ihres Sohnes auf dem Schlachtfeld herumstolziert. Sie fleht Achill jedoch an zu warten, bevor er in die Schlacht zurückkehrt, und verspricht ihm, bis Sonnenaufgang von Hephaistos eine neue Rüstung für ihn schmieden zu lassen. Sie schickt die Nereiden zurück in die Tiefe und macht sich auf den Weg zum Olymp, um den göttlichen Schmied um die herrlichste Rüstung zu bitten, die er je gefertigt hat.

Der Kampf um Patroklos' Leiche

Inzwischen strömen die Griechen zurück zu ihren Schiffen, und ihre Angstrufe angesichts Hektors Vormarschs gellen über das Schlachtfeld. Es erfordert fast übermenschliche Kraft, mit Patroklos' Leichnam im Arm dem Hagel feindlicher Geschosse zu entgehen. Zudem ist Hektor mit seinen Wagen und Fußsoldaten dicht hinter ihnen. Drei Mal greift er nach den Füßen der Leiche und beginnt, sie zurückzuschleppen, doch drei Mal wehren die beiden Ajaxe ihn ab.

Hektor lässt sich nicht einschüchtern. Er stößt einen Schlachtruf aus und lässt sich nicht von Patroklos' Leiche vertreiben. Er hätte sie auch erobert, wäre nicht Götterbotin Iris vom Olymp zu Achill gekommen und hätte ihn zur Eile gemahnt. Ohne Zeus oder den übrigen Göttern etwas zu sagen, hat Hera sie geschickt, um ihn zu warnen, dass die Krieger um den Leichnam seines Freundes streiten und Hektor entschlossen ist, Patroklos den Kopf abzuschlagen und auf die Palisaden zu stecken. Um keinen Preis darf Achill zulassen, dass Patroklos den Hunden Trojas vorgeworfen wird.

Achill fragt Iris, wie er denn ohne Rüstung in die Schlacht ziehen könne, zumal seine Mutter es ihm verboten habe und die Harnische anderer Krieger ihm nicht passen. Iris erwidert, auch ohne Rüstung werde allein sein Anblick die Trojaner so ängstigen, dass sie aufgeben. Das reiche schon, um den erschöpften Griechen einen Aufschub zu gewähren.

Wohl ja wissen auch wir's, wie die herrlichen Waffen geraubt sind.
Doch nur so an den Graben genaht, erscheine den Troern;
Ob vor dir erschrocken vielleicht vom Kampfe die Troer
Abstehn und sich erholen die kriegrischen Männer Achaias
Ihrer Angst, wie klein sie auch sei, die Erholung des Krieges.
[18:197–201]

Als er das hört, macht sich Achill auf den Weg zum Schlachtfeld. Athene legt ihm die Ägis um die breiten Schultern und sendet eine goldene Wolke, die über seinem Kopf wie ein himmlisches Leuchtfeuer strahlt. Rasch geht er durch die Mauer bis zum Graben, verzichtet jedoch Thetis' Ratschlags eingedenk darauf, in die Kämpfe einzugreifen. Er steht nur da und stößt seinen gewaltigen Schlachtruf aus, den Athene über das ganze Schlachtfeld hallen lässt.

Das allein reicht schon, um die Trojaner in Angst und Schrecken zu versetzen. Selbst ihre Pferde wittern den Tod und beginnen, zur Stadt zurückzurennen. Dreimal dröhnt Achills Stimme über das Schlachtfeld, und dreimal erfasst Panik die trojanischen Truppen. Zwölf ihrer besten Kämpfer sterben, weil ihre Streitwagen im Gewühl umstürzen und sie unter sich begraben. Mit ungeheurer Erleichterung bringen die Griechen endlich Patroklos' Leichnam in Sicherheit und legen ihn auf eine Bahre. Seine Kameraden versammeln sich um ihn und brechen in Tränen aus. Achill gesellt sich zu ihnen, entsetzt über die Wunden, die den Körper des Freundes verunstalten. Darüber geht die Sonne unter.

HEPHAISTOS

Hephaistos ist der Sohn der Hera und des Zeus und von Geburt an lahm. Dies erschreckte seine Mutter so sehr, dass sie ihn vom Olymp herunterschleuderte. Nach seiner Rückkehr versöhnte er sich mit Hera, legte sich aber mit Zeus an und wurde ein zweites Mal verstoßen. Er ist der Handwerker der Götter und baute ihren Palast auf dem Olymp. Von ihm erhält Achill seine neue Rüstung.

Nach Einbruch der Nacht

Die Trojaner rücken ab und sammeln sich, um ihre Taktik zu besprechen. Achills plötzliches Erscheinen beunruhigt sie so sehr, dass sie nicht einmal zu Abend essen. Der redegewandte Polydamas, der am selben Tage wie Hektor geboren ist, drängt darauf, sich in die Stadt zurückzuziehen. Nun, da Achill seinen Streit mit Agamemnon beigelegt hat, bestehe kaum Hoffnung, dass die Schlacht nur vor den Mauern Trojas fortgesetzt werde. Schon bald werde er es auch auf die trojanischen Frauen abgesehen haben. Achill werde am folgenden Morgen in voller Rüstung dastehen, und dann sei es zum Rückzug zu spät. Wenn sie aber vorausschauend dächten, könnten die Trojaner die Feinde voll bewaffnet und kampfbereit von den Mauern aus in Empfang nehmen.

Hektor will davon nichts hören und beschwert sich, sie hätten schon viel zu lange in der Stadt gehockt:

Aber anjetzt, da mir ja der Sohn des verborgenen Kronos
Ruhm verliehn bei den Schiffen, ans Meer die Achaier zu drängen:
Törichter, nicht mehr äußre mir solcherlei Rat in dem Volke!
Denn kein einziger Troer gehorchet dir; nimmer gestatt' ich's!
Aber wohlan, wie ich rede das Wort, so gehorchet mir alle.
[18:293–297]

Hektor befiehlt den Soldaten, im Feld zu bleiben und je Abteilung geschlossen zu Abend zu essen. Falls Achill wirklich kämpfen wolle, dann sei das sein eigenes Pech, so Hektor. Athene sorgt dafür, dass es den trojanischen Kriegern an Urteilsvermögen und Vernunft mangelt, und so stimmen sie jubelnd zu, anstatt auf Polydamas' klugen Rat zu hören.

Im griechischen Lager herrscht große Trauer um Patroklos. Achill legt dem Toten die Hände auf die Brust und ächzt laut. Zu den Myrmidonen gewandt beklagt er das Schicksal, das die Erde mit seinem eigenen Blut und dem seines Gefährten rötet, und schwört, Patroklos nicht zu begraben, bevor er nicht Hektors Kopf erkämpft habe. Er gelobt, zwölf Trojanern bei Patroklos' Leichenfeier die Kehle durchzuschneiden, und weist seine Kameraden dann an, Wasser zu erhitzen und den Leichnam zu waschen und mit duftenden Ölen zu salben. Sie legen Patroklos' Leiche auf ein feines Leinentuch, und die ganze Nacht über halten die Myrmidonen Totenwache bei ihrem gefallenen Kameraden.

Hephaistos' Schmiede

Auf dem Olymp wendet sich Zeus an Hera und erklärt, sie habe jetzt ja erreicht, was sie wollte, nämlich Achill in die Schlacht zurückzubringen. Trotzig weist sie seine Vorwürfe zurück: Er hat doch wohl nicht erwartet, dass sie in ihrer Wut auf die Trojaner etwas anderes hätte tun können! Thetis ist inzwischen bei Hephaistos' Wohnung angekommen und wird von seiner Frau Charis willkommen geheißen. Sie ruft den lahmen Schmied aus seiner Werkstatt. Hephaistos ist hocherfreut, dass Thetis zu Besuch kommt, denn sie hat ihn einst gerettet, nachdem seine Mutter Hera ihn wegen seiner Lahmheit vom Olymp geworfen hatte. Rasch wäscht er sich den Schweiß ab, zieht eine frische Tunika an und begrüßt sie. Unter Tränen erzählt Thetis ihm, was Achill zugestoßen ist, und fleht ihn an, ihm eine neue Rüstung zu schmieden. Hephaistos willigt ein:

Sei getrost und laß nicht dieses dein Herz dir bekümmern.
Daß ich doch dem greulichen Tod' ihn also vermöchte
Weit hinweg zu entziehn, wann einst sein Jammergeschick naht:
Als nun prangende Wehr ihn erfreun wird, solche wie mancher
Wohl anstaunt im Geschlechte der Sterblichen, wer sie erblicket!
[18:463–467]

Hephaistos macht sich sogleich an die Arbeit. Er setzt seine zwanzig Blasebälge in Gang und beginnt mit dem gewaltigen Schild. Er besteht aus fünf Schichten und einen Rand von glänzendem Metall. Die Vorderseite ist mit der eigentümlichsten Darstellung der Welt geschmückt, wie nur ein Gott sie ausführen kann. Der Kosmos mit allen seinen Widersprüchen ist hier zu sehen: Himmel und Erde, Sonne und Mond, eine Stadt im Frieden, mit Hochzeiten und Rechtsprechung, und eine im Krieg; ringsum erstreckt sich das Meer. Nach dem Schild schmiedet Hephaistos Beinschienen und einen Harnisch sowie einen mächtigen Helm mit goldenem Helmbusch. Als Hephaistos alles vollendet hat, übergibt er die Rüstung Thetis, die sie in die Arme nimmt und damit wie ein Habicht vom Olymp zur Erde zurückkehrt.

19. Gesang

ACHILL KEHRT IN DIE SCHLACHT ZURÜCK

Musterung der griechischen Truppen

DIE SITUATION

Thetis steigt vom Olymp mit der Rüstung herab, die Hephaistos geschmiedet hat. Sie ermuntert Achill, seine Trauer um Patroklos beiseite zu schieben und sich lieber an den Trojanern zu rächen. Achill mustert die Truppen und erklärt den Streit mit Agamemnon für beendet, so dass dieser ihm die versprochenen Geschenke bringt, darunter auch Briseis. Achill opfert Zeus, legt die göttliche Rüstung an und führt die griechische Armee in die Schlacht.

Bei Tagesanbruch erreicht Thetis die Schiffe mit der von Hephaistos für Achill geschmiedeten Rüstung. Sie findet ihren Sohn bitterlich schluchzend auf dem Boden liegend, den geliebten Freund in den Armen. Ringsum halten die trauernden Gefährten Wacht. Thetis hockt sich zu Achill, ergreift seine Hand und spricht leise zu ihm. Achill muss von Patroklos lassen und sich die herrlichen Waffen ansehen, die sie ihm bringt:

Lieber Sohn, ihn, denk ich, nun lassen wir, herzlich betrübt zwar,
Ruhen, nachdem ihn der Rat der ewigen Götter bezwungen.
Du nimm hier von Hephästos die hochgepriesene Rüstung,
Wunderschön, wie sie nimmer ein Mann um die Schulter getragen.
[19:8–11]

Stück für Stück legt Thetis die Rüstung vor Achill auf den Boden. Keiner der Myrmidonen kann so viel Glanz ertragen, doch Achill weidet sich an den herrlichen Werken. Nur noch tiefer dringt der Zorn in ihn, und seine Augen funkeln schrecklich, als er das Geschenk der Götter betrachtet. Nun kann er wieder in die Schlacht ziehen! Eines nur macht ihm Sorge, dass Patroklos' Leichnam währenddessen verwest und sich Fliegen und Würmer daran zu schaffen machen. Thetis versichert ihm, sie selbst werde den Leichnam mit Nektar und Ambrosia salben, sonst den Göttern vorbehaltenen Speisen. So werde er bis zu Achills Rückkehr unversehrt bleiben. Nun solle er seine Truppen mustern und sich für die Schlacht rüsten.

Und so geht Achill am Strand entlang und ruft seine Krieger. Jeder, der ihn hört, folgt ihm, selbst die Matrosen und Steuermänner, Knechte und Quartiermeister. Sie alle begeben sich zum Sammelplatz: Endlich kehrt ihr Held in die Schlacht zurück! Auf ihre Lanzen gestützt, humpeln Odysseus und Diomedes herbei, so schnell es ihre

Verwundungen zulassen, und setzen sich in die erste Reihe. Zuletzt erscheint König Agamemnon, den Arm in einer Schlinge wegen der bösen Wunde, die ihm Koon zugefügt hat.

Endlich ist Achill bereit zu kämpfen – aus Rache für den geliebten Freund Patroklos. Seine Gefährten jubeln, denn er ist der größte Krieger der Griechen. Allein seine Anwesenheit in der Schlacht garantiert fast schon den Sieg und das Ende des Kriegs.

Als alle vollzählig sind, steht Achill auf und spricht. Kurz und bündig erklärt er, er habe erkannt, dass sein Streit mit Agamemnon um ein Mädchen den Trojanern in die Hände gespielt hat. Die nutzlose, bittere Fehde werde den Griechen noch lange in Erinnerung bleibe. Nun jedoch sollen sie die Vergangenheit ruhen lassen: Er schwöre seinem Zorn auf Agamemnon ab und wolle nur noch Troja zerstören:

Hätte doch an den Schiffen der Artemis Pfeil sie getötet,
Jenes Tags, da ich selbst sie erkor aus der Beute Lyrnessos';
Ehe so viel Achaier den Staub mit den Zähnen gebissen
Unter der Feinde Gewalt, weil ich im Zorne beharrte!
Hektorn war's und den Troern erfreulicher; doch die Achaier
Werden noch lang, ich meine, sich unseres Zwistes erinnern.
Aber vergangen sei das Vergangene, wie es auch kränkte;
Dennoch das Herz im Busen bezähmen wir auch mit Gewalt uns.
Meinen Zorn nun hab ich besänftiget; denn mir gebührt nicht,
Rastlos stets zu eifern voll Unmuts. Auf denn, sogleich nun
Angereizt zum Gefechte die hauptumlockten Achaier,
Daß ich noch die Troer einmal versuche begegnend,
Ob an den Schiffen zu ruhn sie geneigt sind. (...)
[19:59–71]

Ohrenbetäubender Jubel bricht aus, die Soldaten sind froh und erleichtert, denn ihr Held ist wieder bei ihnen. Agamemnon erkennt, dass er die Partie verloren hat, und murrt von seinem Thron aus, es sei ja so laut, man könne gar nicht nachdenken. Er steht auf und hält eine lange Rede. Während Achill die Verantwortung für seinen verheerenden Stolz übernimmt, weist Agamemnon jede Schuld von sich: Allein die Göttin der Verblendung, Ate, eine Zeus-Tochter, sei schuld an dem, was geschehen sei. Allerdings räumt er ein, dass er Achill Zugeständnisse machen muss:

Oft schon haben mir dieses Achaias Söhne gerüget
Und mich bitter geschmäht; doch trag ich dessen die Schuld nicht,
Sondern Zeus, das Geschick und das nächtliche Schrecken Erinnys,

Die in der Volksversammlung zum heftigen Fehl mich verblendet
Jenes Tags, da ich selber Achilleus' Gab ihm entwandte.
Aber was konnt ich tun? Die Göttin wirkt ja zu allem,
Zeus' erhabene Tochter, die Schuld, die alle betöret,
Schreckenvoll; leicht schweben die Füß' ihr; (...)
[19:85–91]

Selbst der Göttervater sei den Ränken Ates erlegen, seiner eigenen Tochter, so fährt Agamemnon fort, und reiht sich damit geschickt in die Riege der Allmächtigen ein. Als Zeus sich der nahen Geburt seines Sohnes Herakles rühmte, spielte Hera ihn aus, und Zeus bereute den Tag, als er so protzig dahergeredet hatte. Agamemnon bereue nun seinerseits den Tag, als Ate ihn Achill gegenüber so verblendet habe. Zeus habe ihm den Verstand genommen und ihn blind gemacht, doch jetzt wolle er Abbitte leisten und die Achill versprochenen Trophäen aushändigen. Er könne die Sachen gleich herbringen oder zu Achills Zelt tragen lassen.

Achill aber will endlich Taten sehen: Was redet der König da von Trophäen, während draußen Trojaner darauf warteten, niedergemetzelt zu werden? Reine Zeitvergeudung!

(...) Jetzt laß uns gedenken der Kampflust,
Ohne Verzug; nichts frommt es, allhier im Gespräche zu zaudern
Und mit dem Werke zu säumen; denn viel ist annoch unvollendet!
Daß man Achilleus wieder im Vordertreffen erblicke,
Wie sein eherner Speer hinstreckt die Geschwader der Troer!
Also auch ihr seid jeder bedacht, mit dem Feinde zu kämpfen!
[19:148–153]

Odysseus mischt sich rasch ein, bevor zwischen Achill und Agamemnon erneut Streit ausbrechen kann. Das gerade erzielte Gleichgewicht soll nicht schon wieder aus den Fugen geraten, und so spielt Odysseus den Vermittler. Achill soll die Männer zu ihren Schiffen und zum Essen schicken, denn als alter Kämpe weiß Odysseus, dass ein leerer Magen ungern kämpft und selbst der tapferste Krieger nichts taugt, wenn er nicht gut gefüttert wird. Agamemnon soll die Geschenke vor aller Augen hier zum Sammelplatz bringen und öffentlich schwören, dass er Briseis nicht angerührt hat. Achill soll Edelmut zeigen und Agamemnon erlauben, ihm vor der Schlacht ein Festmahl auszurichten. Agamemnon solle versuchen, andern gegenüber so großmütig zu sein wie zu sich selbst. Selbst für einen König sei es keine Schande, Versöhnung herbeizuführen:

ATE

Agamemnon sagt, sein Handeln sei von Verblendung bestimmt gewesen, aus der heraus Menschen Dinge tun, die zwangsläufig zu Katastrophen führen. Die Personifizierung dieses Phänomens nannten die alten Griechen *ate*, sie galt als älteste Zeus-Tochter. Kein Gott und kein Sterblicher war gegen sie immun. Als sie sogar Zeus blendete, warf er sie aus dem Olymp. Von da an hatte sie nur noch Macht über die Sterblichen. Bei Voß wird das Wort mit „Schuld" übersetzt.

Atreus' Sohn, du wirst auch billiger gegen die andern
Künftig sein; denn es ist nicht unanständig dem König,
Einen Mann zu versöhnen, nachdem er zuerst ihn beleidigt.
[19:181–183]

Agamemnon begrüßt Odysseus' Worte und befiehlt, die Geschenke bereitzustellen. Es sollen Eide geschworen und Zeus ein Keiler geopfert werden, um die Eide zu besiegeln.

Achill rennt ungeduldig auf und ab. Er kann nicht glauben, was er da hört. Hat das alles denn nicht Zeit bis später? Hektor steht quasi vor ihrer Haustür, und sie reden vom Essen! Achill will hier und jetzt in die Schlacht ziehen und das Festmahl für das Siegesbankett aufsparen. Er kann jetzt nicht essen, nicht solange er um Patroklos trauert. Hungrig ist er nicht auf Nahrung, sondern auf das Blut ihrer Feinde:

(...) Wahrlich ich selber,
Gleich ermahnt ich vielmehr in die Schlacht zu gehn die Achaier,
Nüchtern und ungespeist, und dann mit der sinkenden Sonne
Allen ein Mahl zu bereiten, nachdem wir gerächt die Beschimpfung.
Mir soll wenigstens nichts zuvor die Kehle durchgleiten,
Weder Trank noch Speise, da tot mein Freund mir hinsank,
Welcher mir im Gezelte zerfleischt von der Schärfe des Erzes
Daliegt, gegen die Türe gewandt; und Genossen umstehn ihn
Wehmutsvoll! Nein wahrlich, mir liegt nicht solches am Herzen,
Sondern Mord nur, und Blut, und schreckliches Männergeröchel!
[19:205–214]

Odysseus weist ihn zurecht: Er mag zwar der Star unter den Kriegern sein, doch er ist immer noch älter und erfahrener. Kein Krieger dürfe aus Trauer hungern, wenn so viele nach Zeus' Willen sterben! Solchen Luxus können sie sich nicht leisten. Sie müssen hart mit sich selbst sein, eine Stunde trauern, dann in den Kampf ziehen. Und um dazu die nötige Kraft zu haben, müssen sie essen. Dann sollen sie losschlagen – alle miteinander. Niemand dürfe bei den Schiffen bleiben!

Nicht mit dem Bauch ja müssen die Danaer Tote betrauern,
Denn zu viel aufeinander und scharweis jegliches Tages
Fallen sie; wer vermöchte dann aufzuatmen vom Kummer?
Billig demnach jedweden beerdiget, wie er gestorben,
Mit verhärteter Seel, und einen Tag ihn beweinend.
Doch wie viel entrannen des Kriegs graunvoller Vertilgung,
Müssen mit Trank und Speise sich kräftigen, daß noch entflammter

Wir ausdauernden Muts feindselige Männer bekämpfen
Unter der ehernen Last der Rüstungen. (...)
[19:225–233]

Odysseus übernimmt das Kommando und führt eine Abordnung zu Agamemnons Zelten, um die Trophäen sowie Briseis zu holen.

Feierliche Eide

Agamemnon erhebt sich zum Tieropfer. Sein Herold Talthybios hält einen Keiler fest, und Agamemnon schneidet Haare von dessen Kopf ab und setzt damit das Ritual in

Nach langwierigem, erbittertem Streit gelangen Agamemnon und Achill zu einer notdürftigen Versöhnung. Achill bekommt von Agamemnon Briseis zurück und zudem gewaltige Schätze. Bevor einer von ihnen sich anders besinnen kann, wird der Pakt mit Eiden besiegelt.

Gang. Die Armee sitzt schweigend, während er die Hände zum Himmel hebt und Zeus anruft. Er schwört, Briseis niemals berührt zu haben:

Höre nun Zeus zuerst, der Seligen Höchster und Bester,
Erd und Helios auch und Erinnyen, unter der Erde
Einst die Toten bestrafend, wer hier Meineide geschworen!
Niemals hab ich die Hand an Brises' Tochter geleget,
Weder des Lagers Genuß abnötigend, weder ein andres;
Sondern sie blieb unberührt in den Wohnungen meines Gezeltes!
Schwör ich einiges falsch, dann senden mir Elend die Götter
Ohne Maß, wie sie senden dem frevelnden Schwörer des Meineids!
[19:258–265]

Sein Messer blitzt auf, als er dem Tier die Kehle durchschneidet und Talthybios es ins Meer wirft, damit die Fische sich daran weiden. Auch Achill macht Zeus für das Geschehene verantwortlich. Trotz seiner Bitterkeit fasst er sich kurz:

Vater Zeus, traun, große Verblendungen gibst du den Menschen!
Nimmermehr wohl hätte den Mut in der Tiefe des Herzens
Atreus' Sohn mir empört so fürchterlich oder das Mägdlein
Weg mir geführt mit Gewalt, der Unbeugsame; sondern fürwahr Zeus
Wollte nur vielen den Tod in Argos' Volke bereiten!
[19:270–274]

Achill entlässt seine Truppen und befiehlt ihnen, zu essen und sich bereit zu machen. Seine Myrmidonen tragen erfreut Agamemnons Geschenke zu Achills Schiffen. So kommt auch Briseis in sein Zelt zurück – und sieht dort Patroklos liegen. Bitterlich schluchzend, wirft sie sich über den Leichnam: Er war so gut zu ihr, selbst als Achill ihren Mann und ihre drei Brüder vor ihren Augen erschlug. Patroklos versprach ihr, sie solle gerettet werden und Achill heiraten. Er selbst werde die Hochzeit ausrichten:

Dennoch wolltest du nicht, da den Mann der schnelle Achilleus
Mir erschlug und verheerte die Stadt des göttlichen Mynes,
Weinen mich sehn; du versprachst mir, des göttergleichen Achilleus
Jugendlich Weib zu werden, der einst in Schiffen gen Phthia
Heim mich brächt, und feirte den Myrmidonen das Brautmahl.
Ach du starbst, und ohn Ende bewein ich dich, freundlicher Jüngling!
[19:295–300]

TIEROPFER

Bei jedem Opfer, das in der *Ilias* geschildert wird, werden den Tieren zunächst Haarbüschel abgeschnitten und an die Anwesenden verteilt. Es ist wichtig, dass alle in das Ritual eingebunden sind, damit auch alle an dem Gebet oder Eid teilhaben. Durch das Verteilen der Wolle werden die Betroffenen zu Mit-Schwörenden. Ob durch das Festhalten von Haaren des Opfers eine Verbindung zwischen ihm und den Opfernden hergestellt werden sollte, wie manche Forscher glauben, ist umstritten.

NEOPTOLEMOS

Neoptolemos ist der Sohn Achills und der Tochter des Königs von Skyros, Deidamia. Auf Skyros verbrachte Achill fast seine ganze Jugend, als Mädchen verkleidet, denn seine Mutter versuchte – letztlich vergeblich – ihn von Kriegen fernzuhalten. Sein Sohn hieß Pyrrhos („rothaarig"), wird jedoch in der *Ilias* von Achill Neoptolemos genannt, „junger Krieger". Nach Achills Tod holen Phoinix und Odysseus Neoptolemos nach Troja, wo dieser ihm seines Vaters Rüstung gibt. Neoptolemos bewährt sich im Kampf und gehört zu den Kriegern im Trojanischen Pferd. Er tötet Priamos und erhält Andromache als Trophäe.

Als sie weint, brechen auch die übrigen Frauen, die Achill von Agamemnon erhielt, in Tränen aus. Da erwacht auch Achills Trauer aufs Neue. Die Feldherren umringen ihn, bitten ihn, etwas zu essen, um seine phänomenale Kraft zu wahren. Er jedoch will nichts davon hören: Er wird bis Sonnenuntergang fasten. Damit schickt er sie weg. Odysseus, Phoinix, Agamemnon und Menelaos bleiben und versuchen, ihn aufzumuntern, doch die Erinnerung an Patroklos kehrt immer wieder. Frieden wird Achill erst finden, wenn das Kampfgetümmel sein trauerndes Herz wärmt. Er wusste immer, dass er vor Troja fallen wird, hoffte jedoch, dass Patroklos überleben werde, um Achills Vater Peleus das Alter zu versüßen, seinen Sohn Neoptolemos den sagenhaften Reichtum seines Erbes genießen zu sehen und ihm von den Heldentaten seines Vaters zu erzählen. Zeus hat Erbarmen mit Achill und schickt Athene, um ihn mit Nektar und Ambrosia zu füttern, damit er wenigstens Kraft zum Kämpfen besitzt.

Achill zieht in die Schlacht

Die Zeit zum Kämpfen ist nun da. Von den Schiffen und aus den Zelten strömen Krieger herbei wie eine dichte, kalte Schneewehe. Ihre glänzenden Rüstungen erhellen den Himmel. In ihrer Mitte legt Achill endlich für die Schlacht seine strahlende Rüstung an: Zuerst die Beinschienen, die er mit silbernen Schnallen an den Knöcheln befestigt, dann der Brustharnisch. Über die Schulter schließlich schlingt er am Gehenk das Schwert mit den silbernen Buckeln am Griff. Der große Rundschild leuchtet wie ein Vollmond und blitzt auf wie ein Leuchtfeuer, als er ihn hochhebt und mit dem Arm durch die Riemen schlüpft. Zum Schluss stülpt er sich den gewaltigen Helm auf, dass der dicke goldene Helmbusch wallt. Er probiert die neue Rüstung aus, springt und dreht sich, und sie ist leicht wie Luft, passt wie angegossen und bewegt sich geschmeidig mit. Erfreut greift er nach dem gewaltigen Eschenspeer seines Vaters, den niemand außer ihm heben kann. Sein Lenker Automedon bringt seinen Streitwagen, und als er ihn besteigt, glitzert die Sonne auf seiner Rüstung. Achill spricht zu seinen unsterblichen Pferden Balios und Xanthos: Sie müssen diesmal harte Arbeit leisten, um ihn heil wieder nach Hause zu bringen und nicht wie Patroklos tot auf dem Schlachtfeld zurückzulassen.

Plötzlich senkt der Hengst Xanthos den Kopf. Hera hat ihn mit Sprache begabt, doch seine Worte sind traurig: Es habe nicht in ihrer Macht gestanden, Patroklos zu retten, denn sie hätten es mit Apollon zu tun gehabt. Heute werden sie Achill unversehrt nach Hause tragen, doch schon bald werden auch sie ihm nicht mehr helfen können:

Ja, wohl bringen wir jetzt dich Lebenden, starker Achilleus;
Doch des Verderbens Tag ist nahe dir! Dessen sind wir nicht
Schuldig, sondern der mächtige Gott und das harte Verhängnis.
Nicht fürwahr durch Säumnis und Langsamkeit unserer Schenkel
Raubte der Troer Volk von Patroklos' Schulter die Rüstung;
Nein der gewaltigste Gott, der Sohn der lockigen Leto,*
Schlug ihn im Vordergefecht, dem Hektor Ehre gewährend.
Wir zwar wollten im Lauf auch Zephyros' Atem ereilen,
Welcher doch schnell vor allen daherstürmt, aber dir selber
Wird bestimmt, dem Gott und dem sterblichen Manne zu fallen.
[19:408–417]

* *Apollon*

Von einer der Erinnyen zum Schweigen gebracht, verstummt das Pferd genauso plötzlich wieder, doch Achill ist verärgert: Sogar sein Pferd sagt seinen Tod voraus, dabei weiß er doch genau, was ihm bevorsteht. Alles, was ihm noch bleibt, ist, die Trojaner das Fürchten zu lehren.

Xanthos, warum mir den Tod weissagest du? Solches bedarf's nicht!
Selber weiß ich es wohl, daß fern von Vater und Mutter
Hier des Todes Verhängnis mich hinrafft. Aber auch so nicht
Rast ich, bevor ich die Troer genug im Kampfe getummelt!
[19:420–423]

Mit markerschütterndem Schlachtruf prescht Achill vor und führt seine Armee in die Schlacht.

20. Gesang

DIE GÖTTER ERGREIFEN PARTEI

DIE SITUATION

Zeus ruft alle Götter zusammen und befiehlt ihnen, eine der Seiten zu wählen und mit den Sterblichen zu kämpfen. Apollon entscheidet sich für die Trojaner und drängt Äneas in eine Konfrontation mit Achill, der in seiner göttlichen Rüstung unbesiegbar ist. Obwohl auf Seiten der Griechen, greift Poseidon ein und rettet den Trojaner, weil er überleben muss. Apollon schützt Hektor vor Achills tödlicher Lanze. Frustriert stürzt sich dieser in ein grausiges Gemetzel.

Die Götter müssen sich entscheiden

Rings um die strahlende Figur Achills formieren sich frischen Mutes die griechischen Streitkräfte und sehen die Trojaner am anderen Ende der Ebene aufmarschieren. Zeus beruft derweil alle Götter zu sich auf den Olymp. Außer Okeanos, dessen Gewässer die Welt zusammenhalten, kommt jede Gottheit bis hin zur geringsten Nymphe. Als die Götter sich in der Marmorhalle versammelt haben, fordert Poseidon seinen Bruder auf, ihnen seine Pläne offen zu legen. Zeus erwidert, er sei besorgt, Achill könne in seiner Wut gegen den Willen des Schicksals mit bloßen Händen die Mauern von Troja einreißen. Er befiehlt den Göttern, zum Schlachtfeld hinunterzugehen und sich für eine Seite zu entscheiden. Er werde auf dem Olymp sitzen und alles beobachten und nur dann Blitze senden, wenn er meine, das Gleichgewicht sei gestört:

(...) Sie kümmern mich, auch im Verderben.
Selber indes nun bleib ich auf ragendem Hang des Olympos
Sitzend, mein Herz zu erfreuen des Anschauns. Aber ihr andern
Geht hinab in die Heere der Troer und der Achaier;
Beiden mögt ihr helfen, wie jedem das Herz es gebietet.
Denn wo Achilleus allein den Troern naht in der Feldschlacht,
Nicht auch kleines bestehn sie den rüstigen Peleionen.
Stets vor ihm ja zuvor auch entbebten sie, schon ihn erblickend;
Doch nunmehr, da so heftig um seinen Freund er ergrimmt ist,
Sorg ich, daß er die Mauer auch trotz dem Schicksal verwüste.

[20:21–30]

Sogleich machen die Götter sich auf den Weg. Hera, Athene und Poseidon stellen sich auf die Seite der Griechen; Hermes und Hephaistos gesellen sich zu ihnen. Kriegsgott Ares, Apollon, seine Schwester Artemis und ihre Mutter Leto sind für die Trojaner,

Achill und sein Wagenlenker Automedon erreichen endlich das Schlachtfeld. Nach so langer Abstinenz ist Achill blutdurstig und rast wie ein Berserker durch die feindlichen Reihen. Wer ihm in den Weg kommt, wird niedergemäht.

ebenso Aphrodite und Xanthos, der Gott des Flusses von Troja, den die Sterblichen Skamander nennen.

Bis die Götter eingreifen, behalten die Griechen die Oberhand. Rasend und unbezwingbar in seiner göttlichen Rüstung wütet Achill wie der Kriegsgott persönlich; allein sein Anblick schwächt die Moral der trojanischen Truppen und drängt sie zurück. All das ändert sich jedoch, als die Unsterblichen sich einmischen. Athene steht auf dem Schutzwall der Griechen und stößt ihren grausigen Kriegsruf aus; von den Türmen Trojas erwidert ihn Ares, der sogleich ein gewaltiges Getöse verursacht, das über das Schlachtfeld hinwegbraust und die Trojaner vorantreibt.

Die Götter hauchen den Sterblichen frischen Kampfgeist ein und drängen die Streitkräfte aufeinander zu. Schon bald aber lassen sie sich von dem Wunsch ablenken, untereinander alte Rechnungen zu begleichen. Wenn Götter kämpfen, entfalten sich übernatürliche Kräfte; alles ist lauter, beängstigender. Zeus schleudert Blitze nach beiden Seiten. Poseidon lässt das Meer brodeln und die Erde beben. Der Berg Ida erzittert bis hinauf zum Gipfel, Trojas Mauern schwanken und die am Strand vertäuten Schiffe der Griechen tanzen an ihren Tauen. Tief unten duckt sich Hades schreiend unter dem Ansturm, besorgt, Poseidon und sein Bruder könnten die Erdkruste zum Bersten bringen, so dass die modrigen Gewölbe der Unterwelt ans Tageslicht kämen.

Seine goldenen Pfeile in der Hand, fordert Apollon Poseidon heraus; Kriegshetzer Ares greift die wild blickende Athene an, während die keusche Jägerin Artemis sich gegen Hera wendet, die Königin der Bosheit. Leto kämpft gegen Hermes, und der Flussgott Xanthos versucht, Feuergott Hephaistos auszulöschen.

Zeus mit Agamemnon (links) und Menelaos (rechts). In dieser Phase des Kriegs verteilt Zeus seine Blitze gleichmäßig, doch zuvor begünstigte er eine Zeitlang die Trojaner. Das jedoch war unmittelbar Folge von Agamemnons schäbigem Verhalten Achill gegenüber, denn Zeus verspricht Achills Mutter Thetis, seine Ehre wiederherzustellen. Er benutzt Hektor und die Trojaner, um die Griechen zurückzuschlagen, bis Agamemnon seinen Fehler einsieht.

Apollon und Äneas

Achill hat nur eines im Sinn: Er will Hektor vernichten. Nur das Blut des Trojaners kann seine Wut besänftigen. Apollon erkennt das und beschließt, ihn abzulenken. Er lässt ab von Poseidon und fliegt über das Schlachtfeld zu Äneas. In Gestalt von Priamos' Sohn Lykaon verhöhnt Apollon Äneas: Was ist nun aus all der Prahlerei geworden, die Äneas bei ihren Trinkgelagen zum Besten gegeben hat? Hat er sich nicht gerühmt, er werde ganz allein gegen Achill antreten?

Äneas antwortet gelassen, er habe schon einmal gegen Achill gekämpft und werde es nicht wieder versuchen, denn nur mit Zeus' Hilfe sei er damals mit dem Leben davongekommen. Athene sei auf Achills Seite gewesen: Sie habe Licht um ihn gleißen lassen und sein Ziel unfehlbar gemacht. Kein Sterblicher könne einen Zweikampf mit Achill überleben – seine Lanze trifft immer, und stets greift irgendein Gott zu seinen Gunsten ein. Falls die Götter jedoch für gleiche Chancen sorgten, sähe die Sache für Achill schon anders aus:

Drum nicht mag dem Achilleus ein Mann zum Kampfe begegnen,
Stets ist ihm ein Unsterblicher nah, der Böses ihm abwehrt.
Auch zugleich sein Geschoß fliegt gradan, nicht ihm ermüdend,
Eh es in Menschenblut sich gesättiget. Wenn nur ein Gott uns
Gleich ausmäße des Kampfs Entscheidungen, nimmer so leicht dann
Würd ihm der Sieg, und trotzt' er, aus starrendem Erze gebildet!
[20:97–102]

Apollon stichelt weiter: Traut Äneas den Göttern denn nicht? Dabei ist er doch selbst göttlicher Abstammung: Seine Mutter ist Aphrodite, also eine viel mächtigere Göttin als Achills Mutter Thetis, die ja nur eine Meeresnymphe ist! Äneas soll Achills überheblicher Prahlerei keinen Glauben schenken – er selbst ist doch viel besser als der junge griechische Wichtigtuer! Von Apollon beflügelt und auf sein Drängen geht Äneas endlich los und sucht Achill im Getümmel.

Hera ist entsetzt, als sie das sieht, und hält mit Athene und Poseidon Kriegsrat: Apollon hilft Äneas, also müssen sie Achill schützen. Sollen sie Äneas zum Rückzug bewegen oder soll einer von ihnen zu Achill gehen und ihn bestärken, dass die größten Götter ihn lieben und diejenigen auf Seiten Trojas allesamt nur aufgeblasene Schwätzer sind? Hat Zeus sie nicht alle in die Schlacht geschickt, um sicherzustellen, dass Achill nicht von den Trojanern getötet wird?

Wenn Apollon seine wahren Kräfte offen zeigt, könnte Achill es mit der Angst bekommen:

DIE MOIRA

Das griechische Wort *moira* heißt eigentlich Anteil, insbesondere Anteil am Schicksal. Bei Homer tritt die Moira meist allein auf, nur einmal in der Mehrzahl. Erst später erscheinen die drei Göttinnen mit ihren Namen (Klotho, Lachesis und Atropos). Die Moira ist erbarmungslos. Nicht einmal Zeus darf das Schicksal ändern. Er kann ermitteln, was einem Menschen zugedacht ist, indem er sein Schicksal in seiner goldenen Waage wiegt. Dann jedoch muss er sicherstellen, dass das Schicksal wie vorbestimmt eintritt, nur auf das „Wie" hat er Einfluss. Nicht einmal seinen eigenen Sohn Sarpedon kann er retten, denn ihm ist bestimmt, vor Troja zu fallen.

HERAKLES' WALL

Poseidon, Hera und Athene sitzen auf dem hohen Wall, den die Männer Trojas und Athene selbst einst als Schutz für Herakles bauten, als dieser versuchte, Hesione, die Tochter Königs Laomedons, vor einem Seeungeheuer zu retten. Poseidon hatte es gesandt, um Laomedon zu bestrafen, denn dieser verweigerte ihm den vereinbarten Lohn dafür, dass er die Stadtmauern von Troja für ihn baute.

All entstiegen wir ja dem Olympos, um zu begegnen
Diesem Gefecht, daß nichts im Troervolk er erdulde,
Heute nur; künftig indes erduld er, was ihm das Schicksal,
Als ihn die Mutter gebar, in den werdenden Faden gesponnen.
Aber entdeckt nicht solches ein Götterspruch dem Achilleus;
Schrecken ergreift ihn gewiß, wann ein Gott entgegen ihm wandelt
Durch die Schlacht; denn furchtbar sind himmlische Götter von Anblick.

[20:125–131]

Hera ist ganz aufgeregt, doch Poseidon bleibt gelassen: Kein Grund zur Sorge, die Griechen sind den Trojanern ohnehin überlegen. Sie sollten die Sterblichen kämpfen lassen und sich lieber einen guten Aussichtspunkt suchen. Sobald jedoch Ares oder Apollon irgendwelche Tricks versuchen, werden Hera und Athene es ihnen heimzahlen. Poseidon führt die Göttinnen auf den großen Wall, der einst für Herakles in Troja gebaut wurde. Auch die Götter Trojas verlieren das Interesse an ihren Zwistigkeiten und versammeln sich um Apollon auf einem Hügel nahe der Stadt, um ihre Taktik abzustimmen. Genau wissend, dass Zeus sie beobachtet, will keine Seite den ersten Schritt tun.

Äneas und Achill

Im Niemandsland zwischen den beiden Armeen stehen sich Äneas und Achill kampfbegierig gegenüber. Äneas stolziert drohend hin und her, schüttelt die eherne Lanze, dass sein Helmbusch flattert, doch Achill überfällt ihn wie ein rasender Löwe, wie ein verwundetes und vor Rachgier rasendes Tier. Seinen Schmerz um Patroklos trägt er wie eine schlecht heilende Speerwunde.

Die Waffen in der Hand, stehen sie sich gegenüber. Achill höhnt: Traut sich Äneas wirklich, ihn herauszufordern? Woher kommt all der Heldenmut? Hofft er auf Ruhm und Ehre, vielleicht sogar den Thron Trojas? Nicht, solange Priamos lebt und bei Sinnen ist! Und später sind wahrlich genug Söhne als Nachfolger da. Vielleicht hat man ihm ja schöne Güter versprochen, falls er Achill töte? Das wird ihm aber schwer fallen, oder hat er schon vergessen, wie Achill ihn von den Hängen des Ida verjagte und dass er sein Leben allein Zeus verdankt? Nun, diesmal werde Zeus ihm den Gefallen nicht tun:

(...) allein dich rettete Zeus und die anderen Götter.
Schwerlich indes erretten sie heute dich, wie du im Herzen
Etwa wähnst! Wohlan denn, ich rate dir, weiche mir eilig
Unter die Menge zurück und scheue dich, mir zu begegnen,
Eh dich ein Übel ereilt! Geschehenes kennet der Tor auch!
[20:194–198]

Äneas seufzt: Achills kindische Angeberei beeindrucke ihn nicht. Er sei schließlich Sohn einer Göttin, wie Achill wisse, und er könne seine Vorfahren bis zu Dardanos zurückverfolgen, den Stammvater des trojanischen Königshauses und Lieblingssohn des Zeus. Königliches und göttliches Blut fließe in seinen Adern. Ob Achill wolle, dass sie den ganzen Tag herumstehen und sich wie die Fischweiber zanken? Er jedenfalls sei bereit zum Kampf:

Doch was nötiget uns, in Erbitterung gegeneinander
Lästerworte zu lästern und Schmähungen, gleich den Weibern,
Die zum Zorne gereizt von herzdurchdringender Feindschaft
Lästern gegeneinander, in offener Straße sich treffend,
Manches wahr und auch nicht; denn der Zorn gebietet auch solches.
Worte ja werden mir nimmer den Mut abwenden vom Angriff,
Ehe mit Erz du entgegen gekämpft hast! Auf denn, geschwinde
Kosten wir untereinander die ehernen Kriegeslanzen!
[20:251–258]

Mit diesen Worten wirft Äneas seine Lanze nach Achill. Sofort hält der Grieche seinen Schild vor sich, jedoch nicht zu nah, falls die Spitze die Stierhäute durchdringt. Doch Hephaistos hat den Schild fünf Schichten dick gemacht und mit Bronze, Zinn und Gold verstärkt, so dass die Speerspitze sich wirkungslos hineinbohrt. Achill stößt seine Lanze durch den Rand von Äneas' Schild, doch streift nur der Schaft seine Schulter. Die Spitze bohrt sich in die Erde. Zitternd, weil er noch einmal davongekommen ist, sieht Äneas, dass Achill sich mit gezücktem Schwert auf ihn stürzen will. Äneas reißt einen großen Stein vom Boden und will Achill damit zerschmettern. Er weiß nicht, dass die göttliche Rüstung den Schlag abprallen lassen würde, so dass Achill ihn stattdessen töten kann.

Poseidon sieht, was geschehen wird, und ruft die anderen Götter zu Hilfe. Er hat Mitleid mit Äneas, der nun sicher sterben wird – er hätte nicht auf Apollon hören sollen! Äneas hat den Göttern stets Opfer gebracht, deshalb müssen sie ihn retten. Zeus werde es ihnen nicht danken, wenn Äneas stürbe:

Auf, wir selbst nun wollen der Todesgefahr ihn entreißen;
Daß nicht auch der Kronid ereifere, wenn ihn Achilleus
Tötete, jenen Mann; denn das Schicksal gönnt ihm Errettung,
Daß nicht samenlos das Geschlecht hinschwind und der Name
Dardanos', den der Kronid aus allen Söhnen sich auskor,
Welche von ihm aufwuchsen und sterblichen Menschentöchtern.
Denn des Priamos Stamm ist schon verhaßt dem Kronion;
Jetzo soll Äneias' Gewalt obherrschen den Troern,
Und die Söhne der Söhn', in künftigen Tagen erzeuget.
[20:300–308]

Hera unterbricht sein Lamentieren: Poseidon könne tun, was er für richtig halte, und sie habe auch nichts gegen Äneas, aber sie und Athene hätten feierlich geschworen, für die Trojaner keinen Finger zu rühren. Poseidon nimmt dies als stillschweigende Erlaubnis und begibt sich sogleich durch die Schlacht dorthin, wo Äneas und Achill kämpfen. Er hüllt Achill in Nebel, reißt dessen Lanze aus Äneas Schild und wirft sie dem Griechen vor die Füße. Dann hebt er Äneas hoch und entführt ihn über die Köpfe der kämpfenden Männer und donnernden Streitwagen hinweg zu einer abseits gelegenen Stelle. Dort setzt er Äneas ab und warnt ihn: Er könne es nicht mit Achill aufnehmen und solle keinem Gott Glauben schenken, der ihm das einreden wolle. Sobald Achill selbst jedoch tot sei, habe das Schicksal Äneas vorbestimmt, dass niemand ihn werde töten können:

Welch ein Gott, Äneias, gebietet dir, also verblendet
Gegen des Peleus Sohn zu kämpfen dem Kampf der Entscheidung,
Der weit mächtiger ist und mehr geliebt von den Göttern?
Künftig weiche zurück, sooft du jenem begegnest;
Daß nicht trotz dem Verhängnis in Aïdes' Haus du hinabsteigst.
Aber nachdem Achilleus den Tod und das Schicksal erreicht hat;
Dann getrost fortan in den vordersten Reihen gekämpfet!
Denn kein anderer sonst der Danaer raubt dir die Rüstung.
[20:332–339]

Poseidon lässt Äneas wie betäubt zurück und eilt wieder zu Achill, der noch im gottgesandten Nebel herumstolpert, den Poseidon nun zerstreut. Wild blickt Achill um sich. Unglaublich: Seine Lanze liegt vor seinen Füßen, dabei weiß er genau, dass er sie geworfen hat, und sein Gegner ist einfach verschwunden! Also hatte er doch göttlichen Beistand! Achill lässt es gut sein und wendet sich wieder dem Schlachtgetümmel zu.

Achill und Hektor

Achill kehrt zu den übrigen Soldaten zurück und treibt alle an. Er kann nicht alles allein machen, will aber gern den Vorreiter spielen und ihnen mit Fäusten und brutaler Gewalt eine Schneise in die trojanischen Linien brechen. Auf trojanischer Seite feuert Hektor seine Truppen an und beteuert, sie hätten von Achill nichts zu befürchten. Hektor werde gegen ihn antreten, er habe keine Angst vor seiner ehernen Stärke. Wie ein Mann heben die Trojaner ihre Lanzen, bereit zum Sturm, als Apollon vor Hektor erscheint und ihn warnt:

Hektor, durchaus nicht mehr mit Achilleus wage den Vorkampf,
Sondern umher in der Meng und dem Schlachtgetümmel erhasch ihn:
Daß nicht etwa sein Speer dich bändige, oder sein Schwerthieb!
[20:376–378]

Hektor ist kein Feigling, aber der Anblick des Gottes erschüttert ihn. Er nimmt den Rat an und kehrt in Reih und Glied zurück. Nicht so Achill: Wie ein Berserker wirft er sich auf die Trojaner. Sein erstes Opfer ist Iphition, der geradewegs auf ihn zuläuft: Achill spaltet ihm den Schädel und jubelt, als der noch warme Körper von griechischen Rädern zermalmt wird. Achill tobt weiter, sticht Antenors Sohn Demoleon durch die Wange, dass ihm das Gehirn aus dem Schädel in den Helm gedrückt wird. Auch Hippodamas fällt ihm zum Opfer, als er vor Achill flieht: Wie ein Opferstier bricht er zusammen, als Achill ihm die Lanze in den Rücken rammt.

Dann erspäht Achill Polydoros, Priamos' jüngsten Sohn und Liebling. Sein Vater hat ihm das Kämpfen verboten, doch der junge Hitzkopf will sich die Sporen verdienen. Achills Lanze trifft ihn im Rücken mit solcher Wucht, dass die Spitze am Bauch wieder austritt und er auf die Knie fällt.

Als Hektor seinen Bruder sich winden sieht, die eigenen Gedärme in den Händen haltend, vergisst er Apollons Rat und stürmt geradewegs auf Achill zu. Der triumphiert: Endlich hat er den Mann vor sich, den er sucht, die Triebfeder des trojanischen Heeres, der seinen geliebten Patroklos tötete. Mit finsteren Blicken lässt er Hektor herankommen und verhöhnt ihn. Er solle nur näher kommen, er werde ihn schon ins Jenseits befördern!

Hektor bleibt gelassen. Wie Äneas lässt er sich von Spott nicht beeindrucken. Achill ist tapfer und stärker als Hektor, was dieser wohl weiß, doch alles liegt in der Hand der Götter. Mit aller Kraft schleudert Hektor seine Lanze, doch Athene bläst sie zurück, dass sie vor seinen eigenen Füßen landet. Nach Rache brüllend, stürmt nun Achill auf ihn zu, um ihn niederzumähen, doch da erscheint Apollon, umhüllt Hektor mit dichtem Nebel und trägt ihn fort. Drei Mal sticht Achill voller Wut seine Lanze in den Nebel, doch vergebens. Beim vierten Mal ruft er entmutigt:

Wieder entrannst du dem Tode, du Hund! Schon nahte Verderben
Über dein Haupt, allein dich errettete Phöbos Apollon,
Den du gewiß anflehst, ins Geklirr der Geschosse dich wagend!
Doch bald mein ich mit dir zu endigen, künftig begegnend;
[20:449–452]

Irgendwann werden sie sich wieder begegnen, und das nächste Mal sind die Götter vielleicht auf Achills Seite. Bis dahin sollen Hektors Soldaten die Flucht ihres Führers mit dem Leben bezahlen.

Achill wütet unter den Trojanern

Wie von Sinnen tobt Achill durch die trojanischen Reihen. Er tötet Dryops mit einem Lanzenstich in den Hals, mäht den starken Demuchos mit einem Lanzenwurf gegen das Knie nieder und tötet ihn dann mit dem Schwert. Zwei Söhne des Bias stößt er vom Wagen, einen mit der Lanze, den anderen mit dem Schwert erschlagend. Vor Verzweiflung von Sinnen, versucht Alastors Sohn Tros, Achills Knie zu umfassen und um sein Leben zu flehen, doch während er noch bettelt, stößt

In seiner neuen, göttlichen Rüstung, die nun mit Blut bespritzt ist, stellt Achill einen Grauen erregenden Anblick dar. Sein Ruf als gnadenloser Krieger eilt ihm voraus, und nachdem alle so lange auf ihn gewartet haben, ist die Panik nun umso größer.

Achill ihm die Lanze in die Leber und lässt ihn im Schmutz verbluten. Nichts und niemand kann Achill aufhalten. Dem Echeklos zertrümmert er den Schädel und sticht dem Deukalion durch den Arm, so dass er sich nicht wehren kann und hilflos dasteht, bis Achill ihm den Kopf mit einem Hieb abschlägt, dass das Mark aus der Wirbelsäule hervorspritzt. Noch bevor der Tote zu Boden gesunken ist, spießt Achill schon den Rigmos auf und hebelt ihn aus dem Wagen, während der Lenker verzweifelt versucht, die Pferde zu wenden, doch auch ihn erledigt Achill, quasi im Vorbeigehen, so dass die Pferde in Panik durchgehen.

Wie ein Gott stürmt Achill über das Schlachtfeld, unbezwingbar, unbezähmbar, unaufhaltsam. Unablässig wütet er durch die trojanischen Reihen, wie Rinder Getreide auf der Tenne zerstampfen. Die Achse seines Wagens ist rot von Blut, und auch unter seinen Rädern und den Hufen seiner Pferde spritzt es auf, als sie über Männer, Leichen und Schilde hinwegstampfen. Inmitten des Blutbads, brüllend im Rausch der Zerstörung, rast Achill, seine strahlende Rüstung getränkt mit dem Blut anderer.

DAS UMFASSEN DER KNIE

In der *Ilias* kommt es oft vor, dass Götter und Menschen die Knie eines Mächtigeren umfassen. Dabei kniet der Bittsteller vor dem Angerufenen nieder und umfasst mit einer Hand dessen Knie, während die andere flehend zu ihm erhoben ist. Diese Demutshaltung signalisiert Schwäche und Abhängigkeit. Im antiken Griechenland bedeutete Unterwerfung für den Überlegenen zugleich eine moralische Verpflichtung, dem Bittsteller zu helfen und ihn unversehrt zu lassen.

21. Gesang

DER FLUSSGOTT GREIFT EIN

DIE SITUATION

Achill drängt die Trojaner bis zum Fluss Xanthos und treibt die halbe Armee in die tosenden Fluten. Erbost wendet sich der Flussgott gegen Achill und jagt ihn über die Ebene, bis Hera ihm Hephaistos zu Hilfe schickt. Die Götter bekämpfen sich gegenseitig, kehren jedoch schließlich zum Olymp zurück. Nur Apollon bleibt zurück, und als es so aussieht, als werde Achill Troja erobern, lockt er ihn durch einen Trick fort, damit die Reste der trojanischen Streitkräfte in Sicherheit gelangen.

Achill und Lykaon

Achill wütet weiter und treibt die trojanischen Streitkräfte vor sich her bis ans Ufer des rasch dahinfließenden Xanthos. Dort teilt sich die verängstigte Masse: Die einen rennen um ihr Leben zurück über die Ebene, die sie unter Führung des gewaltigen Hektor noch am Vortag im Triumph überquert hatten. Den Rest der Armee jagt Achill geradewegs in den Fluss, Männer und Pferde durcheinander. Alle kämpfen vor Panik schreiend mit dem tosenden Wasser, den wirbelnden, donnernden Fluten hilflos ausgeliefert.

Am Ufer lässt Achill die Lanze stehen und springt mit gezücktem Schwert mitten ins Gewühl, hauend und stechend, bis das Wasser sich rot färbt. Die Trojaner versuchen, ihm zu entfliehen: Wie Fischschwärme vor einem Delfin hetzen sie hierhin und dorthin. Als sein Arm vom Schlachten lahm wird, nimmt Achill zwölf junge Trojaner gefangen. Nass und benommen, wie sie sind, zerrt er sie ans Ufer und fesselt sie mit Streifen, die er aus ihren eigenen Gürteln schneidet. Er lässt sie zu den Schiffen führen, denn sie sollen das für Patroklos versprochene Opfer sein. Dann stürmt Achill zurück in den Fluss, sein Blutdurst noch immer ungestillt.

Der erste, den er vor sich sieht, ist Priamos' Sohn Lykaon. Achill erkennt ihn sofort wieder, denn er hat ihn unlängst gefangen und als Sklaven verkauft. Lykaon hat sich aus dem Fluss gerettet und liegt erschöpft am Ufer, seine Waffen um sich verstreut. Achill traut seinen Augen nicht, hat er doch geglaubt, mit diesem Trojaner längst fertig zu sein, doch da ist er zweifellos wieder. Diesmal soll es ein Abschied für immer sein, denn aus dem Hades kommt niemand zurück. Als Lykaon Achill sieht, taumelt er auf ihn zu, die Arme bittend ausgestreckt. Achill hebt seine Lanze, doch Lykaon duckt sich darunter her, fällt vor Achill in den Staub, umfasst seine Knie und bettelt um Gnade. Erkennt Achill ihn nicht wieder? Hat er ihm nicht als Sklave einen guten

Preis eingebracht? Seinen Bruder Polydoros habe Achill ja schon getötet. Doch auch er, Lykaon, habe eine andere Mutter als Hektor:

Und zween Söhne gebar sie; doch du willst beid uns erwürgen!
Jenen im Vordergefecht fußwandelnder Kämpfer bezwangst du,
Ihn, den Held Polydoros, mit spitziger Lanze getroffen;
Und mein harrt das Verderben allhier nun! Nimmer ja hoff ich
Deiner Hand zu entfliehn, nachdem mich genähert ein Dämon!
Eines verkünd' ich dir noch, und du bewahr' es im Herzen.
Töte mich nicht; denn ich bin kein leiblicher Bruder des Hektor,
Welcher den Freund dir erschlug, so sanftgesinnt und so tapfer!
[21:89–96]

Doch Achill kennt keine Gnade. Lykaons Gerede über Lösegeld ärgert ihn. Vor Patroklos' Tod hatte Achill die Trojaner oft geschont und lieber als Sklaven verkauft, als sie zu töten, doch das ist jetzt vorbei. Nun sollen alle Trojaner büßen: Lykaon muss sterben. Er soll gefälligst aufhören zu winseln. Patroklos – ein weit größerer Krieger als er – ist tot, und auch Achill wird bald sterben. Lykaon begreift, dass sein Schicksal besiegelt ist, und bietet Achill seine Kehle dar, die dieser mit dem Schwert aufschlitzt. Den Leichnam schleudert Achill in den Fluss, alle Trojaner verhöhnend:

Dort nun streck im Gewimmel der Fische dich, die von der Wunde
Sorglos dir ablecken das Blut! Nie bettet die Mutter
Dich auf Leichengewand und wehklagt, sondern Skamandros
Trägt dich strudelnd hinab in des Meers weitoffenen Abgrund.
Hüpfend sodann naht unter der Flut schwarzschauernder Fläche
Mancher Fisch, um zu schmausen am weißen Fette Lykaons.
Treff euch Weh, bis wir kommen zu Ilios' heiliger Feste,
Ihr in stürzender Flucht, ich aber mit Mord euch verfolgend!
Nicht ja einmal der Strom mit mächtigem Silbergestrudel
Rettet euch, welchem ihr oft so viel darbringet der Stiere
Und starkhufige Ross', in die Flut lebendig versenket:
Aber auch so vertilgt euch das Jammergeschick, bis ihr alle
Für Patroklos' Mord mir gebüßt und das Weh der Achaier,
Die an den hurtigen Schiffen ihr tötetet, als ich entfernt war!
[21:122–135]

Doch je lauter Achill prahlt, desto wütender wird der Flussgott Xanthos. Er überlegt, wie er Achill aufhalten und die Männer von Troja beschützen kann.

Achill springt in den Fluss, um das Gemetzel mit aller Kraft fortzusetzen, bis der Fluss selbst sich gegen ihn erhebt.

Xanthos erhebt sich

Der Päonierfürst Asteropaios wartet nun auf Achill, in jeder Hand eine Lanze. Er ist durchnässt, doch begierig auf Rache für alle Trojaner, die Achill gnadenlos abgeschlachtet hat. Achill ist verblüfft: Wer ist der freche Bursche? Wer wagt es, den berühmten Achill herauszufordern? Doch Asteropaios ist ein ernst zu nehmender Gegner. Er schleudert beide Lanzen, und beide treffen ihr Ziel: eine den gewaltigen Schild – sie wird nur von dessen Goldkern gestoppt. Die andere reißt Achill den Arm auf, dass Blut hervorschießt. Nun wirft Achill seine Lanze, jedoch daneben, so dass sie tief in die Böschung hinter Asteropaios fährt.

Achill zieht sein Schwert und stürmt los, und der nun unbewaffnete Asteropaios versucht mit aller Kraft, Achills Lanze aus der Erde zu ziehen. Er versucht es drei Mal, doch sie rührt sich nicht, und beim vierten Mal fällt Achill über ihn her und schlitzt ihm den Bauch auf, dass die Eingeweide hervorquellen. Asteropaios stürzt zu Boden, und Achill trampelt mit Triumphgebrüll auf dessen Brustkorb herum. Dann raubt er ihm die Rüstung und wirft die verstümmelte Leiche den Fischen zum Fraß vor. Achill zieht seine Lanze mühelos aus der Böschung und wendet sich den übrigen Päoniern zu. Die haben sprachlos den Tod ihres Führers verfolgt und fliehen nun voller Angst, doch Achills Schwert erreicht jeden Einzelnen von ihnen: Thersilochos, Mydon, Astypylos, Mnesos, Thrasios, Ainios und Opholestes. Schließlich wird es dem Flussgott selbst zu viel: Voller Wut brüllt Xanthos Achill an, denn die schiere Zahl der Toten droht ihn zu ersticken:

Peleus' Sohn, du wütest, an Kraft und entsetzlichen Taten
Mehr als Mensch; denn immer begleiten dich waltende Götter.
Wenn dir Zeus die Troer verlieh, daß du alle verderbtest;
Außer mir selbst sie verfolgend, erfülle mit Graun die Gefilde.
Voll sind mir von Toten bereits die schönen Gewässer;
Kaum auch kann ich annoch ins heilige Meer mich ergießen,
Eingeengt von Toten, so übest du Mord und Vertilgung!
Aber wohlan, laß ab; ich staune dir, Völkergebieter!

[21:214–221]

Achill willigt ein, nicht mehr im Fluss zu kämpfen, erklärt jedoch, er werde weiter töten, bis er den letzten Trojaner in die Stadt zurückgetrieben habe und Hektor gegenüberstehe. Dann beginnt er wieder zu morden, doch Xanthos gibt sich damit nicht zufrieden und ruft Apollon zu Hilfe:

XANTHOS

Das wichtigste Gewässer Trojas wird von den Sterblichen als Skamander bezeichnet, von den Göttern jedoch als Xanthos, weil der dort herrschende Flussgott so heißt. Mit diesem Flussgott in Gestalt tosender Wassermassen kämpft Achill.

Wehe, du achtest ja nicht, Zeus' Sohn mit silbernem Bogen,
Was Kronion beschloß, der dir voll Ernstes geboten,
Trojas Söhne mit Macht zu verteidigen, bis sich des Abends
Dämmernde Späte genaht, die scholligen Äcker beschattend.
[21:229–232]

Als Achill das hört, wird er noch rasender und springt in die Fluten, um mit dem Flussgott persönlich zu kämpfen. Xanthos brodelt, schwillt an und speit all die Leichen ans Ufer, die seinen Lauf hemmen. Die noch Lebenden birgt er geschützt unter den Wellen. Die Fluten türmen sich hoch über Achill auf und stürzen dann auf ihn herab und donnern gegen seinen Schild. Achill stolpert und wedelt mit den Armen, bis er Halt an einer Ulme findet. Doch Xanthos zieht dem Baum die Wurzeln weg, so dass er stürzt und dabei die ganze Böschung wegreißt. Er fällt quer über den Fluss und bildet so eine provisorische Brücke, über die Achill flink an Land springt. Wie eine riesige Wand aus Wasser bäumt sich Xanthos hinter ihm auf und greift nach ihm. Achill rennt um sein Leben über die Ebene hinweg, doch die Flut überholt ihn, denn kein Sterblicher ist schneller als die Götter. Das Wasser reißt ihm den Boden unter den Füßen weg, und im Rutschen beklagt Achill sich bitterlich bei Zeus: Ihm sei bestimmt, in Würde zu sterben, durch die Hand Apollons, nicht wie ein erbärmlicher Schweinehirte, der in einem Graben ersäuft:

Vater Zeus, daß auch keiner der Himmlischen nun sich erbarmet,
Mich aus dem Strom zu retten! Wie gern dann duldet' ich alles!
Keiner indes ist mir der Uranionen so schuldig,
Als die liebende Mutter, die mich durch Lüge getäuschet;
Denn sie sprach, an der Mauer der erzumpanzerten Troer
Sei mir zu sterben bestimmt durch Apollons schnelle Geschosse.
Hätte mich Hektor getötet, der hier der Tapferste aufwuchs!
Dann wär ein Starker erlegt und es raubt' ein Starker die Rüstung!
Doch nun ward zu sterben den schmählichen Tod mir geordnet,
Eingehemmt von dem mächtigen Strom, wie ein jüngerer Sauhirt,
Welcher im Regenbache versinkt, durchwatend im Winter!
[21:273–283]

Hera und Hephaistos leisten Beistand

Sogleich sendet Zeus Poseidon und Athene, als Sterbliche verkleidet, auf die Erde. Sie nehmen Achill bei der Hand und Poseidon beruhigt ihn: Sein Schicksal sei nicht, wie eine Ratte zu ersaufen, vielmehr müsse er die Trojaner hinter ihre Mauern zurückdrängen und Hektor töten. Dann solle er zu den Schiffen zurückkehren. Athene stärkt dem Krieger Herz und Glieder mit ihrer göttlichen Kraft. Die Götter zerstreuen den Nebel, und erstarkt läuft Achill weiter. Der Fluss hat die Ebene völlig überschwemmt, alles ist übersät mit Toten, Leichenteilen und verlorenen Waffen und Rüstungen. Achill watet durch die Flut der Leichen. Athene macht ihn so stark, dass auch der Fluss mit aller Macht ihn nicht aufhalten kann. So ruft Xanthos seinen Bruder Simois zu Hilfe, damit Achill nicht etwa die Mauern von Troja niederreißt:

Nicht soll, mein ich, die Kraft ihn verteidigen oder die Bildung,
Noch die prangenden Waffen; die sollen mir tief in dem Sumpfe
Liegen von häufigem Schlamme bedeckt; und ihn selber umwälz ich
Rings mit Sand, in den Schwall von Muscheln und Kies ihn verschüttend,
Hoch, daß selbst sein Gebein nicht aufzusammeln vermögen
Argos' Söhn' im unendlichen Wust, den ich über ihn ausgoß!
Dort soll das Denkmal sein des Gestorbenen; und er bedarf nicht,
Daß ihm ein Rasengrab die bestattenden Danaer häufen!
[21:316–323]

Erneut schwillt Xanthos an wie eine gewaltige scharlachrote Welle von Schaum, Blut und Leichen. Gerade will er Achill fortreißen, da sieht Hera, was passiert, und schickt ihren Sohn Hephaistos zu Hilfe. Lodernd von unlöschbarer göttlicher Glut braust der Feuergott über die überflutete Ebene. Hera entfacht einen trockenen Wind, und gemeinsam verbrennen sie die Leichen und lassen das Wasser verdampfen, bis die Ebene verdorrt daliegt. Zu Xanthos gewandt, setzt Hephaistos Ried und Bäume an seinen Ufern in Brand und hüllt den Fluss in ein Flammenmeer, das so lodert, dass die Fische im Wasser gekocht werden und der Flussgott sich verbrüht. Als Xanthos endlich um Gnade fleht, zischt seine Stimme brüchig wie die Flammen unter einem Kessel mit überhitztem Fett. Inständig bittet er Hera, ihren Sohn wegzurufen:

Here, warum doch quälet dein Sohn so heftig vor andern
Meinen Strom? Ich habe mich dir ja minder verschuldet
Als die anderen alle, so viel beistehen den Troern.
Doch nun will ich ja gern mich beruhigen, wenn du gebietest;

Nur sei ruhig auch jener! Zugleich auch dieses beschwör ich:
Niemals einem der Troer den grausamen Tag zu entfernen,
Nicht wenn Troja sogar in verheerender Flamme des Feuers
Loderte, rings entflammt von den kriegrischen Söhnen Achaias!
[21:369–376]

Triumphierend lässt Hera ihren Sohn innehalten, und der Fluss kehrt in sein Bett zurück. Der Kampf zwischen Hephaistos und Xanthos jedoch ruft die übrigen Götter auf den Plan, die nun gegeneinander antreten. Die Erde dröhnt, und der Himmel hallt wider, als sie aufeinanderprallen. Zeus reibt sich frohlockend die Hände, denn er liebt es, sie kämpfen zu sehen. Ares ist wie immer der Erste: Er schleudert Athene Beleidigungen entgegen, denn er hat ihr nicht vergeben, dass sie Diomedes gegen ihn aufhetzte und dessen Speer in sein Fleisch trieb. Mit seiner gewaltigen Lanze schlägt er gegen ihren Schild. Athene weicht zurück, hebt einen riesigen, kantigen Grenzstein auf und wirft ihn nach Ares. Am Hals getroffen, stürzt er hin, doch sie verhöhnt den am Boden Liegenden noch:

Törichter, nie wohl hast du bedacht, wie weit ich an Kraft dir
Vorzugehn mich rühme, da mir voll Trotz du begegnest.
Also magst du der Mutter Verwünschungen ganz nun büßen,
Welche von Zorn und Haß dir entbrannt ist, weil du verließest
Argos' Söhn', und verteidigst die übermütigen Troer.
[21:410–414]

Als der gewaltige Recke stöhnend am Boden liegt, eilt Aphrodite ihm zu Hilfe und führt ihn aus der Schusslinie. Das sieht jedoch Hera und ruft Athene zu, die beiden zu verfolgen. Aufgebracht schlägt Athene Aphrodite mit der bloßen Hand vor die Brust, dass diese neben Ares zusammenbricht. Gegen Athenes Kraft sind beide Götter machtlos. Sie brüllt triumphierend, jedem auf Seiten Trojas werde es genauso ergehen:

Also müssen sie alle, so viel beistehen den Troern,
Künftig sein, wann sie Argos' gepanzerte Söhne bekämpfen,
Eben so kühn und dauernden Muts, wie nun Aphrodite
Herkam, Ares zu helfen, und meiner Stärke sich darbot!
O dann hätten wir längst schon ausgeruht von dem Kriege,
Weil wir Troja verheert, die Stadt voll prangender Häuser!
[21:428–433]

Poseidon und Apollon kommen überein, nicht zu kämpfen. Poseidon erinnert Apollon daran, dass sie gemeinsam als Sklaven Trojas Mauern errichten mussten und beide von Laomedon betrogen wurden. Da lohne es in der Tat nicht, sich für seine Söhne einzusetzen, stimmt Apollon zu, denn er will es sich nicht mit seinem Onkel verderben, ganz bestimmt nicht wegen Sterblicher, die ohnehin vergänglich wie Blätter im Wind sind. Artemis jedoch fällt ihm Bruder Apollon empört ins Wort: Sie wirft ihm vor, er gebe Poseidon viel zu leicht nach:

Fliehest du schon, Ferntreffer? Und hast den Sieg dem Poseidon
Ganz nun eingeräumt und umsonst den Ruhm ihm gegeben?
Tor, was trägst du den Bogen, den nichtigen Tand, an der Schulter?
Daß ich nimmer hinfort dich hör im Palaste des Vaters
Prahlend drohn, wie vordem im Kreis der unsterblichen Götter,
Kühn entgegen zu kämpfen dem Meerbeherrscher Poseidon!
[21:472–477]

Apollon ignoriert sie, doch Hera wird wütend: Wie kann Artemis es wagen, sie in Frage zu stellen? Sie soll sich gefälligst an das halten, womit sie sich auskennt, nämlich die Jagd, anstatt sich mit höherrangigen Göttinnen anzulegen. Bei diesen Worten entreißt Hera Artemis ihren Bogen und Köcher, dass die Pfeile zu Boden purzeln, und schlägt ihr den Bogen um die Ohren. Artemis bricht in Tränen aus und stolpert davon, hinauf zum Olymp. Wie ein Kind klettert sie auf Zeus' Schoß und schluchzt in seinen Bart. Als er sie fragt, wer sie denn so gemein behandelt hat, beklagt sie sich sogleich über Hera.

ARTEMIS

Die Göttin der Jagd ist die Tochter des Zeus und der Leto. Vor Kriegsbeginn beleidigt Agamemnon diese Göttin, die ihm daraufhin befiehlt, ihr eine seiner Töchter zu opfern, bevor sie ihrem Bruder Apollon erlaubt, ihm günstige Winde für die Fahrt von Aulis nach Troja zu senden. Als Zeus die Götter auffordert, Partei zu ergreifen, stellt sie sich auf Seiten Trojas.

Achill vor den Toren Trojas

Nach und nach kehren die Götter zum Olymp zurück, manche jubelnd, andere bedrückt. Nur Apollon bleibt und geht nach Troja. Er fürchtet, die Griechen könnten entgegen dem vorbestimmten Schicksal noch am selben Tag die Stadtmauern erstürmen. Achill ist den Flussgott endlich los und haut sich jetzt erbarmungslos eine blutige Bresche zur Stadt.

Priamos steht auf dem höchsten Turm Trojas und verfolgt seinen Weg. Verzweifelt sieht er die Trojaner in Panik zurückflüchten, und lässt die Stadttore für die Soldaten öffnen. Er weiß, dass ihnen eine Niederlage bevorsteht, und fürchtet, Achill könnte einfach die Mauern überrennen. Die trojanischen Truppen stolpern nun hastig in die Stadt, angesengt, verstört und halb blind vom Staub. Achill ist ihnen dicht auf den Fersen und schüttelt drohend seine gewaltige Lanze.

Jetzt könnten die Griechen die Stadt mühelos einnehmen, doch Apollon gibt Antenors Sohn Agenor ein, sich Achill entgegenzustellen. Wie ein Fels in der Brandung steht Agenor vor den Toren, doch sein Geist ist in heller Aufruhr: Was tun? Flieht er, holt ihn der schnellere Achill ein und sticht ihn ruhmlos ab. Auch wenn er stärker ist als alle anderen Männer der Welt, ist Achill andererseits doch sterblich, und seine Stärke stammt von Zeus. Vielleicht kann er ihn wenigstens aufhalten? Entschlossen springt Agenor wie ein verwundeter Leopard vor Achill, bereit zu sterben. Seinen Schild vor sich haltend, zielt er seine Lanze und ruft Achill eine letzte verzweifelte Warnung zu: Er soll ja nicht glauben, Troja werde widerstandslos fallen:

Wohl schon hast du im Herzen gehofft, ruhmvoller Achilleus,
Diesen Tag zu verheeren die Stadt der mutigen Troer!
Törichter! Traun, noch viel soll des Elends werden um jene,
Weil wir annoch so viel und so tapfere Männer darin sind,
Die für Eltern zugleich und blühende Weiber und Kinder,
Ilios' Feste beschirmen! Doch deiner harrt das Geschick hier,
Du entsetzlicher Mann und unerschrockener Krieger!
[21:582–588]

Agenor wirft seine Lanze, und sie trifft Achills Schienbein, prallt aber an der göttlichen Rüstung ab. Dennoch ist Achill verblüfft und wirft sich empört auf den Trojaner, doch wieder greift Apollon zu einem Trick. Den echten Agenor hüllt er in Nebel und bringt ihn in Sicherheit. Dann tritt er selbst in Agenors Gestalt Achill entgegen und

Benommen vom Ansturm des rasenden Achill wird die ganze trojanische Armee, wenn auch nicht kampflos, von dem Griechen bis zu ihrer eigenen Stadtmauer zurückgetrieben. Alle, die zuvor bei der Einnahme der Schiffe fielen, starben umsonst.

verhöhnt ihn. Achill setzt dem Gott nach, doch Apollon hetzt ihn über die ganze Ebene hinweg, hierhin und dorthin, quer durch die Felder und wieder zurück, schließlich zum Fluss hinunter. Immer wieder wartet Apollon, bis Achill ihn fast einholt, und lockt ihn so immer weiter fort von der Stadt. Die Trojaner, soweit sie noch gehen können, kehren erschöpft in die Sicherheit ihrer Mauern zurück.

22. Gesang

HEKTORS TOD

DIE SITUATION

Apollons Trick hat Achill von Troja weggelockt, so dass die Trojaner Zeit haben, in die Stadt zu fliehen. Nur Hektor steht noch vor den Mauern, und als Achill zurückkehrt, jagt er Hektor rings um die Stadt. Athene bringt Hektor schließlich mit einer List dazu, sich Achill zu stellen. Der tötet ihn.

Achill kehrt zur Stadtmauer zurück

In der Stadt versuchen die Trojaner erschöpft, wieder zu Atem zu kommen, froh, wenigstens ihren Durst löschen zu können. Die griechische Armee rückt bis direkt unterhalb der Mauern vor. Apollon beschließt, dem wütenden Achill seinen Trick offen zu legen:

Warum doch, o Peleide, verfolgst du mich eilenden Laufes,
Selbst ein Sterblicher nur den Unsterblichen? Schwerlich indes wohl
Kennst du den himmlischen Gott, daß sonder Rast du dich abmühst.
Traun, nichts gilt der Troer Gefecht dir, welche du scheuchtest;
Diese flohn in die Feste gedrängt; und du wandtest dich hieher.
Nie ja tötest du mich, der keinem Verhängnisse frönet.
[22:8–13]

Achill ist empört über die Täuschung. Wie viele Trojaner hätte er erschlagen können, hätte Apollon ihn nicht fortgelockt! Er wettert, wenn er die Macht dazu hätte, würde er Rache an dem Gott nehmen. Dann rennt Achill mühelos wieder zur Stadt zurück. Der Erste, der ihn in der Ferne entdeckt, weil sein bronzener Schild wie ein Stern strahlt, ist der alte König Priamos. Er ächzt verzweifelt, schlägt sich die Hände vors Gesicht und ruft von den Zinnen aus nach seinem Sohn Hektor, der noch immer unbeweglich vor dem Tor steht. Priamos warnt ihn, Achill sei viel stärker als er, und er habe schon zwei seiner Söhne getötet. Wenn Hektor allein gegen Achill antrete, werfe er sein Leben achtlos weg, wo doch die Stadt seinen Schutz so dringend benötige. Falls Hektor fällt, sagt Priamos, sei auch sein eigener Tod nicht mehr fern:

Endlich kommt es zum Zweikampf zwischen Achill und Hektor, dem Höhepunkt, auf den das ganze Epos zusteuert. Achill kann es nicht erwarten, mit Hektor zu kämpfen, obwohl er weiß, dass mit dessen Tod sein eigenes Schicksal besiegelt ist.

DARDANISCHES TOR

Neben dem Skäischen Tor bildet das Dardanische Tor einen der Hauptzugänge der Stadt Troja. Durch dieses Tor versucht Hektor Achill zu entkommen. Die von Äneas angeführten Dardanier sind mit dem trojanischen Königshaus verwandt. Dardanos selbst war der Sohn von Zeus und Elektra, einer der Plejaden, doch seine Nachkommen wurden einige Generationen zuvor in zwei Linien gespalten. Die Dardanier leben nun unterhalb des Bergs Ida.

Selber zuletzt wohl lieg ich zerfleischt am Tor des Palastes
Von blutgierigen Hunden, nachdem ein mordendes Erz mir,
Zuckend oder geschnellt, den Geist aus den Gliedern hinwegnahm,
Die ich im Hause genährt am Tisch, zu Hütern des Tores;
Sie dann lecken mein Blut, und wild von rasendem Wahnsinn
Liegen sie vorn am Tor! Dem Jünglinge stehet es wohl an,
Wenn er im Streit erschlagen, zerfleischt von der Schärfe des Erzes
Daliegt; schön ist alles im Tode noch, was auch erscheinet.
Aber wird das grauende Haupt, und der grauende Bart nun,
Auch die Scham von Hunden entstellt dem ermordeten Greise;
Das ist, traun, das kläglichste Leid dem elenden Menschen!
[22:66–76]

Doch auch angesichts der Bitten seiner Eltern bleibt Hektor unbeugsam. Er steht fest und wartet auf Achill, auch wenn seine Gedanken unentschlossen sind. Er erinnert sich an den Spott, den er in der Nacht zuvor für Polydamas hatte, als dieser ihn anflehte, das Heer in den Stadtmauern in Sicherheit zu bringen. Hätte er doch nur darauf gehört! Mit seinem Hochmut hätte er beinahe die Armee vernichtet, und seine Kameraden meinen nun sicher, er solle lieber ruhmreich vor den Toren der Stadt sterben.

Er fragt sich, welche Bedingungen Achill wohl annehmen würde. Soll er anbieten, alles zurückzugeben, was Paris gestohlen hat, und den Schatz Trojas dazu? Doch er ist sicher, dass Achill nie und nimmer einwilligen wird. Allein den Vorschlag würde Achill voller Verachtung gnadenlos zurückweisen:

Laß mich ja nicht flehend ihm nahn! Nein sonder Erbarmung
Würd er, und sonder Scheu, mich niederhaun, den Entblößten,
Grad hinweg wie ein Weib, sobald ich der Wehr mich enthüllet.
Nicht fürwahr nun gilt es, vom Eichbaum oder vom Felsen
Lange mit ihm zu schwatzen, wie Jungfrau traulich und Jüngling,
Jungfrau traulich und Jüngling zu holdem Geschwätz sich gesellen.
[22:123–128]

Als Hektor Achill jedoch näher kommen sieht, verlässt ihn der Mut. Er flüchtet – Achill hinter ihm her. Etwas abseits der Stadt rennen die beiden einen Fahrweg entlang, an zwei Bächen vorüber, einem kochend heißen, einem eiskalten, in denen die Frauen Trojas im Frieden die Wäsche zu waschen pflegten. Bald haben sie die Stadt einmal ganz umrundet und beginnen die zweite Runde. Drei Mal hetzt Hektor rund um Troja, Achill immer auf seinen Fersen.

Athene greift ein

Auf dem Olymp beobachtet Zeus betrübt das Geschehen. Ausnahmsweise geht ihm Hektors Schicksal nahe, so wie das seines Sohns Sarpedon. Er bittet die übrigen Götter, ihm bei der Entscheidung zu helfen, ob er Hektor retten soll oder nicht:

Wehe doch! Einen Geliebten umhergejagt um die Mauer
Seh ich dort mit den Augen; und herzlich jammert mich seiner,
Hektors, welcher so oft mir Schenkel der Stier' auf dem Altar
Zündete, bald auf den Höhen des vielgewundenen Ida,
Bald in der oberen Burg! Nun drängt ihn der edle Achilleus
Rings um Priamos' Stadt mit hurtigen Füßen verfolgend.
[22:168–173]

Doch Athene erwidert schroff, er dürfe die Pläne des Schicksals nicht durchkreuzen. Da er sieht, dass sie entschlossen ist, erlaubt er ihr einzugreifen. Sie eilt zum Schlachtfeld hinunter. Hektor versucht, das Dardanische Tor zu erreichen. Er hofft, nahe genug an die Mauer heranzukommen, damit seine Leute ihn von den Zinnen aus mit Pfeilen schützen können. Doch jedes Mal, wenn er sich der Stadt nähert, schneidet Achill ihm den Weg ab. Letztlich nimmt Zeus seine goldene Waage und legt in die Schalen die Schicksale der beiden Krieger. Als die Schale mit Hektors Los sinkt, gibt selbst Apollon ihn auf.

Athene geht zu Achill und sagt ihm, er solle bleiben, wo er sei, während sie Hektor dazu bringt, stehen zu bleiben und zu kämpfen.

Jetzt doch, hoff ich gewiß, Zeus' Liebling, edler Achilleus,
Bringen wir großen Ruhm hinab zu dem Schiffen Achaias,
Hektor dort austilgend, den unersättlichen Krieger.
Nun nicht mehr vermag er aus unserer Hand zu entrinnen,
Nein, wieviel auch erdulde der treffende Phöbos Apollon,
Hingewälzt vor die Knie des ägiserschütternden Vaters.
Aber wohlan, nun steh und erhole dich, während ich selber
Jenem genaht zurede, dir kühn entgegen zu kämpfen.
[22:216–223]

Achill hält inne. Auf seine mächtige Lanze gestützt, schöpft er Atem. In Gestalt seines Bruders Deiphobos geht Athene nun zu Hektor und verspricht, ihm beizustehen, so dass sie es gemeinsam mit Achill aufnehmen können. Enorm erleichtert, bedankt sich

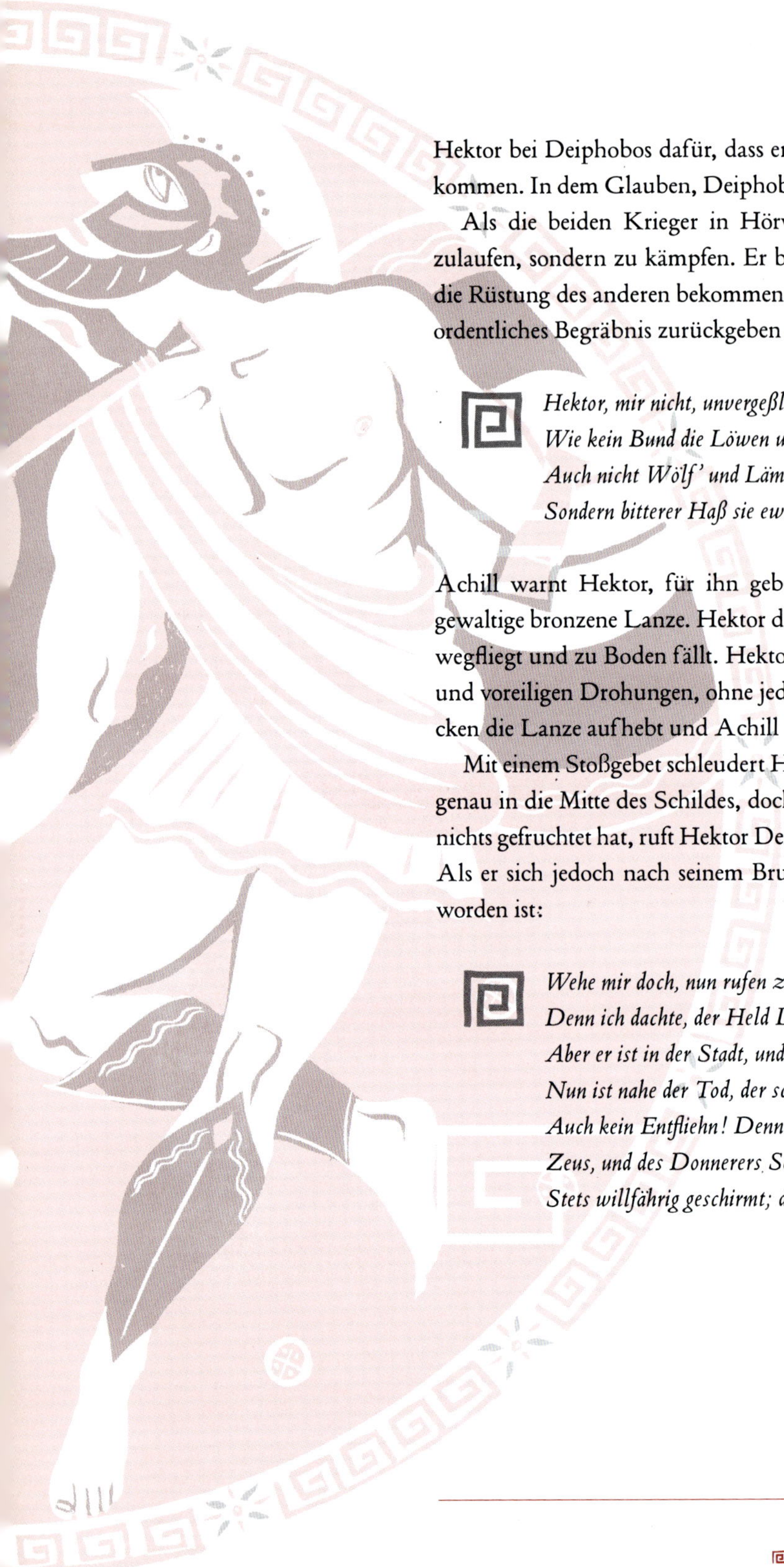

Hektor bei Deiphobos dafür, dass er als Einziger das Risiko eingeht, vor die Stadt zu kommen. In dem Glauben, Deiphobos sei bei ihm, tritt Hektor nun Achill gegenüber.

Als die beiden Krieger in Hörweite sind, verspricht Hektor, nicht mehr wegzulaufen, sondern zu kämpfen. Er bittet jedoch um die Zusage, dass der Sieger zwar die Rüstung des anderen bekommen soll, jedoch den Leichnam der Gegenseite für ein ordentliches Begräbnis zurückgeben wird. Achill will davon nichts hören:

Hektor, mir nicht, unvergeßlicher Feind, von Verträgen geplaudert!
Wie kein Bund die Löwen und Menschenkinder befreundet,
Auch nicht Wölf' und Lämmer in Eintracht je sich gesellen,
Sondern bitterer Haß sie ewig trennt voneinander:
[22:261–264]

Achill warnt Hektor, für ihn gebe es kein Entrinnen. Und schon wirft er seine gewaltige bronzene Lanze. Hektor duckt sich, so dass der Speer über seinen Kopf hinwegfliegt und zu Boden fällt. Hektor verspottet seinen Gegner wegen seiner Prahlerei und voreiligen Drohungen, ohne jedoch zu bemerken, dass Athene hinter seinem Rücken die Lanze aufhebt und Achill zurückgibt.

Mit einem Stoßgebet schleudert Hektor nun selbst seine Lanze auf Hektor und trifft genau in die Mitte des Schildes, doch sie prallt daran ab. Entsetzt, dass dieser Versuch nichts gefruchtet hat, ruft Hektor Deiphobos zu, er möge ihm eine frische Lanze geben. Als er sich jedoch nach seinem Bruder umschaut, erkennt Hektor, dass er getäuscht worden ist:

Wehe mir doch, nun rufen zum Tode mich wahrlich die Götter!
Denn ich dachte, der Held Deiphobos wolle mir beistehn;
Aber er ist in der Stadt, und es täuschte mich Pallas Athene.
Nun ist nahe der Tod, der schreckliche! nicht mir entfernt noch;
Auch kein Entfliehn! Denn ehmals beschloß noch solches im Herzen
Zeus, und des Donnerers Sohn, der Treffende, welche zuvor mich
Stets willfährig geschirmt; doch jetzo erhascht mich das Schicksal!
[22:297–303]

Achills Rache

Hektor nimmt sich zusammen, denn noch ist Gelegenheit, Ruhm zu ernten, damit künftige Generationen sich an seinen ehrenvollen Tod erinnern. Mit gezücktem Schwert stürmt er auf Achill zu, der plötzlich auf ihn zuspringt, die Lanze in der Hand. Die Spitze glitzert, als er auf den verwundbarsten Punkt an Hektors Körper zielt, seine schutzlose Kehle. Als Hektor losstürmt, treibt Achill ihm die Lanze tief in den Hals, so dass der Trojaner in den Staub sinkt. Mit Triumphgeschrei tanzt Achill um den Sterbenden und höhnt, er habe sich wohl sicher gefühlt, als er Patroklos die Rüstung raubte. Grimmig erinnert er Hektor daran, dass er seinen Leichnam den Hunden zum Fraß vorwerfen wird.

Inständig bittet Hektor, seinen Leichnam gegen Lösegeld herauszugeben, damit er heimkehren und ordnungsgemäß verbrannt werden könne, doch Achill lehnt ab. Für keinen Preis der Welt ist er bereit, die Leiche herauszugeben. Falls er sich dazu überwinden könnte, so höhnt er, würde er Hektor aus Rache höchstpersönlich zerlegen und roh verschlingen. Mit seinem letzten Atemzug warnt Hektor Achill vor seinem eigenen Schicksal:

Ach, ich kenne dich wohl und ahndete, nicht zu erweichen
Wärest du mir; denn eisern ist, traun, dem Herz in dem Busen.
Denke nunmehr, daß nicht dir Götterzorn ich erwecke
Jenes Tags, wann Paris dich dort und Phöbos Apollon
Töten, wie tapfer du bist, am hohen skäischen Tore!
[22:356–360]

Abfällig erwidert Achill, er werde froh sein, wenn seine Stunde kommt. Doch Hektor hört ihn schon nicht mehr. Er ist tot.

DEIPHOBOS

Als Athene Hektor dazu bringen will, sich Achill zu stellen, nimmt sie die Gestalt seines Bruders Deiphobos an. Hektor hat viele Brüder, da sein Vater Priamos fast fünfzig Söhne hat, doch ist Deiphobos einer der zuverlässigsten Krieger unter ihnen. Nach Paris' Tod heiratet Deiphobos später Helena. Ihm ist vorherbestimmt, bei der Eroberung Trojas von Menelaos getötet zu werden.

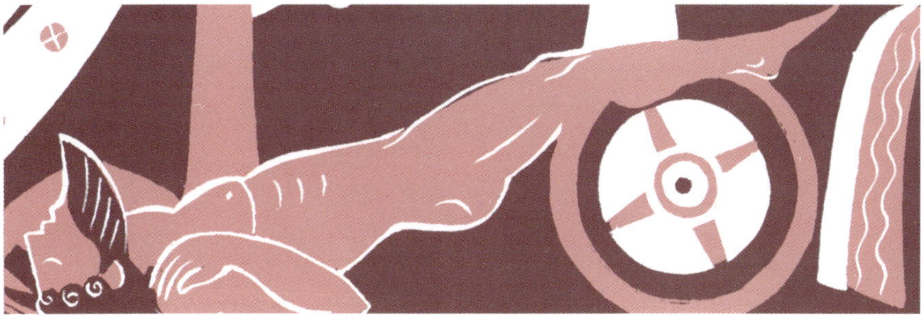

Troja in Trauer

Achill zieht seine Lanze aus der Leiche und reißt Hektor die blutige Rüstung ab. Die übrigen Griechen eilen herbei und schauen ehrfürchtig Hektors stattliche Gestalt an. Im Vorbeigehen sticht mancher mit Lanze oder Schwert nach der Leiche; manche spotten grausam, so sei Hektor viel leichter zu bändigen als vorher, als er ihre Schiffe in Brand setzte.

Achill drängt seine Gefährten, die Stadt einzukreisen, denn vielleicht seien die Trojaner ja bereit zur Aufgabe, nun, da Hektor tot ist. Dann erinnert er sich an Patroklos, dessen Gebeine noch nicht beerdigt sind. Er durchsticht Hektors Fersen, zieht Lederriemen hindurch und bindet ihn hinten an seinen Wagen. Dann treibt er die Pferde an und schleift Hektors Leichnam hinter sich her, dass der Kopf auf dem Boden aufschlägt und das dunkle Haar voller Staub ist.

Hektors Mutter sieht die grausige Szene von den Zinnen Trojas aus und beginnt zu schreien. Sein Vater stöhnt, und die ganze Stadt hallt wider von Entsetzensrufen. Man muss Priamos festhalten, damit er nicht hinauseilt, um Achill um Hektors Leiche zu bitten. Der König wälzt sich am Stadttor im Unrat und klagt bitterlich.

Hektors Frau Andromache weiß noch nicht einmal, dass ihr Mann vor den Stadtmauern weilte, denn sie war dabei, für seine Rückkehr ein heißes Bad zu bereiten. Als sie die verzweifelten Schreie vernimmt und die Stimme von Hektors Mutter deutlich heraushört, rennt sie aus dem Haus. Mit schlimmsten Befürchtungen erreicht sie den Turm und sieht in der Ferne, wie der Leichnam ihres Mannes zu den griechischen

Hektor zu töten befriedigt Achills Rachegier nicht. In seiner Trauer um Patroklos will er Hektor über den Tod hinaus strafen. Er bindet den Leichnam mit den Füßen an seinen Streitwagen und schleift ihn durch den Schmutz bis zum griechischen Lager. Die Trojaner beobachten dies entsetzt, aber machtlos von den Stadtmauern aus.

Schiffen geschleift wird. Ohnmächtig sinkt sie zu Boden. Ihre Schwägerinnen sind bei ihr, als sie zu sich kommt. Hilflos bricht sie in Tränen aus: Ihr geliebter Ehemann ist tot und lässt sie einsam als Witwe zurück. Wäre sie doch niemals geboren worden, dann müsste sie dieses Leid nicht erdulden. Ihre größte Sorge jedoch gilt dem kleinen Astyanax. Sein Vater hat ihn so geliebt und wird ihn nun nicht mehr aufwachsen sehen. Selbst wenn der Junge den Krieg überlebt, wird sein Leben als Waise elend sein, ohne Güter, ohne Freunde, angewiesen auf Almosen oder, schlimmer noch, zurückgestoßen von denen, die seinen Vater einst ehrten. Einst schlief er auf weichen Kissen und erfreute sich an schönen Dingen, doch nun ist er zu Armut und Einsamkeit verdammt. Man nennt ihn Astyanax, „Herr der Stadt", weil sein Vater Trojas einzige Hoffnung war, doch der ist nun tot. Verzweifelt schwört Andromache, dass sie wenigstens Hektors Kleider verbrennen werde, wenn sie schon den Leichnam nicht habe:

Denn du allein beschirmtest die Tor' und die türmenden Mauern.
Nun wird dort an den Schiffen der Danaer, fern von den Eltern,
Reges Gewürm dich verzehren, nachdem du die Hunde gesättigt,
Nackt! Doch liegen genug der Gewand' in deinem Palaste,
Fein und zierlich gewebt von künstlichen Händen der Weiber!
Aber ich werde sie all in lodernder Flamme verbrennen!
Nichts ja frommen sie dir; denn niemals ruhst du auf ihnen!
Brennen sie denn vor Troern und Troerinnen zum Ruhm dir!
Also sprach sie weinend; und ringsum seufzten die Weiber.

[22:507–515]

23. Gesang

PATROKLOS' TOTENFEIER

Vorbereitungen für die Bestattung

DIE SITUATION

Die Griechen ziehen sich zu den Schiffen zurück, während Achill und seine Myrmidonen Patroklos' Bestattung vorbereiten. Nachdem der Leichnam auf dem Scheiterhaufen verbrannt ist, führt Achill die Aufsicht über die Wettkämpfe zu Patroklos' Ehren. Alle Helden nehmen daran teil.

Aus der Schlacht zurück, verteilen sich die griechischen Soldaten auf ihre Schiffe. Die Myrmidonen versammeln sich bei Achill, der sie auffordert, ihre Pferde angeschirrt zu lassen und mit ihren Streitwagen rings um Patroklos' Leichnam zu fahren, um dem Toten die letzte Ehre zu erweisen:

Reisige Myrmidonen, ihr wertgeachteten Freunde,
Auf, noch nicht den Geschirren entlöst die stampfenden Rosse;
Sondern zugleich mit Rossen und rollenden Wagen uns nahend,
Weinen wir erst Patroklos; denn das ist die Ehre der Toten.
Aber nachdem wir die Herzen des traurigen Grames erleichtert,
Lösen wir unsre Gespann', und schmausen allhier miteinander.
[23:6–11]

Bitterlich weinend, umrunden Achill und die Myrmidonen Patroklos' Leichnam drei Mal mit ihren Streitwagen. Achill richtet das Wort an den Toten, erzählt ihm, dass er Hektors Leiche zurückgeschleift hat, um sie den Hunden vorzuwerfen. Er verspricht nochmals, bei Patroklos' Totenfeier zwölf Trojanern die Kehle durchzuschneiden. Er wirft Hektors Leiche in den Schmutz neben Patroklos. Die Myrmidonen legen die Rüstungen ab, spannen die Pferde aus und setzen sich bei Achills Schiff nieder. Man schlachtet Ochsen, Ziegen, Schafe und Schweine und brät sie für den Leichenschmaus.

Während der Vorbereitungen lässt sich Achill unwillig von den anderen Feldherren zu Agamemnon führen. Vor dessen Zelt hat man einen riesigen Kessel mit Wasser erhitzt, damit Achill sich das getrocknete Blut abwaschen kann. Doch Achill weigert sich und schwört bei Zeus, dass er sich erst wieder waschen wird, wenn Patroklos'

Leichnam verbrannt ist. Dann setzen sich die griechischen Führer zum Festmahl nieder und gehen schließlich zu Bett.

Achill jedoch ist schlaflos. Stöhnend vor Elend legt er sich am Strand nieder, wo seine müden Glieder endlich Ruhe finden. Gerade als er einschläft, erscheint ihm Patroklos' Geist im Traum und macht ihm Vorwürfe, weil er schläft statt an seinen Freund zu denken, denn dieser kann die Tore des Hades nicht durchschreiten, solange sein Leichnam noch nicht verbrannt ist. Patroklos' Geist richtet eine Bitte an Achill:

Eines sag ich dir noch, und ermahne dich, wenn du gehorchest.
Lege nicht mein Gebein von deinem getrennt, o Achilleus;
Sondern zugleich, wie mit dir ich erwuchs in eurem Palaste,
Seit Menötios mich, den blühenden Knaben, aus Opus
Führte zu euerer Burg, nach der schrecklichen Tat der Ermordung,
Jenes Tags, nachdem ich Amphidamas' Knaben getötet,
Ohne Bedacht, nicht wollend, erzürnt beim Spiele der Knöchel;
Freundlich empfing mich in seinem Palast der reisige Peleus
Und erzog mich mit Fleiß und ernannte mich deinen Genossen;
So auch unser Gebein umschließ ein gleiches Behältnis,
Jenes goldne Gefäß, das die göttliche Mutter dir schenkte.
[23:83–92]

Achill verspricht, er werde alles tun, worum Patroklos bittet. Er fleht Patroklos an, ihn zum Trost noch einmal in die Arme schließen zu dürfen, doch der Geist ist bereits verschwunden.

Verblüfft springt Achill auf, aber es ist wahr: Auch nach unserem Tod überlebt etwas von uns, und Patroklos war die ganze Nacht bei ihm. Diejenigen, die in seiner Nähe ruhen, wachen ebenfalls auf, und beim Morgengrauen beweinen sie noch immer den Leichnam.

Agamemnon hält sein Versprechen und schickt Männer mit Maultieren los, um Brennholz zu sammeln. Am Berg Ida machen sie sich mit Äxten ans Werk, fällen ganze Bäume und zerteilen sie für den Transport in Scheite. Diese legen sie an den Strand, wo Achill einen Grabhügel für sich und seinen Freund Patroklos errichten will. Achill befiehlt den Myrmidonen, ihre Rüstungen anzulegen und die Pferde anzuspannen. Die Wagen führen die Prozession an, gefolgt von den Fußsoldaten. Sie tragen Patroklos' Leiche in ihrer Mitte, bedeckt mit Haarlocken, die seine Kameraden sich zu seinen Ehren abgeschnitten haben. Achill geht hinter dem Leichnam und stützt dem toten Freund den Kopf.

Achill plant eine aufwändige Totenfeier für Patroklos, mit einem gewaltigen Scheiterhaufen, der durch das Fett zahlreicher Opfertiere angeheizt wird. Auch Patroklos' Lieblingshunde und -pferde werden geopfert, zudem zwölf trojanische Gefangene, die Achill ebenfalls tötet und verbrennt.

Als sie die vorgesehene Stelle erreichen, schneidet Achill eine rotbraune Locke von seinem eigenen Haar ab – das sein Vater den Göttern als Opfer versprochen hatte, sollte Achill je heimkehren – und legt sie in Patroklos' leblose Hände. Achill weiß, dass er nicht zurückkehren wird, und da die Götter die Bitten seines Vaters nicht erhören wollen, gibt er die Haarlocke lieber Patroklos. Dann schickt Agamemnon die Truppen zurück zu den Schiffen. Nur die engsten Freunde bleiben zurück, um Patroklos' Begräbnis vorzubereiten.

Die Trauernden helfen Achill, das Holz aufzuschichten, und legen den Leichnam darauf. Am Fuß des Scheiterhaufens schlachten und häuten sie zahllose Schafe und Rinder, und Achill nimmt ihr Fett und bedeckt damit Patroklos' ganzen Körper. Er fügt zwei große Töpfe Honig und Öl hinzu, die er oben auf den Holzstapel stellt, und wirft stöhnend vier Pferde dazu. Dann schneidet er zwei von Patroklos' liebsten Hunden die Kehle durch und wirft sie dazu. Anschließend löst Achill sein grausiges Versprechen ein, die zwölf Trojaner zu opfern, die er aus dem Fluss geholt hatte. Zuletzt setzt er den Scheiterhaufen in Brand und ruft dabei Patroklos an:

Freude dir, o Patroklos, auch noch in Aïdes' Wohnung!
Alles ja wird dir jetzo vollbracht, was zuvor ich gelobet.
Auch zwölf tapfere Söhne der edelmütigen Troer,
Diese zugleich dir tilget die Flamme nun; Hektor indes nicht,
Priamos' Sohn, soll dem Feuer ein Raub sein, sondern den Hunden!
[23:179–183]

Hektors Leichnam wird den Hunden vorgeworfen, doch Aphrodite hält sie fern und salbt den Körper, damit die Haut unversehrt bleibt, wenn Achill die Leiche hinter seinem Streitwagen herschleift. Mit einer dunklen Wolke schützt sie Apollon vor Sonne und Fäulnis.

Der Scheiterhaufen will nicht recht brennen, doch Achill bittet den Nord- und den Westwind und verspricht ihnen herrliche Opfer. Als Götterbotin Iris dies hört, eilt sie zu Boreas und Zephir, die in dessen zugigem Haus gemeinsam beim Essen sitzen. Sie erzählt ihnen von Achills Fürbitte und den Geschenken. Als Iris fort ist, steigen beide Winde mit einem gewaltigen Heulen auf und stürmen über das Meer, dass die Wellen sich auftürmen und die Schiffe schaukeln, bis sie vor Troja ankommen.

Dort werfen sie sich auf den Scheiterhaufen und lassen die Flammen hochschlagen. Die ganze Nacht taumelt Achill stöhnend und ächzend um den Scheiterhaufen und bringt mit einem riesigen zweihenkligen Becher Trankopfer dar. Als der Morgen graut, kehren die Winde nach Hause zurück, das Feuer erlischt und Achill sinkt erschöpft zu Boden.

BESTATTUNG

In der griechischen Antike bildete das Verbrennen der Leiche den Höhepunkt der Totenfeiern, dem eine Prozession mit Musikinstrumenten und Fackeln vorausging. Die Trauernden standen um den Scheiterhaufen, den der Hauptbetroffene mit einem ölgetränkten, lodernden Kienspan in Brand setzte. In Athen war gesetzlich geregelt, wie viel eine Familie für Scheiterhaufen ausgeben durfte. Sobald das Feuer zurückging, löschte man es mit Wein aus, klaubte die Knochen heraus und beerdigte sie.

Das Wagenrennen

Achill erwacht vom Lärm der griechischen Feldherren, die sich um ihn versammeln. Er springt auf und erteilt Befehle: Agamemnon und die Übrigen fordert er auf, die letzten Flammen mit Wein auszulöschen und Patroklos' Gebeine in einer Urne zu sammeln. Sie tun, was er sagt, markieren rings um den Scheiterhaufen den Boden und schütten Erde zu einem Hügel auf.

Achill bringt nun aus seinen Schiffen kostbare Preise wie Dreifüße, Pferde, Rinder und Frauen, für die Wettspiele, die er zu Patroklos' Ehren veranstalten will. Als Erstes soll das Wagenrennen stattfinden: Achill verkündet den versammelten Griechen, dass er mit seinen unsterblichen Pferden nicht daran teilnehmen wird. Patroklos war immer gut zu ihnen, und sie trauern noch immer um ihn. Statt seiner treten nun andere Feldherren mit ihren prächtigen Gespannen und Wagen gegeneinander an: Diomedes, Meriones, Menelaos, Eumelos und Antilochos, dem sein Vater Nestor zuvor lang und breit Ratschläge gibt.

Durch das Los legen die Wagenlenker ihre Startpositionen fest und stellen sich auf. Phoinix wird zum Schiedsrichter ernannt. Auf das Startsignal geben alle Wettkämpfer ihren Pferden die Peitsche und rasen los. Hinter dem Wendepunkt zeigt sich, wer ein geschickte Lenker ist: Eumelos ist nun vorn, von Diomedes hart verfolgt. Dieser will gerade aufholen, da schlägt Apollon ihm hinterlistig die Peitsche aus der Hand, und seine Pferde verlangsamen. Mit Wuttränen in den Augen muss Diomedes zusehen, wie Eumelos ihm davonfährt.

Athene sieht das Geschehen und jagt hinter Diomedes her, gibt ihm die Peitsche zurück und treibt seine Pferde vorwärts. Dann eilt sie zu Eumelos und zerreißt sein Geschirr, so dass die Pferde voranpreschen und Eumelos vom Wagen geschleudert wird und sich böse Prellungen zuzieht. Nun ist Diomedes in Führung, Menelaos ihm dicht auf den Fersen. Antilochos ist weit hinter ihnen und redet auf seines Vaters Pferde ein. Er warnt sie, was ihnen bevorsteht, wenn sie ihn im Stich lassen:

(...) Was säumet ihr, treffliche Rosse?
Denn ich verkünd euch zuvor, und das wird wahrlich vollendet:
Nie wird Pfleg euch hinfort beim völkerweidenden Nestor
Dargereicht; schnell mordet er euch mit der Schärfe des Erzes,
Wenn wir anitzt nachlässig geringeren Preis nur gewinnen!
Auf denn, mit großer Gewalt, und verfolget sie hurtiges Laufes!
Aber ich selbst will dieses mit Kunst ausführen und Sorgfalt,
Daß in der Enge des Wegs ich vorüber schlüpf, ihn bemerkend.

[23:409–416]

Obwohl das Wagenrennen zu Ehren Patroklos' stattfindet, können Athene und Apollon es nicht lassen, ihren Lieblingen unfaire Vorteile zu verschaffen, indem sie ihre Konkurrenten behindern.

An einem Wasserlauf ein Stück weiter verengt sich der Weg gefährlich. Antilochos sieht seine Chance und prescht hinter Menelaos her, ohne auf seine Rufe zu achten, dass er sie beide zu Fall bringen wird. Um einen Zusammenstoß zu vermeiden, muss Menelaos schließlich nachgeben, und Antilochos rast an ihm vorüber.

Von den versammelten Griechen versucht Idomeneus zu erkennen, wer in Führung liegt. Er ruft, dass Diomedes vorn ist und dass Eumelos gestürzt sein muss. Der kleine Ajax verneint: Eumelos ist noch immer in Führung! Darauf wettet Idomeneus einen schönen Dreifuß, dass er Recht hat. Fast bricht zwischen den beiden Streit aus, doch Achill trennt die beiden Hitzköpfe und weist sie an, sie sollen sich hinsetzen und das Ergebnis abwarten.

Schließlich kommt Diomedes als Erster durchs Ziel und fordert sofort seinen Preis, eine Frau. Ebenso macht es Antilochos, doch ist Menelaos wutentbrannt direkt hinter ihm. Meriones kommt als Vierter und der humpelnde Eumelos als Fünfter an, doch Achill hat Mitleid mit ihm, erklärt ihn zum besten Wagenlenker und bietet ihm den zweiten Preis an.

Das wiederum erzürnt Antilochos, während Menelaos immer noch auf diesen wütend ist, weil er sie in Gefahr gebracht hat. Achill jedoch beruhigt Antilochos und gibt Eumelos einen anderen Preis. Antilochos entschuldigt sich bei Menelaos für seine jugendliche Unvorsicht und gibt ihm als Friedensangebot seinen eigenen Preis. Meriones erhält zwei Talente Gold, und Achill gibt den nicht vergebenen fünften Preis aus alter Kameradschaft dem greisen Nestor.

Die weiteren Wettkämpfe

Achill setzt Preise für weitere Wettkämpfe aus, was von den übrigen begeistert aufgenommen wird. So bietet er ein Maultier für den Sieger im Faustkampf; der Verlierer soll einen zweihenkligen Becher erhalten. Der hervorragende Kämpfer Epeios meldet sich und prahlt, er werde jeden, der es wagen wolle, das Fürchten lehren:

Komme heran, wer begehrt den doppelten Becher zu nehmen!
Aber das Maultier, mein ich, entführt kein andrer Achaier,
Siegend im Kampfe der Faust; denn ich rühme mich selber den besten.
[23:667–669]

Euryalos tritt gegen ihn an, und sie kämpfen, was das Zeug hält. Epeios erweist sich in der Tat als der stärkere und schlägt Euryalos nieder, hilft dem Blut spuckenden, benommenen Gegner dann jedoch sportlich fair aus dem Ring. Als Nächste treten der große Ajax und Odysseus im Ringen gegeneinander an, und vor aller Augen kämpfen sie – rohe Kraft gegen Schlauheit – ohne dass einer den anderen bezwingen kann, bis Achill den Kampf schließlich für unentschieden erklärt und sie sich die Preise teilen.

Die vierte Disziplin ist der Wettlauf, für den eine silberne Kanne ausgesetzt ist. Odysseus, der kleine Ajax und Antilochos stellen sich auf. Der flinke Ajax geht in Führung, bis Athene eingreift, um ihrem Liebling Odysseus zu helfen; sie lässt Ajax im Mist der zuvor geopferten Rinder ausgleiten, so dass Odysseus gewinnt. Antilochos kommt als letzter durchs Ziel. Er scherzt darüber, dass ihn ein viel Älterer geschlagen hat:

Achill lässt zu Patroklos' Totenfeier prachtvolle Wettkämpfe ausrichten und vergibt kostbare Preise (aus dem von Agamemnon erhaltenen Schatz), nimmt jedoch selbst nicht an den Spielen teil.

Freunde, das wißt ihr alle, doch sag ich es: daß auch anitzt noch
Ehre den älteren Menschen verleihn die unsterblichen Götter.
Ajas zwar ist nur ein weniges älter denn ich bin;
Jener indes ist früheren Stamms und früherer Menschen:
Doch man preist sein Alter ein grünendes; schwerlich gelingt es,
Daß im Lauf ihn ereil' ein Danaer, außer Achilleus.
[23:786–792]

Im Zweikampf, für den als Preis die Rüstung ausgelobt ist, die Patroklos dem toten Sarpedon abgenommen hatte, mühen sich der große Ajax und Diomedes ab, doch wird nach heftigem Kampf die Begegnung letztlich für unentschieden erklärt, da niemand will, dass sie sich ernsthaft verletzen. Es folgt das Kugelwerfen, das Polypoites gewinnt, das Bogenschießen, das Meriones für sich entscheidet, und zum Schluss dann der Speerwurf, für den Achill eine Lanze und einen kostbaren Dreifuß mit Blumenmuster aussetzt. Agamemnon tritt vor, um den begehrten Preis zu gewinnen, und nach ihm Idomeneus' Wagenlenker Meriones.

Im letzten Moment bricht Achill jedoch den Wettkampf ab. Er räumt ein, dass sein früherer Feind Agamemnon der beste Speerwerfer des ganzen Heeres ist und niemand gegen ihn antreten könne. Er gibt ihm den Dreifuß und fragt Meriones, ob er sich mit der Lanze zufrieden gibt. Agamemnon nimmt das herrliche Gefäß mit einer Verbeugung an und gibt es seinem Herold. Der Streit zwischen den beiden griechischen Helden, der so viel Schaden angerichtet und so viele Männer das Leben gekostet hat, ist damit endgültig beigelegt.

WETTKÄMPFE

Die Griechen liebten Wettspiele aller Art, vor allem sportliche Spiele mit Wettläufen, Springen, Speer- und Diskuswerfen. Bei diesem meist nur Männern vorbehaltenen Vergnügen waren die Sportler nackt; ihre Körper glänzten von Öl. Darüber hinaus gab es in der Antike auch gesetztere Spiele etwa mit Würfeln und Murmeln. Eine griechische Vase zeigt beispielsweise Ajax und Achill beim Schachspiel.

24. Gesang

ACHILL UND PRIAMOS

Achills Besessenheit

DIE SITUATION

Vor Trauer ganz von Sinnen, schleift Achill Hektors Leiche Nacht für Nacht um Patroklos' Grabhügel. Zeus beschließt, dem ein Ende zu machen, und befiehlt Achill, den Leichnam herauszugeben. Priamos geht allein ins griechische Lager und spricht lange mit Achill. Hektors Leiche wird nach Troja zurückgebracht und mit allen Ehren bestattet.

Am Abend kehren die Griechen zum Schlafen zu ihren Schiffen zurück. Nur Achill findet noch immer keine Ruhe. In seiner Trauer wälzt er sich schlaflos auf seinem Lager und weint über die Erinnerungen an den Freund. Schließlich geht er zum Strand und sieht dort Hektors Leiche. Er bindet sie erneut hinter seinen Streitwagen und schleift sie rings um Patroklos' Grabhügel:

Schnell, nachdem er ins Joch die hurtigen Rosse gespannet,
Hektor drauf zum Schleifen befestiget hinten am Sessel,
Zog er ihn dreimal ums Grab des Menötiaden Patroklos,
Ging dann zurück ins Gezelt, und ruhete; jenen verließ er
Dort im Staube gestreckt auf sein Antlitz.
[24:14–18]

Selbst im Tode wird Hektor weiterhin von Apollon bewacht. Er schützt sein Fleisch davor, durch Achills Misshandlungen Schaden zu nehmen. Einige der Götter drängen Hermes, Hektors Leiche zu stehlen, doch Hera, Poseidon und Athene sind strikt dagegen, weil sie die Trojaner noch immer hassen. Elf Tage geht es nun schon so: Nacht für Nacht schändet Achill Hektors Leiche. Am zwölften Tag schließlich bittet Apollon die Götter, Mitleid mit Hektor zu haben. Auch wenn sie Achill unterstützen, müssen sie doch einsehen, dass sein Verhalten nunmehr schändlich ist.

Hera erwidert wütend, Hektor sei ein bloßer Sterblicher, während Achill der Sohn einer Göttin ist. Doch Zeus beendet den Streit: Hektor sei immer einer seiner Lieblinge gewesen. Zwar sei es nicht sinnvoll, den Leichnam zu stehlen, da Achills Mutter Thetis Tag und Nacht anwesend sei, doch wisse er eine Lösung. Aus ihrer Höhle tief unter dem Meer ruft er Thetis zu sich und weist sie an, Achill zu sagen, dass die Götter über sein Verhalten verärgert sind:

Schleunig denn gehe zum Heer und verkündige solches dem Sohne.
Sag, ihm zürnen die Götter gesamt, doch vor allen ich selber
Sei im Herzen entbrannt, dieweil er in tobendem Unsinn
Hektor ungelöst bei den prangenden Schiffen zurückhält;
Ob er vielleicht mich scheut und Hektors Lösung empfänget.
[24:112–116]

Gehorsam geht Thetis geradewegs zu Achills Zelt und findet ihn stöhnend und jammernd vor. Sie bedrängt ihn, von seiner Trauer abzulassen, denn schon bald werde er selbst sterben. Dann erzählt Thetis ihm von Zeus' Unwillen und seinem Befehl, dass

Zeus schickt Thetis zu Achill, damit sie ihren Sohn dazu bewegt, Hektors Leiche herauszugeben, damit Priamos sie ordnungsgemäß bestatten kann. Achill hat die Leiche an seinen Streitwagen gebunden und schleift sie rings um Patroklos' Grab, wenn ihn die Trauer um den Freund übermannt. Selbst den Göttern missfällt das.

Achill ein Lösegeld für Hektors Leiche annehmen soll. Achill willigt kurz angebunden ein, wenn das Zeus' Wille sei, dann könnten die Trojaner die Leiche haben.

HERMES

Hermes ist der Götterbote, aber auch der Gott des glücklichen Zufalls und der Musik, vor allem des Würfel- und Lyraspiels. Auf Darstellungen trägt er oft geflügelte Sandalen, die ihm Schnelligkeit auf seinen Reisen verleihen. Deshalb ist er auch der Gott des Sports. Bekannt ist er nicht zuletzt für seine listige Art und die Fähigkeit, Menschen mit seiner Redekunst zu verführen, so dass er auch als Gott der Kaufleute gilt – und der Diebe.

Priamos' Mission

Zugleich schickt Zeus seine Botin Iris nach Troja, um Priamos zu sagen, er soll mit Geschenken für Achill und einem Karren für Hektors Leichnam ins griechische Lager gehen. Als Iris sich Priamos' Palast nähert, hört sie Trauerklagen und findet den König inmitten seiner verbleibenden Söhne im Hof, in einen Mantel gehüllt und den Kopf ganz mit Unrat bedeckt. Iris überbringt Zeus' Botschaft und seine weiteren Befehle: Priamos solle allein und ohne Furcht gehen, denn Hermes werde ihn begleiten und beschützen. Achill ist weder dumm noch arglistig, sagt Iris zu Priamos, und wenn er erst sein Zelt erreicht hat, ist er in Sicherheit.

Sobald Iris fort ist, weist Priamos seine Söhne an, einen Maultierkarren für die Fahrt vorzubereiten. Als er jedoch seiner Frau sagt, was er vorhat, schluchzt Hekabe: Er sei vollkommen von Sinnen. Ist denn nicht alles schon schlimm genug, dass er jetzt auch noch sein Leben riskieren muss? Sie sollten daheim bleiben und ihren Sohn betrauern. Doch Priamos ist entschlossen zu gehen, weil er die Botschaft von den Göttern selbst erhalten hat:

Halte mich nicht, der zu gehen beschloß, noch werde du selber
Zum wehdrohenden Vogel im Hause mir; nimmer gehorch ich!
Hätt es ein anderer mir der Erdbewohner geboten,
Etwa ein Zeichendeuter, ein Opferprophet, und ein Priester;
Lug wohl nennten wir solches und wendeten uns mit Verachtung.
Nun (denn ich hörte die Göttin ja selbst und schaut ihr ins Antlitz,)
Geh ich, und nicht umsonst sei die Rede mir! (…)
[24:218–222]

Priamos öffnet reich verzierte Truhen und nimmt zwölf prächtige Gewänder und zwölf Umhänge heraus, dazu Decken, Laken, Mäntel und Tuniken. Dann wiegt er Gold ab und holt Dreifüße und Kessel hervor, zuletzt noch einen herrlichen Becher, den er einst von den Thrakern erhielt und der sein kostbarster Besitz ist. Bei diesen Vorbereitungen wird Priamos immer wütender, bis er schließlich seine Söhne im Hof anfährt, sie seien Feiglinge und Betrüger. Wenn doch nur sie getötet worden wären anstelle von Hektor!

Erschrocken eilen seine Söhne davon, um den Karren zu holen, einen Korb darauf festzubinden und die Dinge aufzuladen, die Priamos als Lösegeld gewählt hat. Als alles fertig ist, reicht Hekabe ihrem Mann einen goldenen Becher mit Wein und bittet ihn, Zeus ein Trankopfer darzubringen und ihn um eine glückliche Heimkehr zu bitten. Als Zeichen, dass er Priamos' Bitte erhört, sendet Zeus einen Adler, der über die Stadt hinweg fliegt. Dann macht sich Priamos auf seinen gefährlichen Weg. Zuerst kommt der von einem Herold gelenkte Karren, gefolgt von Priamos in seinem eigenen Streitwagen. Sie durcheilen die Straßen Trojas, so schnell es eben geht; die Familie folgt ihnen bis zum Stadttor, von wo aus der Karren weiter über die Ebene vor Troja rumpelt. Als sie in die Stadt zurückgehen, weinen sie um den Alten, der scheinbar in den sicheren Tod fährt.

Als Zeus Priamos Troja verlassen sieht, ruft er Hermes zu sich: Er soll dafür sorgen, dass Priamos nicht erkannt wird, bis er Achills Zelt erreicht hat. Es wird schon dunkel, als Hermes von seinen geflügelten Sandalen bis zum Hellespont getragen wird und dort die Gestalt eines Jünglings annimmt. Starr vor Schreck, sehen Priamos und sein Herold ihn näher kommen, doch Hermes geht direkt auf sie zu und ergreift Priamos' Hand. Er gibt vor, ein Gefolgsmann von Achills Vater zu sein. Inständig fragt Priamos ihn nach Hektors Leichnam – ist es zu spät, hat man ihn bereits den Hunden vorgeworfen? Hermes beruhigt ihn: Der Leichnam ist noch ganz und liegt neben Achills Zelt.

Greis, noch nicht wird jener den Hunden ein Fraß noch den Vögeln,
Sondern er liegt noch dort im Schiff des edlen Achilleus,
So im Gezelte gestreckt; und schon den zwölften der Morgen
Lieget er, ohne daß Moder ihm schadete noch des Gewürmes
Reger Schwarm, der gierig erschlagene Männer verzehret.
[24:411–415]

Priamos ist erleichtert und bietet Hermes einen schönen Becher, falls er ihn beschützt. Hermes gibt weiter vor, zu Achills Gefolge zu gehören, verspricht aber seinen Schutz, obwohl er den Becher ausschlägt. Dann springt er mit auf den Streitwagen, nimmt Priamos die Zügel aus der Hand und durchquert die griechischen Verteidigungsanlagen. Als sie die Palisaden erreichen, sind die Wachen beim Kochen, doch Hermes versetzt sie in Schlaf und öffnet die Tore, so dass Priamos mitten ins feindliche Lager fahren kann. Sie gelangen an den Zaun, den die Myrmidonen rings um Achills Zelt errichtet haben, und Hermes hebt den Riegel, der so schwer ist, dass ihn sonst nur drei Männer heben können. Nun, da Priamos sicher in Achills Lager ist, springt Hermes vom Wagen und gibt seine Identität preis. Er weist Priamos an, geradewegs ins Zelt zu treten, Achills Knie zu umfassen und im Namen seiner eigenen Eltern und seines Sohnes zu ihm zu sprechen.

Ein eigentümliches Treffen

Priamos tut, was Hermes ihm sagt. Unbemerkt von den übrigen Myrmidonen betritt er Achills Zelt, umfasst flehend dessen Knie und küsst die Hände, die seine Söhne ermordet haben. Achill ist erstaunt, und als sie sehen, wer der Besucher ist, wundern sich auch die übrigen Anwesenden. Priamos bittet Achill, an seinen eigenen Vater zu denken:

> *Deines Vaters gedenk, o göttergleicher Achilleus,*
> *Sein, der bejahrt ist wie ich, an der traurigen Schwelle des Alters!*
> *Und vielleicht, daß jenen auch rings umwohnende Völker*
> *Drängen und niemand ist, vor Jammer und Weh ihn zu schirmen.*
> *Aber doch, wann jener von dir dem Lebenden höret,*
> *Freut er sich innig im Geist, und hofft von Tage zu Tage,*
> *Wiederzusehn den trautesten Sohn, heimkehrend von Troja. [24:486–492]*

Priamos' Worte erweichen Achills Herz in der Tat. Weinend nimmt er den Greis bei der Hand und beide sind eine Weile von Trauer überwältigt. Dann springt Achill von seinem Stuhl und heißt Priamos aufstehen. Er lobt ihn für seinen Mut, dass er sich ganz allein zu den griechischen Schiffen gewagt hat. Er ist bereit, ihn anzuhören.

Priamos will sich nicht setzen, sondern fordert den Leichnam seines Sohnes gegen das enorme Lösegeld, das er mitbringt. Unwillig warnt Achill, Priamos solle ihn nicht verärgern:

Nicht mehr jetzt mich gereizet, o Greis! Ich gedenke ja selber,
Hektor dir zu erlassen; denn Zeus entsandte mir Botschaft,
Meine Gebärerin Thetis, erzeugt vom alternden Meergott.
Auch erkenn ich im Geist, o Priamos, ohne zu zweifeln,
Daß ein Gott dich geführt zu dem hurtigen Schiffen Achaias.
[24:560–564]

Priamos ist still, und Achills Männer gehen hinaus, um den Karren abzuladen. Zwei der Mäntel legen sie beiseite für den Leichnam. Achill weist die Mägde an, den Toten zu waschen und zu salben, aber so, dass Priamos es nicht sehen kann, denn er befürchtet, der alte Mann könne vor Zorn den Verstand verlieren, wenn er den geschändeten Leichnam sähe. Als dies geschehen ist, hebt Achill Hektor auf den Karren und ruft dabei Patroklos an, dieser möge ihm seine Weichheit gegenüber seinem Mörder vergeben.

Im Zelt erklärt Achill Priamos, er habe alles erledigt, und er könne im Morgengrauen den Leichnam mit fortnehmen. Dann lädt er Priamos ein, mit ihm zu essen. Man schlachtet ein Schaf für die beiden und ihr Gefolge. Nachdem sie gegessen haben, sehen sich Achill und Priamos über die Reste des Mahls hinweg an: Priamos ist beeindruckt von Achills hochgewachsener, schöner Gestalt, und Achill bewundert des alten Mannes Adel und königliche Haltung.

Achill lässt vor dem Zelt für Priamos und seinen Wagenlenker Lager herrichten und bittet Priamos, dort zu schlafen, für den Fall, dass ein anderer griechischer Feldherr kommt und ihn bemerkt. Er bietet ihm auch einen Waffenstillstand für die Dauer von Hektors Leichenfeier an, und Priamos erwidert dankbar, er bitte um neun Tage Trauerzeit, einen Tag für das Begräbnis und einen für die Errichtung des Grabhügels:

Wir in der Stadt, wie du weißt, sind eingehemmt, und die Waldung
Holen wir fern im Gebirg; und mutlos zagen die Troer.
Gern betraurten wir ihn neun Tage lang im Palaste;
Dann am zehnten bestatteten wir, und feirten das Gastmahl;
Häuften ihm drauf am elften den Ehrenhügel des Grabes;
Aber den zwölften Tag dann kämpfen wir, wenn es ja sein muß.
[24:662–667]

Achill stimmt zu und ergreift zur Bekräftigung Priamos' Hand. Und nach dieser außergewöhnlichen Begegnung legen sich beide zum Schlafen nieder, Priamos draußen und Achill drinnen im Zelt, seine mühsam erkämpfte Briseis neben sich.

PRIAMOS

Priamos ist König von Troja und Ehemann der Hekabe. In der *Ilias* ist er ein alter Mann und stolzer Vater von 50 Söhnen, von denen Hekabe ihm 19 gebar, darunter Hektor, Paris und Helenos. König von Troja wurde Priamos, nachdem Herakles die Stadt geplündert und all seine Brüder erschlagen hatte. In der *Ilias* ist er eine tragische Gestalt und muss die Zerstörung seiner Stadt ein zweites Mal erleben.

Priamos' Rückkehr nach Troja

Am Morgen weckt Hermes den König und warnt ihn: Wenn Agamemnon ihn findet, müssen die Trojaner drei Mal so viel Lösegeld zahlen! Erschrocken weckt Priamos seinen Lenker. Hermes spannt die Maultiere an und geleitet sie rasch durch das Lager. Als sie den Xanthos erreicht haben, kehrt Hermes zum Olymp zurück. Bei Tagesanbruch fahren Priamos und sein Lenker allein mit ihrer Last weiter.

Kassandra entdeckt die traurige Prozession als erste und drängt die Trojaner, Hektor herzlicher willkommen zu heißen als je zuvor. Schon bald ist die ganze Stadt auf den Beinen. Alles eilt aus den Toren, um Priamos und den Leichnam zu begrüßen. Man trägt Hektor in seinen Palast und legt ihn auf ein Bett. Dichter und Frauen stimmen die Totenklagen an. Andromache hält seinen Kopf und besingt tieftraurig das bittere Schicksal Trojas und ihres Sohnes – der Stadt, weil sie den Griechen zum Opfer fallen wird, und des Jungen, weil er ihm ein Schicksal als Sklave bevorsteht:

Schrecklich hast du die Eltern mit Gram und Trauer belastet,
Hektor; doch mich vor allen betrübt nie endender Jammer!
Denn nicht hast du mir sterbend die Hand aus dem Bette gereichet,
Noch ein Wort mir gesagt voll Weisheit, welches ich ewig
Eingedenk erwöge, bei Tag und Nacht dich beweinend.

[24:741–745]

Priamos geht zu Achill, um ihn inständig um den Leichnam seines Sohnes Hektor zu bitten. Der Tote ist unter einem Tuch verborgen, damit Priamos nicht sieht, wie übel Achill ihn zugerichtet hat.

Hektors Mutter Hekabe spricht voller Stolz von ihrem Sohn, den sie von allen Kindern am liebsten hat. Selbst die Götter lieben ihn, und endlich hat sie ihn wieder:

Dennoch frisch wie betaut und blühend annoch im Palaste
Ruhest du, jenem gleich, den der Gott des silbernen Bogens
Unversehns hinstreckte, mit lindem Geschoß ihn ereilend.
[24:757–759]

Die Stimme versagt ihr. Nun preist Helena Hektors Freundlichkeit. Er hat sie gegen feindselige Trojaner verteidigt und nie ein böses Wort zu ihr gesprochen.

Priamos schickt seine Leute aus, um Feuerholz für den Scheiterhaufen zu sammeln. Er versichert, Achill habe ihm einen Waffenstillstand versprochen. Neun Tage lang sammeln sie Brennholz. Am Morgen des zehnten Tages legen sie Hektors Leichnam auf den gewaltigen Stoß und setzen ihn in Brand.

Als sich das Feuer verzehrt hat, klaubt man Hektors Gebeine heraus, umwickelt sie mit purpurnen Tüchern und legt sie in einen goldenen Sarg. Diesen begräbt man und häuft einen Grabhügel auf. Die ganze Zeit stehen Wachen bereit, falls ein Überfall durch die Griechen droht. Dann kehren alle in die Stadt zurück zu einem gewaltigen Leichenschmaus in König Priamos' Palast. So nehmen sie Abschied von Hektor, dem Helden von Troja.

WIE DIE GESCHICHTE WEITERGEHT

NACH DER *ILIAS*

Homers *Ilias* endet mit Hektors Bestattung, dessen Tod alle Hoffnungen Trojas zunichte macht. Achill weiß zwar, dass auch er bald sterben wird, kämpft jedoch noch weiter. Und das bekannteste Element dieses Krieges, das Trojanische Pferd, wird nicht einmal erwähnt. Wie also geht es weiter?

Der Tod Achills

Nach Hektors Tod erhalten die trojanischen Streitkräfte Verstärkung durch die Amazonen unter Führung ihrer Königin Penthesileia und die Äthiopier unter König Memnon. Achill tötet beide Führer, betrauert jedoch bitterlich Penthesileia, in die er sich mitten in der Schlacht verliebt hat. Kurz darauf stirbt Achill selbst an einem Pfeil des Paris in die Ferse, seine einzige verwundbare Stelle. Der große Ajax verteidigt Achills Leiche, doch als dessen Rüstung Odysseus zugesprochen wird, nimmt er sich wegen dieser Schande das Leben.

Odysseus' Abenteuer

Priamos' Sohn Helenos, ein angesehener Seher, fällt den Griechen in die Hände und erzählt ihnen, Troja werde niemals fallen, solange Herakles' Bogen nicht herbeigeschafft wird. Da dieser aber nun Philoktetes gehört, fahren Odysseus und Diomedes zu ihm nach Lemnos. So gelangt der verwundete Philoktetes nach Troja und wird dort von Machaon geheilt. Er tötet Paris mit einem vergifteten Pfeil, den er mit Herakles' Bogen abschießt. Helena wird bald darauf mit Deiphobos verheiratet, damit sie in Troja bleibt.

Da Troja immer noch nicht fällt, stehlen Odysseus und Diomedes das Palladion, die heilige Athene-Statue, der die Trojaner angeblich ihre Stärke verdanken. Doch Troja ist nicht zu bezwingen. Endlich hat Odysseus einen Einfall …

Das Trojanische Pferd

Der Baumeister Epeios konstruiert ein hölzernes Pferd. Es ist groß genug für vierzig Krieger und wird in der Ebene vor der Stadt aufgestellt, während die Griechen absegeln, jedoch nur bis zur Insel Tenedos. Sinon, den die Griechen zurückgelassen haben, erzählt, das Pferd sei absichtlich so groß gemacht geworden, damit die Trojaner es nicht in die Stadt bringen können. Wie geplant, lassen die Trojaner daraufhin nichts unversucht, um genau das zu tun, und reißen sogar einen Teil ihrer Stadtmauern ein. Nur der Priester Laokoon und Priamos' Tochter Kassandra warnen, doch niemand hört auf sie. Laokoon und seine Söhne werden für diese Warnung von riesigen Seeschlangen getötet. Das Pferd wird in die Stadt gezogen und seine Ankunft gefeiert. Als die Trojaner aber schlafen, gibt Sinon das vereinbarte Signal, und die Krieger springen unter Odysseus' Befehl aus dem Pferd und alarmieren die wartende Flotte.

Der Fall Trojas und die Heimkehr der Griechen

Troja wird geplündert und niedergebrannt. Priamos stirbt von Neoptolemos' Hand, und Hektors Sohn Astyanax wird von der Stadtmauer geworfen. Alle Frauen werden als Sklavinnen fortgeführt, mit Ausnahme von Helena, die Menelaos zurückerhält. Nur Äneas, der Sohn des Anchises und der Aphrodite, entkommt mit seinem alten Vater auf dem Rücken. Schließlich erreicht er das heutige Italien und gründet Lavinium, das spätere Rom.

Viele Griechen bekommen die Rache der Götter zu spüren. Der größte Teil der griechischen Flotte geht im Sturm zugrunde. Menelaos wird vom Kurs abgetrieben und landet in Ägypten. Agamemnon wird von seiner Frau Klytaimnestra und ihrem Liebhaber Aigischos ermordet als Rache dafür, dass er Iphigenie opferte. Odysseus, der eine so wichtige Rolle für den griechischen Sieg spielte, ist dazu verdammt, zehn Jahre lang umherzuirren, bis er endlich heim nach Ithaka gelangt.

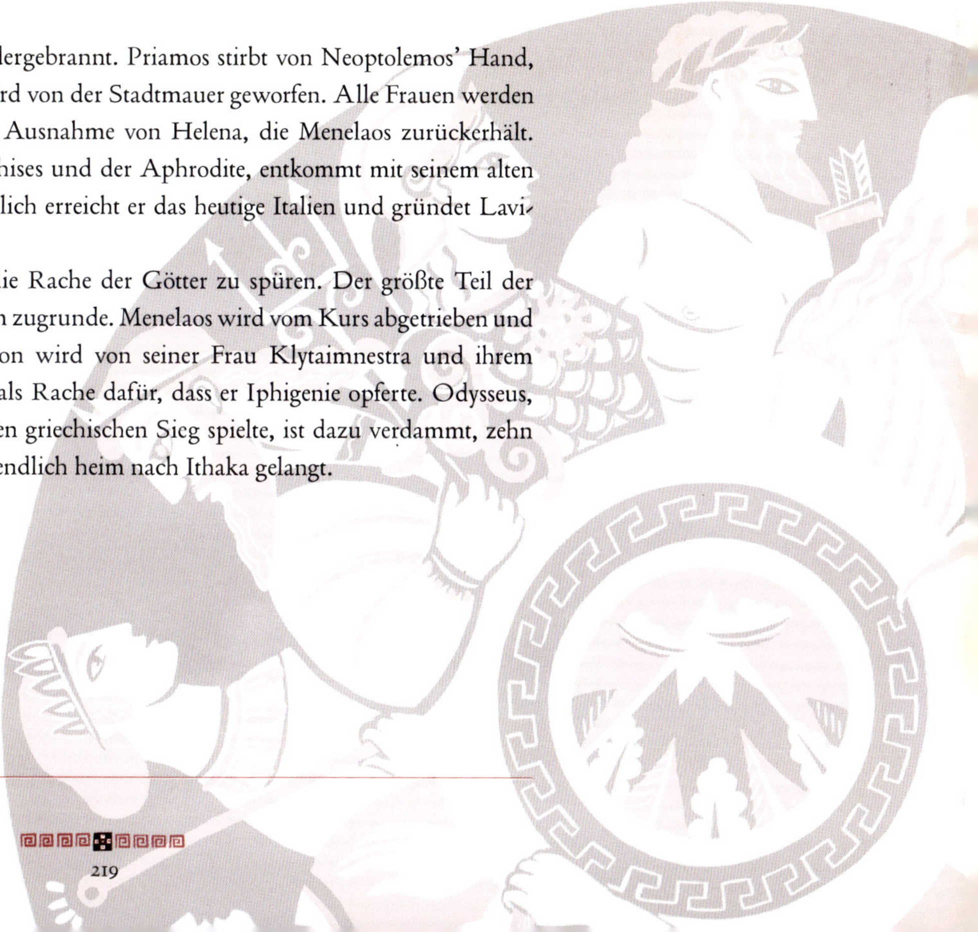

Weiterlesen, -hören und -sehen

Birgit Brandau, Hartmut Schickert, Peter Jablonka, *Troja – wie es wirklich aussah*, München 2004

Manfred Flügge, *Heinrich Schliemanns Weg nach Troia, die Geschichte eines Mythomanen*, München 2003

Dieter Hertel, *Troia. Archäologie, Geschichte, Mythos*, München 2001

Heinz Hofmann (Hg.), *Troia, von Homer bis heute. Beiträge einer Studium-Generale-Vorlesung in Tübingen*, Tübingen 2004

Joachim Latacz, *Homer. Der erste Dichter des Abendlandes*, 4., überarbeitete und aktualisierte Auflage, Düsseldorf 2003

Joachim Latacz, *Troia und Homer. Der Weg zur Lösung eines alten Rätsels*, München 2001

Gustav Schwab, *Sagen des klassischen Altertums*, Frankfurt 2003 (Schwabs *Sagen des klassische Altertums* sind in verschiedenen Ausgaben lieferbar, auch als Hörbuch, München 2003)

Michael Siebler, *Troia. Mythos und Wirklichkeit*, Ditzingen 2001

Troia, Traum und Wirklichkeit, Begleitband zur Ausstellung (17.3.–17.6. 2001), Stuttgart 2001

Troja, ein Wolfgang Petersen Film, 2-disc-edition, Warner Bros home entertainment, Troy © 2004 Helena Productions ltd.

Multimediale Dokumentationen zu Troja sind im Verlag des National Geographic Magazine Deutschland (bestellbar unter www.nationalgeographic.de) erschienen:

Das antike Troja, DVD-ROM (Art.Nr. N 3418), nur für WIN

Beyond the movie: Die Legende von Troja (Art.-Nr. N3425)

Die hier verwendete Übersetzung von Johann Heinrich Voß ist im Internet (http://gutenberg.spiegel.de/autoren/homer.htm) zugänglich sowie als Buch erhältlich:

Homer, *Ilias*, in der Übertragung von Johann Heinrich Voß, München 2004

Homer, *Ilias*, gelesen von Rolf Boysen (6 CDs), München 2004 (Gelesen wird die Übersetzung von Wolfgang Schadewaldt.)

Register

A

I

K

L

M

N

O

P